山大学附属第一医院院史文化丛书

肖海鹏　骆　腾 ◎ 主编

医者与医道
——百位老专家杏林往事（第一辑）

彭福祥　杜丽红　主编

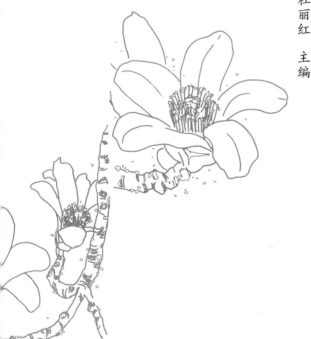

中山大学出版社
·广州·

版权所有　翻印必究

图书在版编目（CIP）数据

医者与医道：百位老专家杏林往事．第一辑/彭福祥，杜丽红主编．—广州：中山大学出版社，2021.12

（中山大学附属第一医院院史文化丛书/肖海鹏，骆腾主编）

ISBN 978-7-306-07288-7

Ⅰ. ①医… Ⅱ. ①彭… ②杜… Ⅲ. ①医生—生平事迹—广州—现代 ②医院—概况—广州　Ⅳ. ①K826.2 ②R199.2

中国版本图书馆 CIP 数据核字（2021）第 166373 号

出　版　人：	王天琪
策划编辑：	嵇春霞
责任编辑：	王　睿
封面设计：	曾　斌
责任校对：	袁双艳
责任技编：	靳晓虹
出版发行：	中山大学出版社
电　　话：	编辑部 020-84110283，84113349，84111997，84110779，84110776
	发行部 020-84111998，84111981，84111160
地　　址：	广州市新港西路 135 号
邮　　编：	510275　　　传　真：020-84036565
网　　址：	http://www.zsup.com.cn　　E-mail：zdcbs@mail.sysu.edu.cn
印　刷　者：	广州一龙印刷有限公司
规　　格：	787mm×1092mm　1/16　16.625 印张　290 千字
版次印次：	2021 年 12 月第 1 版　2021 年 12 月第 1 次印刷
定　　价：	102.00 元

如发现本书因印装质量影响阅读，请与出版社发行部联系调换

中山大学附属第一医院院史文化丛书
主 编 简 介

肖海鹏 教授，博士研究生导师，国务院学位委员会学科评议专家，国务院政府特殊津贴专家，中山大学常务副校长，中山大学附属第一医院院长、内分泌科首席专家，中国医师协会内分泌代谢科医师分会副会长，广东省医学会副会长。主持多项国家自然科学基金项目和省部级研究项目，学术成果发表在 *BMJ*，*Lancet Digital Health*，*Cell Research*，*Thyroid*，*JCEM*，*Diabetologia*，*Molecular Therapy* 等国际权威期刊，获广东省科技进步一等奖、广东教育教学成果特等奖、国家级教学成果二等奖、教育部宝钢优秀教师奖等多项荣誉，是首批全国高校黄大年式教师团队负责人、欧洲医学教育联盟Honorary Fellowship 奖项首位中国专家。

骆腾 法学博士，研究员，中山大学附属第一医院党委书记。获"全国优秀教育工作者""中国高教学会优秀工作者"荣誉称号，第八次优秀高等教育科学研究成果优秀奖主要完成人，第十三届最具领导力中国医院领导者卓越贡献奖获得者。曾担任中国高等教育学会常务理事、中国高等教育学会师资研究分会副理事长。现担任中国质量协会医疗与健康分会副会长、国家卫生健康标准委员会医疗服务标准专业委员会委员、中国现代医院管理智库党的建设与医院文化专业委员会委员。

本书编辑委员会

主　　审： 肖海鹏　骆　腾

审稿专家： 曾进胜　周灿权　顾立强　朱庆棠　李延兵
　　　　　　 王子莲　梁　兵　常光其　王　琼　谢红宁
　　　　　　 徐艳文　冯崇锦　杨军英　蔡世荣　陈凌武
　　　　　　 孙祥宙　周　李　杨念生　李　娟　杨建勇
　　　　　　 郑可国　郭禹标　周燕斌　黄文起　杨　璐
　　　　　　 董吁钢　廖新学　熊　迈　王治平　王海军
　　　　　　 刘金龙　蒋小云　沈振宇　陈子怡　胡作军

主　　编： 彭福祥　杜丽红

副 主 编： 陈安琪　吴金泉　赖兰珍

编　　委： 杨清妃　刘　嘉　潘可欣　陈煜旻　麦少泳
　　　　　　 贺映雪　林晓宁　李嘉欣　邱　秋　岳佳颖
　　　　　　 郭依宁　唐嘉璇　李　莉　李知真　陆开成
　　　　　　 孙铭毅

特约编委： 丰西西

前　言

一百多年来，中国的医疗卫生事业历经沧桑，发生了巨大变化，也取得了举世瞩目的成就。从西医东渐，到现代医疗体系与公共卫生体系的建立，再到医疗水平跃居世界前列……在此过程中，中山大学附属第一医院（以下简称"中山一院"）贡献巨大。

中山大学医科是中国西医的发源地，伟人孙中山先生曾在这里学医和从事革命，在海内外享有盛誉。作为中山大学医疗体系的重要组成部分，1910年，中山一院由一群爱国乡绅创办，至今已有110多年的历史，是中国人最早探索办医道路的实践成果。

时至今日，医院在医疗服务、科学研究、人才培养等方面已位居国内医院前列，拥有厚重的文化历史底蕴和医学人文精神，众多知名医学专家曾在此从医、任教。

从柯麟、谢志光、周寿恺、钟世藩、陈心陶、梁伯强、秦光煜等先驱，到在新中国成长起来的一大批医学名家，老一辈中山一院人秉承"医病医身医心、救人救国救世"的医训，坚持人民至上、生命至上，为医院的发展、为中国医疗卫生和人民健康事业无私奉献、奋斗毕生，书写了中国医学史上光辉灿烂的篇章，也为我们留下了宝贵的精神财富。

习近平总书记在全国卫生与健康大会上讲话指出，长期以来，我国广大卫生与健康工作者弘扬"敬佑生命、救死扶伤、甘于奉献、大爱无疆"的精神，全心全意为人民服务。2021年是伟大的中国共产党成立100周年，也是中山一院建院111周年。在此历史重要时刻，我们策划了"老专家杏林往事"院史文化项目，以中山一院老专家、老教授的从医故事为切入点，记录他们个人奋斗与医学进步发展的历程，赓续老一辈人红色基因、弘扬名医名家的大爱精神，落实立德树人根本任务。培养有理想信念、有道德情操、有扎实学识、有仁爱之心的建设者和接班人，激励广大医务工作者继续为人民健康事业做出更大贡献。

2020年，我们与中山大学历史学系（珠海）的杜丽红教授共同组织了一个由数十名学生组成的采访团队，分组登门采访了第一批 27 位老专家，收集他们的口述故事与老照片、老物件等珍贵资料，经过半年多的整理，于 2021 年陆续以图文形式在医院官方新媒体平台推出，引起了广泛反响。很多昔日的患者给我们留言，回忆这些专家为自己看病的往事，无不交口称赞，医患情深令人动容，也给了我们莫大的鼓励，使我们能够继续把这项工作做下去。

为庆祝建党 100 周年，纪念中山一院建院 111 周年，我们将"老专家杏林往事"第一批 27 位专家的从医故事结集成《医者与医道——百位老专家杏林往事（第一辑）》付梓，希望他们的故事流传于世，让后辈继承他们的事业、他们的精神。

本书编写过程中，编委会进行了多次讨论，老专家及其学生、所在科室的党支部书记和科主任等对稿件进行了细心修改，并提供了宝贵的指导意见，我们还邀请了医疗领域资深媒体人审稿，力求真实地还原老专家们从医路上最动人、最传奇的故事。

薪火相传，接续奋斗，让我们踏着前人足迹续写新的医学故事。

编委会

2021 年 11 月

第一章 神经科与内科
梁秀龄：年至九旬仍在一线，"因为患者需要，我愿意做这个傻瓜"／3
黄如训：60年勤思拓，书写大医精诚／15
余斌杰：碧血丹心扎故土，仁心仁术为人民／25
尹培达：一生好学求知，做人民的好医师／34
洪文德：做医生就是要为人民服务／46
容中生：全心全意对待患者，用一辈子当一个好医生／52

第二章 外科
梅骅：从医70年，一切以患者为中心／61
陈明振：神经外科"奇侠"与"工匠"／70
林勇杰：援非两年做2000多例手术，"从学习开始"深耕血管外科／82
卢光宇：志趣在医赤子心，倾囊相授带新人／88
郑克立：仁心仁术为民除病，尽心尽责学科筑基／92

第三章 心血管与骨科－显微外科
郑振声："体外反搏之父"让中国技术走向世界／99
陈国伟：术精岐黄凝妙笔，抱诚守真赤子心／109
孙培吾：一把刀救人，一颗心救世／117
朱家恺：执着求索，奠基中国显微外科／127
刘均墀：80岁生日当天，他以一台高难度手术宣布封刀／139
李佛保：足球小子当医生，情牵骨科、心系患者／149

第四章　妇产科与儿科

孔秋英：此生无悔入妇产，用爱温暖无数人 / 159

李大慈：淡泊名利，做一个实实在在的医生 / 168

沈皆平：在激流中磨砺，在奋斗中成长 / 175

刘唐彬：做一个好医生，对患者要有"三心" / 186

庄广伦：执着探索的开拓者，助人乐己的"试管婴儿之父" / 196

第五章　放射科、麻醉科与口腔科

肖官惠：乘前浪舟济医海，拓远道船行万里 / 209

方昆豪：大爱援疆廿八载，自认平凡实不凡 / 220

许达生：从医从教一甲子，他坚持"人命关天，细致为先" / 231

陈秉学：秉学立志，敢为人先，开创国内麻醉学多个"第一" / 241

沈彦民：三十年漫漫防龋路，守护人民口腔健康 / 250

第一章 神经科与内科

梁秀龄：年至九旬仍在一线，"因为患者需要，我愿意做这个傻瓜"

【人物简介】梁秀龄，女，1931年9月出生，广东中山人。神经科教授、博士生导师，享受国务院政府特殊津贴。1955年毕业于华南医学院①医疗系，毕业后一直在中山大学附属第一医院神经科工作。1981年1月至1994年6月担任神经科及神经病学教研室副主任、主任。曾任中华医学会神经病学分会委员，中华医学会广东分会神经病学分会主任委员、名誉主任委员，中华医学会广东分会理事，广东省女医师协会常务理事，《中国神经精神疾病杂志》副总编，《中山大学学报（医学科学版）》副主编。现任广东省医学会资深专家委员会常委、中华医学会神经病学分会神经遗传病学组以及运动障碍学组顾问、国内神经科6本核心杂志的编委。率先在我国开展神经系统遗传病的研究，为国内神经遗传病研究领域的奠基人之一。发表论文300多篇、主编《神经遗传病学》等著作5部、参编大型医学参考书17部。获得医学科技进步奖等奖项31项，其中省部级以上16项，最高奖项是2000年国务院授予的"国家科学技术进步奖二等奖"。

---

① 1953年，全国院校调整，岭南大学医学院和中山大学医学院合并成立华南医学院，随后广东光华医学院也并入华南医学院；此后，华南医学院相继改名为广州医学院、中山医学院、中山医科大学；2001年，原中山大学和中山医科大学合并为新中山大学，并成立中山大学中山医学院。下同。

生长于乱世，结缘神经科

1931年，梁秀龄出生在广东省中山县（现为中山市）石岐镇（现为石岐区）的一个华侨商人家庭，家中九个兄弟姐妹，她排行第四。其父年幼时，家境贫寒，在13岁时就和一个堂叔偷渡到秘鲁，在堂叔开的小杂货店做小工谋生。26岁时，他终于从小工成为老板，用辛苦存下来的钱与弟弟在秘鲁开了一间牛奶公司，并回国与梁秀龄的母亲结婚，婚后一年再赴秘鲁经营公司，赚了一些钱。后来，梁秀龄的祖父病逝后，父亲回国奔丧，并继承了祖父留下的一间商店，从此留在了中山。

6岁前，梁秀龄一直跟家人一起住在中山县石岐镇。日本侵华后，中山周围的广州等地都开始陷入混乱。一天，日本侵略者突然用飞机在石岐镇投下了炸弹，打破了他们平静的生活。梁秀龄一家都吓坏了，全家十多口人连夜收拾行李逃往澳门。到了上学的年纪，梁秀龄就读于从中山翠亨村迁来澳门的总理故乡纪念中学附属小学，从一年级一直读到五年级。在小学，梁秀龄一般都是第一名，偶尔才会是第二、第三名，而二姐则年年都是第一。父母亲认为她们姐妹读书成绩好，决定无论怎么辛苦都要供孩子们上学。

可惜好景不长，日寇的威胁也逼近了澳门。食物短缺，社会混乱，生意做不成，生活更是难以维系。在这样的情况下，梁秀龄的父亲决定，先将全家迁回中山，等到澳门情况好转了再回去。因此，梁秀龄没有读小学六年级，而是直接跳级考上了协和女子中学。其时，父亲在澳门和香港各开了一家店，梁家的生活又逐渐好了起来。

在她读到初二下学期时，抗战胜利了，协和女子中学决定从澳门搬回广州西村的老校区，梁秀龄和二姐、五妹也跟着学校来到广州读书。读到高二，时值新中国成立前夕，社会动荡，父母就叫三姐妹回到澳门，打算不让她们再读书了。某日，机缘巧合之下，梁秀龄见到了一个正在翠亨村中山纪念中学读书的小学同学，便跟着他来到中山继续完成学业。

到了考大学的时候，梁秀龄报考了三所大学：北京大学外文系、杭州之江大学外文系和中山医学院。梁秀龄的许多同学都打算从医，当她看了白求恩大夫的传记后，很受感动，决定也考医学院。当时广州有三所医学院：岭南医学院、中山医学院和光华医学院，各自独立招生。她之所以选择中山医学院，是因为岭南医学院收费贵，读不起；不想考光华医学院，是因为它也是自费的。报考的三所大学梁秀龄都考上了，但是母亲不想让她离家太远，刚好她也更想学医，就来到了中山医学院。班里共 125 人，是中山医学院有史以来招生最多的一届，其中女同学有 25 人。中华人民共和国成立不久，各行各业建设人才奇缺，1950 年，医学院医疗系由六年制转变为五年制。

1953 年，广州三所医学院合并为华南医学院，再加上柯麟院长对人才的恳切招揽，对待人才真诚而尊重的态度，使得当时的中山医拥有了一批全国知名教授，甚至还有八名一级教授，在全国的医学院中是独一份，中山医从此声名大振。

1955 年，梁秀龄毕业，在选择分配去向时，学院领导征求每个同学的意见，大多数同学填报的志愿都是"服从祖国分配"。本来她很喜欢研究病理，但学校宣布这一届毕业的 120 多个同学都要做临床工作，不能搞基础医

大学四年级时，梁秀龄（后排左一）和同学合影

学研究，梁秀龄就选择了内科和外科为志愿，最后学校把她分配到附属第二医院内科。

当梁秀龄来到中山二院报到时，人事科的同志告诉她，现在内科的医生比较多，但神经科的医生不够，而且没有女医生，因此想把她派到神经科去。梁秀龄一听，吓了一大跳，不太愿意过去。毕竟，那时神经科和精神科是一体的，被称为神经精神科，精神科的医治对象都是精神病人，年轻的梁秀龄有点害怕。经过一夜的思想斗争，身为共青团员的她还是决定服从组织分配。来到神经精神科之后，她先从医疗做起，逐渐参与教学，其间曾多次带学生去芳村精神病院见习和实习，也逐渐消除了自己对精神病人的恐惧。

梁秀龄进入中山二院神经精神科的第二年，由于医学院院系调整，中

山二院的神经精神科被整个调整转到中山一院。那时科里人员还不多，黄兆开教授转来中山一院后任神经精神科教授和科主任，科内有中山医毕业的张国粹、刘焯霖，浙江医科大学毕业的赵耕源，还有中山医1955届刚毕业的伍金城和梁秀龄。后来，又陆续有1956届毕业的郑广枢、朱彩珠，1957届毕业的关婉英的加入，还有因为和刘焯霖结婚从上海医学院调来的赵馥。

那时，神经精神科还没有独立的病房，只在内科病房借了五张病床，收治罹患神经系统疾病的患者。大家都很勤奋地工作，但神经精神科并不出名，人员不多，科室也小。由于科主任黄兆开教授是协和医学院毕业的，协和医学院有几位老教授认识他，知道在广州中山一院还有一个小小的神经科。

1956年年底至1957年年初，医院工字大楼刚建好，神经精神科向医院申请了工字楼后座楼下的一小块地方组建神经精神科病房。黄兆开主任让梁秀龄和护士长钟宝婵一起筹备开设病房事宜，那个年代办事简单、方便，她

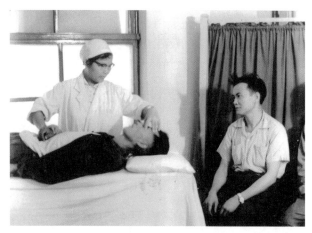

1960年，梁秀龄在中山一院门诊检查慢性锰中毒患者

们列好需要的物品清单后就开始工作，不到一个月就把病房顺利筹备好了，共设病床25张。有了病房后，神经精神科陆续收治了不少患神经系统疾病的病人。之后病床逐步增加，至1959年已有50多张。梁秀龄也与逐渐壮大的神经精神科一同成长，一直从事神经科的教学、科研和医疗工作。

下乡数月，乡亲们都找她看病

1968年10月底，中山医学院开展了声势浩大的"知识分子到农村接受贫下中农再教育"运动，1969届、1970届、1971届这三届大学生，共

有 10 多个班一起参加,每班还派有两名老师参加。梁秀龄被派到 1969 届九班,与该班的 10 多位同学一起去广东省和平县。广大师生自 11 月开始从广州徒步行军,中间还去了博罗县的黄山洞大队学习毛泽东思想。师生们每天徒步 15 公里左右,走了 15 天终于到达九连山脚下的和平县。梁秀龄从没走过这么远的路,双脚全都起泡、溃烂,甚至化脓了,开始几天真是痛苦难熬,但最后她还是咬牙坚持下来,走完了全程。现在回忆起来,她还惊叹于自己当时的勇气与毅力。

到了和平县后,梁秀龄和 1969 届九班被分配到安坳公社的贫下中农家里。工宣队长告诉他们,他们只能跟贫下中农一起劳动,不能暴露自己医生和医学生的身份。然而当天,梁秀龄借住的农户家的女主人不小心从屋顶掉了下来,昏迷,四肢不动,全家人都吓得大哭。当时工宣队队长马上叫梁秀龄给伤者诊治,她检查了伤者的呼吸、脉搏、瞳孔和四肢,觉得没有大碍,就帮助伤者躺好、活动四肢。在她的帮助下,伤者逐渐醒来,能哭泣、讲话。这下梁秀龄的医生身份被大家知道了,许多贫下中农都去找她看病。

在条件简陋、医疗水平低下的农村公社里,梁秀龄努力创造条件医治病患。到达安坳公社第二天,她就发现全村有 20 多位农民患了急性结膜炎,双眼红肿,分泌物多,睁不开眼,十分痛苦。当时她很焦急,赶紧跑到公社的卫生院,但没有找到一个人,于是只好自己动手,把极简陋的卫生院药房翻了个遍,终于找到一支注射用氯霉素。梁秀龄用烧开的水把这支氯霉素兑成了 100 毫升液体,放进一个有刻度的小玻璃药瓶里,用它给患眼病的村民滴眼。第二天一早,她便跑去看那些滴过自制眼药水的村民,他们大部分都好了很多。

过了一两个月,工宣队通知梁秀龄与两位学生一起,翻过几座山到较远的公白公社抢救病人。原来,当时一位 30 多岁的农民因为将左上唇的一个小脓疱挤破了,导致细菌从面部的血管进入脑部,引起了急性脑膜炎。患者处于昏迷状态,呼吸困难,持续性全身抽搐,随时都有生命危险。梁秀龄断定病情后,决定给病人的静脉滴注抗生素(当时只有四环素),同时使用抗抽搐药,并注射苯巴比妥。两天后,病人停止抽搐,逐渐恢复清醒。第三天,病人状态变好。

又过了一段时间,梁秀龄和几位同学被派到下车公社的高发大队,要在那里建立一个赤脚医生站。他们教当地的赤脚医生打预防针、种痘、包扎伤口，还带他们上山采草药。1969年卫生部派人来查看中山医到农村开展革命教育的先进成果，梁秀龄等人建立的卫生站被推荐检查，卫生部工作人员看了以后大加赞赏，认为这是一个能为贫下中农服务的卫生站。

在下乡整整九个月的日子里，目睹大学生们无法上课、无法学习，梁秀龄很是着急。所以，每次和学生去劳动或去公社学习，遇到一些以前在医院诊治过的病例时，她都主动给学生们就地讲课。见到一名鼻咽癌患者因癌细胞向十二对颅神经转移而非常痛苦，她就向学生们讲解十二对颅神经的解剖学特征和作用；看到坐骨神经痛的病人、看到麻疹及水痘患儿……她都能随时随地"开课"。只要是梁秀龄了解的疾病，她都主动给学生们讲解，并尽可能给病人治疗。九个月后，师生们终于结束了接受贫下中农再教育的日子，回到广州复课。

第一届卫生部重点神经科进修班结业，前排右四为梁秀龄（1975年）

四次请求，她帮助镜湖医院建立神经科

"文革"结束后，柯麟院长回到广州，因其身体不好，便在中山一院的特诊病房住院治疗，医院成立了医疗小组负责柯院长的诊治，梁秀龄也在其中。

在一天早上查房后讨论时，面对柯院长日渐严重的病情，医疗小组成员都觉得压力很大，沉默不语。梁秀龄灵机一动，想到柯院长进食不多，营养跟不上，身体肯定缺乏蛋白，提出给他注射一些白蛋白以增强他的体质。大家都同意她的意见，但是当时中山一院还没有白蛋白。梁秀龄又提出请澳门镜湖医院寄一点白蛋白过来的想法，这个建议经医院领导同意后，第二天上午澳门镜湖医院就送来了10支白蛋白。那时候大家都没有用过这种药，有点担心出现过敏等突发情况，医疗组长决定让小组成员下午3点到病房，共同观察注射情况。当日下午，医疗小组成员陆续来到特诊室，医疗小组成员陈柏棠医生告诉大家，中午已给柯院长静脉滴注了一瓶白蛋白，柯院长没有什么不适。之后几天又连续给柯院长注射白蛋白，他的病情明显好转。过了几天，柯院长的儿子接他出院疗养。

1995年，澳门镜湖医院的老院长有一天睡醒后，发现左手不能动了。镜湖医院的医生怀疑是颈椎病，那时镜湖医院刚好新买了一台CT机，就打算给院长做颈椎CT。梁秀龄知道后，认为不应该做颈椎检查，而应该检查头颅，且要特别注意右侧脑部。CT结果出来，果然如梁秀龄所言，老院长是脑梗死，镜湖医院的领导马上要求中山一院派梁秀龄前去协助治疗。治好后，镜湖医院又给中山一院写信，希望派梁秀龄过去服务3年，帮他们建立神经科。一开始，中山一院的领导不同意，因为中山一院神经科也非常需要她，但是镜湖医院连续写了4次信给中山一院领导，院领导最终决定让她过去，担任顾问医生。

从1997年到2010年，梁秀龄每月都会有几天在镜湖医院应诊，为镜湖医院医治了许多病患，还把几个本来要闹上法院的棘手事情也解决了。有一个产妇，分娩时腰部麻醉，结果分娩后左脚不会动了，院方无法给出合理的解释，产妇的家人认为这是医疗事故，准备把医院告上法庭。梁秀龄挺身而出，告知产妇的家人这种情况是由于生产时神经损伤了，半年内就会恢复，结果一个月后该产妇就恢复了。还有一次，一位患听神经瘤的

年轻患者手术过后出现了面瘫，来医院讨要说法。这个手术的主刀医生写了一份详细的手术过程报告，梁秀龄看了之后发现手术中没有切断面神经，可能只是手术时面神经被挤压了。她耐心地向患者解释，并告知患者面部神经通过治疗就能够慢慢恢复，果然3个月后这名患者面部就恢复正常了。

从零开始，挑战神经遗传病研究

1978年前后，神经科的临床与教学工作质量都较高，在全国范围内能排到中上水平，但科研方面一直是空白。当遇到患有疑难杂症的患者时，因为没有相关的学术研究，医生没办法做出很好的诊断，患者也得不到及时有效的治疗。梁秀龄对此感到难过，她认为只有了解发病机制，才能更好地做出诊断和治疗。为了能够使更多患者得到有效救治，在保证神经科医疗和教学质量的同时，她下定决心做科研。

1981年，院内任命刘焯霖担任神经科主任，梁秀龄为副主任兼任主治医生。当时，全国各大医学院神经科都有重点科研项目，如上海第二医学院神经科对癫痫的研究取得了不错的成绩，但没有一所医学院是以神经遗传病为重点研究项目的。经过仔细思考，她向刘焯霖主任建议将神经遗传病作为科研方向，将科研的目标定位在当时临床上较常见的两大神经遗传病上：一是"假肥大型肌营养不良"（DMD），二是"肝豆状核变性"（即Wilson病），打算从临床表现、生化、病理做起，来填补国内这方面的空白。她让刘焯霖先挑一个作为研究方向，刘焯霖选择了假肥大型肌营养不良方向的研究，于是她就开始了肝豆状核变性的研究。

然而，做科研谈何容易，一要人才，二要资金，当时的神经科可谓二者皆无。为了解决这两大问题，梁秀龄一边向院领导申请更多的研究生名额，一边竭尽所能申请科研基金，花费了大半个月时间写基金申请，累得晕头转向，"眼泪飙不停"。终于，她成功申请到两个国家级科研基金，后来还陆续获得卫生部和国家教委基金、卫生部的重大科研基金等。

有了钱，还要有团队、有知识。团队成员积极向其他科的老师们学习，经常跑去医学遗传学教研室向杜传书教授、许延康教授以及其他老师学习医学遗传学的理论，还得到了当时北京友谊医院薛启蓂教授的热情支持。他们在全国先后举办了5届神经遗传病学习班，发表了多篇有关神经遗传病的文章，编写神经遗传病学专著，出版的《神经遗传病学》是国内第一部关于神经遗传病的专著。经过这些努力，团队终于做出了成绩："DUCHENNE 型肌营养不良及其携带者心脏功能改变的综合研究"获得国家教委科技进步二等奖（1987 年）、《神经遗传病学》专著获得国家教委科技进步三等奖（1989 年）。至此，中山一院神经科在全国范围内称得上是小有名气了。

1988 年，梁秀龄团队攻克肝豆状核变性（以下简称"肝豆病"）的基因诊断，这项研究成果在国内处于领先水平，部分达到国际先进水平。肝豆病是一种神经遗传病，虽然在其他国家较为罕见，但在我国属于常见病，多发于青少年。豆状核是脑内一个重要的、掌管锥体外系统活动的神经核团，该部位变性会导致锥体外系症状。以前对该病的研究还不深入时，医生们往往只想到要检查肝脏，却不知道要检查脑部。刚开始医生们将目光放在肝炎上，检查了许多次，结果往往显示阴性；后来检查铜蓝蛋白，查出数值异常，这才察觉到患者患上的是肝豆状核变性。如果早诊断、早治疗，肝豆状核变性基本可以得到控制；如果给予终身有规律的治疗，患者还可以过正常人的生活，拥有正常人的寿命。但如果得不到及时治疗或发生误诊，患者存活率就会很低，往往不是残疾就是死亡。中山一院神经科现在有肝豆病患者 1000 余例，由于需要终身服药，随着病情的改变，药量和种类也要有所变更，因此肝豆病患者大多数都与神经科保持长期联系。

梁秀龄和她的团队对肝豆状核变性的研究先从临床工作开始，再逐渐深入，现在已经可以对肝豆病进行基因诊断，同时开展预防工作。由于肝豆病是遗传性的，通过遗传咨询，可确定咨询者是否携带该病的基因，并进一步指导咨询者的婚配和生育，以减少新患儿的产生。有一次，一对夫妇带着儿子来就医，其子被诊断出患有肝豆病，他们担心正在怀的第二胎是否也会患上肝豆病。梁秀龄嘱咐他们分娩后将孩子带来做基因检测，结果显示第二个孩子是正常的。还有一位父亲的小儿子检查出患有肝豆病，他害怕自己的大儿子也患病，便带着大儿子前来接受基因检测，结果显示大儿子是肝豆病的基因携带者，本人不会发病，但以后结婚了，配偶最好也来做基因检测，以防后代出现肝豆病患者。2000 年，梁秀龄负责的"Wilson 病的分子生物学研究"项目获得国家科学技术进步奖二等奖，为医院当时所获得科技成果奖的最高奖项。

"Wilson 病的分子生物学研究"获国家科学技术进步奖二等奖

除了肝豆病外,梁秀龄还研究其他的神经遗传病(如遗传性共济失调、腓骨肌萎缩症、发作性运动障碍、肌张力障碍等),以及神经系统变性病(如肌萎缩侧索硬化、多系统萎缩等)。她曾为一个因重度肌肉无力和肌肉萎缩导致呼吸困难、只能依靠呼吸机的女中学生诊治,判断女孩患的是"脂质沉积性肌病Ⅱ型",合理用药后,女孩病情得到改善,半个月后就可以离开呼吸机正常生活了。还有一个例子是有一位频繁抽搐的13岁初中学生,其他医生判断男孩的病是"癫痫",而梁秀龄经过仔细检查和问询,断定男孩得的是"发作性运动障碍",为他开了一些简单药物,服药后患者的病情有明显好转。

即使拥有若干成果与奖项,对于做出的成绩,梁秀龄也并没有居功,而是强调拥有一个好团队的重要性。她对神经科的未来充满希望,说:"神经遗传病的研究非常艰巨,幸好我们有一个好团队。多年来这个团队积极努力工作,取得了优异成绩,也解决了很多问题,使得我们这个领域的研究不断取得进展,我们后继有人!"

"因为病人需要,我愿意做这个傻瓜"

据统计,全球有 6000 多种遗传病与神经系统有关,其中绝大部分都是罕见病。虽然有极少数神经遗传病可以被诊治或改善症状,但至今仍有大量神经遗传病让医生们束手无策。罹患这些遗传病的患者及其家庭成员既担心害怕，又痛苦无助，四处求医问药也不见好转，不少家庭因此破产、崩溃。梁秀龄做了60多年的神经科医生，医治过无数患者，深切感受到神经科的病人确实比其他科的病人难诊难治，但她没有放弃。很多人对她的坚持感到不解："神经遗传病那么难，傻瓜才去研究呢！"她却说："正因为难，因为病人需要，所以我们必须去研究，我愿意做这个傻瓜。"

在漫长的医疗生涯中，她先后矫正了不少患者的误诊，也抢救了很多危重患者的生命，受到无数患者及家属的称赞。在他们心里，她是"救命恩人""再生父母"，是"神经科的王牌医生"。然而，她并没有在赞美中迷失自我，面对自身的不足，她有着清醒的认识。行医60余年，她遇到过许多身患重症、无力回天的患者，每当他们因医治无效遗憾辞世，她都感到非常难过。但让她动容的是，有些患者家属不仅没有责怪她，还对她表示了理解和感谢。

20世纪60年代初，梁秀龄在病房主治了一名患脑干肿瘤的6岁女孩。别说是当时，即便以现在的医学技术水平来说，脑干肿瘤也很难治疗。医生们只能给女孩对症治疗，但终究治标不治本，女孩坚持了两个月就辞世了。大约过了两周后，女孩父母来到病房，送了两包白糖给梁秀龄，每包一斤，以感谢梁秀龄对女儿的照顾。梁秀龄执意不要，女孩的父母却很坚持。这让她十分感动，那时是国家经济最困难的时期，这两包白糖有多大分量，饱含多大的感激啊！

20世纪70年代，病房收治了一个神志不清、伴频繁癫痫发作的7岁男孩，那个时代既无CT更无MRI，技术有限，医生们无法做出诊断，孩子住院不到两周就死亡了。医生们想做尸体解剖以查清病因，但谁都不敢去征求男孩家属的同意。后来，还是梁秀龄壮着胆子对死者的父亲详细说明了尸体解剖对医学的重要性，对方沉默了许久，最后回答说："梁医生对我的儿子这么好，我答应解剖，但只能解剖头部。"解剖后才知道，原来该名患儿患的是一种罕见的恶性黑色素瘤，该瘤在颅内广泛转移，颅内蛛网膜已经变得像个血袋子一样，非常可怕。梁秀龄说："这件事说明患儿的家属对我信任的程度之深，我真的非常感动，甚至感到有些惭愧。"

作为一名神经科的医生，梁秀龄除了在工作上认真勤勉，她还很能理解患者，强调要设身处地为患者考虑，多点耐心。2004年的一天下午，她正在门诊为患者看病，突然有位中年男子闯了进来，指着她破口大骂："你是怎么看病的?！怎么等了这么久还没轮到我?！"当时和她一起诊病的几个研究生都很愤怒，但梁秀龄制止了他们，并把患者请进来，仔细为患者看病，耐心地听他自述病史，给他做体检。最后患者很满意，道谢后就离开了诊室。事后她对研究生们说："这首先是我们不对，他挂的是下午3点钟的号，等到4点还轮不到他看病，患者一定很着急。而且这是一个疑诊肝豆病的患者，他曾到几所医院看病，没有一所医院给他一个明确的诊断，他很焦虑，再加上肝豆病患者本身的精神症状，甚至有可能伤人。"

她特别感谢来找自己看病的患者。在她看来，患者选择你来为他诊病，肯把心里话告诉你，肯把自己的身体让你检查，说明患者尊重你、信任你，把自己的身体托付给你，把自己的隐私告诉你。"他们选择我给他们治病，是对我的信赖和依靠。他们给了我很多学习机会，他们的痛苦和不幸鞭策着我努力学习新知识、新技术，促使我不断努力追求以优良的医德医风诊治每一个病人。我们医生从事的是这样崇高伟大的职业，所以必须有高尚的医德，有了高尚的医德，自然就会发自内心努力学习和工作，逐渐就会有好医术了。当然我本人距离这个标准还差得很远，但这是我有生之年继续努力的目标。"

从1950年考入中山医学院，1955年进入神经科，到如今仍作为名优专家在神经科工作，梁秀龄从医71年，一直在一线临床、科研、教育岗位上发光发热，在自身成长的同时推动神经科与神经病学的发展。她深深感激中山医的一切，始终对自己的职业饱含敬畏，对自己的专业充满热情，对自己的病人怀抱感恩。如果身体条件允许，她希望自己能救治更多为病所困的患者，并继续为神经病学发展做出贡献。这也正是她一直以来的幸福来源与追求所在。

（整理：贺映雪、林晓宁）

黄如训：60 年勤思拓，书写大医精诚

【人物简介】 黄如训，男，1937 年 5 月出生，福建漳平人。特聘教授、博士生导师，享受国务院政府特殊津贴，广东省卫生厅"五个一科教兴医工程"学术带头人。1961 年毕业于中山医学院，毕业后一直在中山大学附属第一医院任职，从事神经病学的医疗、教学、科研 60 年。曾任神经科主任、教研室主任、校图书馆馆长和医学情报研究所所长。兼任《中国神经精神疾病杂志》总编、广东省脑血管病防治研究办公室主任、卫生部脑血管病领导组成员、中华医学会神经病学分会脑血管病副组长、中国康复医学会脑血管病委员会副主委、中华医学会疼痛学分会头面痛委员会常委、广东省医学会疼痛委员会副主委、《中国临床神经科学》副主编、《中国脑血管病杂志》等 13 种期刊的编委或常委，编写出版专著 47 部，发表各类文章 600 多篇。

机缘巧合，农家娃踏上学医路

黄如训来自闽西山区的一个贫农家庭。儿时的他连书和笔都买不起，只能借同桌的课本学习，捡别人断的铅笔芯塞入细竹管写字。受家境的影响，他几近辍学，好在校长为他减免学费，说服了他的家人，让他得以继续完成学业。

平日里，黄如训虽然只能在繁重劳动之余挤出时间学习，却依然成绩优异，以全县会考第一的成绩保送进了初中。因为政策照顾中专招生，一个本不了解医生职业的农家娃，被第二志愿的厦门卫生学校医士班抢先录取，在机缘巧合下踏上学医之路。

在校期间，他刻苦发奋，获得厦门市三好学生奖章。转眼到了毕业分配工作的时候，国家号召向科学进军，于是抽调一批优秀的中专生去考大学，黄如训被保送到了华南地区的医学中心——广州，就读于中山医学院，开始了与中山医几十年的缘分。

中山医学院毕业分配的那年，国家要抽调一批学生支援边疆，建设宁夏医学院。黄如训第一个报了名，不过分配的时候没有去成，于是留校工作。黄如训在放射科上了半个月的班，他的一位同学不愿在神经精神科工作，人事科科长便来找他商量替换调动。他应允下来，从此成为一名神经科医生。

黄如训每天的基本工作就是诊治患者，但随着实践的增多，临床实践中凸显的各种复杂难题，让他深感要有效做好日常医疗工作，必须有认识、判断疾病所必备的基本知识。由于没有专业教科书，在学校使用的十多页讲义无法应付临床所需，他只好挤出时间去图书馆或书店，从书刊中获取更多专业知识。正是长时间泡图书馆的习惯，给黄如训带来了日后接任中山医科大学图书馆馆长职务的契机。

青年时期的黄如训

在艰难条件下摸爬滚打,年轻的黄如训走上了充满荆棘的从医之路,一步步成长为带领科室发展的栋梁之材。

"看病不要怕病,病情最重的患者更应该看"

黄如训从1961年开始当神经科医生。从医生涯中,住院医生就做了差不多20年。"文革"期间医院的正常秩序被打乱,没有晋升机会,黄如训就一直坚守在住院医师的岗位上。然而,提起当年做住院医生的经历,他却不觉得苦。他强调,神经科医生需要大量的实践。神经系统疾病的复杂性、特殊性,要求医生逐步积累增强诊治能力,才能完成繁重的医疗任务。"看病不要怕病,病情最重的患者更应该看!"

当年,黄如训的门诊量是最大的。上午,神经科门诊一共挂了30个号,看门诊前还要先去急诊室查房,9点才回来看门诊。结果挂号的30个人里,黄如训看了28个!按照常规,医生上午做了脑电图,下午就写报告;黄如训为了多检查几个患者,上、下午都做脑电图,下班后挤出晚上休息的时间写报告。

门诊之外,黄如训在病房工作的效率同样让人佩服不已。他管的患者症状最重、人数最多,却周转最快。20张病床,一个月收40至50个患者,这靠的是诊断病情的迅速准确。有一位患者,出现走路不稳、大小便控制难等症状三年了,检查体征为四肢瘫痪。按照常规,要考虑一个个检查做完,再试验用药,前后差不多得一个月。患者住院,第二天医生查房确定病症,怀疑为椎管内肿瘤,黄如训当机立断,马上安排为患者造影,确定其肿瘤的位置,仅5天时间就转给神经外科进行手术治疗了。

"我有一个重要的观点就是多

黄如训参加义诊

做事，将勤补拙。我要抓紧时间努力，比人家多用十倍的功夫。"黄如训坚定信念，遇到困难，更要通过多看病、勤实践来克服。他坚守临床一线，工作时全神贯注，值班时全程巡视、随同护理交班，次日早晨查房后又去门诊坐诊、下午到放射科做造影检查。只要有患者找、有诊疗工作，他就能不计较时间，即使到了下班休息的时候，也要完成医疗任务，工作到晚上八九点也习以为常。

"临床工作中天天有课题，就看你肯不肯留心"

黄如训说，不少临床基本功，能看懂但不一定会做，必须经过实践，才能有所体会和得到真知。多年临床工作中总结出的宝贵经验，恰成为他锻炼开创性思维的法宝。

每当别人惊羡黄如训丰硕的科研成果时，都会追问一个问题："你写那么多文章和书，课题来源于哪里？"黄如训总是微笑着说："这都来自实践，来自临床中出现的各种问题。考虑的重点在于，临床看到的患者跟已学知识有什么不一样，其差异就是研究的重点。所以，工作中其实天天有课题，就看你肯不肯留心！"正是在工作中的处处留心，才使他能发现别人发现不了的问题，在国内外首先报告"混合性卒中"就是一个例子。

众所周知，脑卒中的临床病人，有的症状是偏瘫，有的是身体两边都出现瘫痪。后一种情况引起黄如训的思考：既然身体的左右两边各有一个病灶，有一种可能是两边均为出血。那么，还有没有可能同时存在出血和梗死这两个相反的病症？

带着这个疑问，他向学习病理解剖学的老同学求证。果然，有不少出血和梗死症状是同时出现的。之前他之所以没有留意到这个问题，是因为病理解剖报告的常规惯例：主要的问题是出血，就报告出血，如果出现次要的梗死，就写在记录里面，但不作为主要诊断。

但是，碍于设备条件，缺少CT、MRI之类的影像技术辅助检查，黄如训想证实自己推论的工作再次受阻。然而，他并未想过要放弃，中山一院的CT机一投入使用，他立刻就抓住机会，看到患者在急诊室就马上做检查。临床的病例终于通过CT结果的验证，证实了脑卒中患者身体的一边是梗死、一边是出血的情况。这种病例，被他称为混合性卒中。

黄如训先是总结了报告中混合性卒中的概念。之后，他发现国内外文献里早就有了这种病理记载，患者的病灶症状不是单一的，有些以出血为主，有的人则是大梗死，也有小出血。但是，医生们对此并不重视，只是习惯用"一元论"处理问题。这段经历深深地启发了他，做医学研究一定要从复杂问题中找到病理特点，从看似平常之处发现问题。

20世纪80年代，黄如训一路走来，逐步成为主治医生、讲师、副教授、教授，同时他也在积极开展科研工作。在他的研究中有一个让他引以为豪的成就，那就是"易卒中型肾血管性高血压大鼠模型"，这项研究在全世界都可谓首创。这个项目的缘起要追溯到20世纪中期，脑保护研究成了神经学科的热门课题。以往，国家科研基金只有北京和上海的少数医院能争取到，后来"七五"国家科技攻关计划项目开始面向全国招标，中山一院也有了参与投标的机会，大家都跃跃欲试，希望借这个机会大展身手。

当时，中山一院原来做的课题是流行病学调查，可碰巧海南从广东分离设省，原来在海南的基地就不能用了，必须另挑一个课题参与投标，医院最终考虑选定"从脑梗死病理中去寻找治疗新药"的项目。然而，按标书的理念，黄如训判断不可行。他认为，这个课题的立题思维不准确，还在延续二三十年来的误区——用正常动物的血管来做研究，没有形成病理模型，难以模拟临床疾病。

在临床实践中，黄如训就经常在考虑这样的问题：同样的病症，年轻人恢复得很好，为什么年纪大的却致残率高，甚至威胁生命？明明有大量实验研究，说明所用的新药有利于疾病治疗，为什么投入临床使用却没办法发挥理想效果？黄如训经过沉着分析之后发现，年龄不同，恢复情况也不一样，这是因为他们脑血管病变基础不一样。年轻人恢复情况较好，不单是用药的作用，还因自身血管损害较轻。老年人常伴有高血压、糖尿病等问题，血管病变严重，恢复效果不好。他指出，实验研究用血管正常的动物，并非病理状态。他建议先做一个高血压的动物模型，其后做成脑卒中病理模型再去使用新药。因此，他坚持说标书一定要改。

然而，满腔研究热情的黄如训却遭到了不理解者的嘲笑："这真是天方夜谭！你这要做到何年何月？这就好比人家大楼设计好了，你一个施工队拿着这个图纸说不行，人家会听你的吗？"

尽管如此，黄如训一心求真的犟脾气就是不可动摇，他说："我也不知道要做到何年何月，但是我一定要将想法付诸实践。"接下来，他干脆进行标书外投标，最后竟然真的中标了！拿到这个课题的基金后，黄如训克服重重困难，最终成功了。

谈起自己的经验，黄如训强调，神经病学是临床学科，临床跟实验的转化非常重要。临床发现问题，实验该如何进行？而实验的结论，临床又要怎么来验证？其中，很重要的一点就是在实践中不断产生新的思维。

在探索创新之路上，黄如训从未停步，从医生涯先后发表各类文章600多篇，编写出版专著47部，其中，《脑水肿》《血脑屏障》《急性脑衰竭与复苏》等填补了国内空白。长期的临床实践和动物实验，使他积累了丰富经验，也收获了许多有价值的成果，并提出了有指导意义的观点。除了在国内外首先提出混合性卒中的概念、首创易卒中型肾血管性高血压大鼠模型等之外，还有以下成就：提出脑卒中是一大类疾病，必须进行以分型、分期为核心的个体化原则治疗；开创脑血流调节的实验及临床研究，以脑血流灌注指导调控血压为重心改善脑血循环；提出良好的脑血循环是缺血性脑卒中治疗的根本，应贯彻全程；强调脑微循环的重要作用，确立血管–神经单元保护的理念；开创脑卒中早期康复的实验研究，重心在内源性干细胞；提出易卒中状态的概念，应重视卒中发作的预防。

黄如训（右二）在世界卫生组织神经疾病与公共卫生会议上发言（1994年）

休息日找他，就去图书馆

神经科疾病临床表现极为复杂，在临床实践中发现的大量问题促使黄如训投入浩瀚书海中，查阅文献寻找解决问题的办法。

工作日他在医院进行临床医疗、教学，休息日他也闲不下来，总是去图书馆、书店翻阅文献。如果亲友、同学在休息日想要来找他，很少能在他家里找到他，时常要到图书馆、书店找。

1954年，在黄兆开教授的带领下，中山医开设神经科，刚刚诞生的神经科在20世纪五六十年代发展极不完备，学校内神经科相关的讲义只有十几页，而储存在图书馆的资料多为英文文献，俄文资料较少。只学过两学年、每周仅两学时俄语课程的黄如训，面对汗牛充栋的文献材料，深感自己汲取的养分太少，于是以攻坚克难的求知态度和为患者解除疾痛的医者仁心，下决心自学。

没有神经病学英文医学字典，黄如训只能将一个个英文词汇通过俄语字典翻译成俄文，再由俄文转成中文来理解。逐词逐句的翻译学习虽然辛苦，却也让他获得了坚实的知识基础，使他能够在临床、科研中迅速发现问题，有针对性地选读相应的论文和著作，从而在大量知识的基础上转变思维，创新思路。

黄如训对图书馆文献资料的接触之勤、了解之深，给当时的图书馆馆长和管理员留下深刻印象，他们惊讶于黄如训能够发现图书馆书架上错置归类的书本，甚至能够到已经归档的地库中翻查需要的书刊。为了证实自己对书中一张图片的怀疑，黄如训通过中山医图书馆向国家图书馆请求借调德文原版书籍，通过比对中、英、德文三个版本，最终确认是中文译本出错。

因为黄如训与图书馆建立的这种密切联系，学校图书馆和校领导"三顾茅庐"，极力推荐黄如训接任图书馆馆长一职，而他也不负众望，为图书馆的建设改革奉献了自己的力量。他敏锐地意识到信息网络的巨大变革力量，首先组织建立起医学情报研究所，最早提出建立医学信息网络系统，将以往图书馆的手写卡片资料全部转为信息化资料。在兼任中山医图书馆馆长及医学情报研究所所长期间，他还组织建立了文献检索教研室，开设了医学信息学的课程，组织相关人员力量做科研并发表科研文章，为医学信息事业的发展做出了贡献。

一人一单车，办起专业杂志

期刊是交流学术思想、总结临床经验的一种重要途径。20世纪60年代中期，尚无专业杂志、图书出版，神经内外科及精神科方面的参考资料几乎是空白的。20世纪70年代中叶，北京、上海等高校的神经内外科及精神科的专家、教授一致倡议创办学术期刊，最终由中山医学院主持创办的《新医学》杂志增编了神经系统疾病副刊。

由于长期浸润在图书馆文献中，黄如训在1976年出任了《新医学》杂志神经系统疾病副刊的编辑及编务。当时的条件十分艰苦，缺乏人手，黄如训几乎一人承担了从收发、编辑、校对到骑单车送稿至印刷厂的全部工作。为了保证稿件按时且高质量出刊，他经常牺牲休息时间审读并编辑稿件。

为了提高编辑水平、准确处理大量文章，他虚心向有关专家请教，抓紧时间刻苦自学。经过刻苦攻读，黄如训能够顺利阅读英文、俄文文献，既了解了国际动态，又充实了自己在临床、科研上的科学思想，能够很快发现稿件有无科学性、创新性和临床价值。他为杂志的长远发展制订了一套计划，强调刊物必须面向临床，选稿应考虑临床医生所需，使该杂志成为不可多得的临床参考资料。他还建议神经科的医生们轮流做编辑工作，拓宽视野，当年参与杂志编辑工作的多位神经科医生都成为科室的业务骨干。

在他的努力下，《新医学》杂志神经系统疾病副刊得以快速发展，于1979年独立并定名为《神经精神疾病杂志》，成为当时我国唯一的神经内外科和精神科的专业杂志。1982年获准更名为《中国神经精神疾病杂志》，如今已成为我国生物医学核心期刊。

借助创办杂志，黄如训逐渐走上科研的道路，并取得了多项成果，先后获教育部、卫生部及广东省科技进步奖等奖励十三项，"动物实验血管夹"等五项成果获国家专利。中山一院神经科借助杂志打造的学术平台吸引了大量同行前来交流学习，并组织编写神经病学教材，还举办了学术讲座、各种类型的学习班、学术会议等，相关学科的临床和科研水平逐步提升并获得认可，在国内外的学术声誉与地位也逐渐提高。

20世纪80年代，神经科逐步加强学科建设，相继建立神经遗传病、脑血管病、肌病、癫痫、帕金森、阿尔茨海默病等亚专科，以及相应学术团队，组建实验室，招收硕士生，开展流行病学调查、实验研究、临床试验等科研，发表大量论文，成绩显著。20世纪90年代，黄如训先后担任神经科副主任、主任，带领神经科不断拓新发展。神经科积极建设实验室，申请博士点，扩大临床和实验研究领域，承担国家自然科学基金、国家攻关课题等多个科研项目，在全国占比明显，并获得多项科研成果奖。同时，神经科还获得省重点学科和"211工程"重点学科建设；编写出版专著，举办各类学术活动，及时交流新成果。在全国重点学科评审中，神经科成为免答辩的重点学科。

20世纪80年代，黄如训在白云山审稿

师道传业，耄耋之年仍献余热

"授人以鱼，不如授人以渔。"在不断增进自身医术水平的同时，黄如训也不吝将自己的所知所学所想教授给年轻医生。20世纪70年代初，学院最先复办，首招工农兵学员，黄如训就被安排承担第一大队一年的神经病学全部课程，同时还要带见习。由于学员对他的评价高，他还被推荐到全校的教学大会上介绍经验。

黄如训十分重视培养年轻医生的临床实践和创新思维，他通过讲课、查房、病例讨论等方式将"三基""三严"的要求贯彻下去。他给本科生讲课，内容丰富、语言生动简洁，深入浅出，深受学生欢迎；跟进修生强调临床技能培养，要求其熟练掌握神经系统检查法，辩证地分析疾病发生规律。他鼓励硕士生、博士生解决临床的新问题，用许多"idea"引导学生开展研究，取得不少成果。而他的学生也成为各学科的领头羊或骨干。

2002年，黄如训正式退休，被医院返聘为特聘教授，继续在岗位上奉献光和热。他每天的工作内容仍是门诊坐诊、会诊、大查房和疑难病例讨论。

此外，他还强调要重视客观现实，指导、协助神经科各级医生不断强化神经科的"三基"思维和能力，避免依赖辅助检查的"大包围"现象。在查房指导、教学的过程中，他强调临床实践中要注意别人忽视的病史和体征，只有这样才能诊断出别人未发现的问题。他经常提示、鼓励年轻医生在开拓创新思维、研究临床新问题、不断提高自身医术的同时，也要提高中山一院神经科整体的学术水平。

一甲子的艰苦奋斗，黄如训已成为神经病学界的知名专家，近年来先后荣获中国脑卒中防治工作卓越成就奖（2014年），中国卒中学会（2016年）、神经内科医师协会（2019年）、中国康复医学会（2020年）等终身成就奖，获得首届"国之名医"（2017年）、"国之大医"（2020年）称号。丰富的临床经验造就了他坚实的基础知识和医术水平，而他也希望能够总结自身经验，为神经科的年轻医生们提供指导和帮助。通过深入思考多年临床、科研与实验的经验教训，黄如训将自身"三基""三严"的体会编写成著作，近年出版了《神经系统疾病临床诊断基础》一书，又受人民卫生出版社委托主编《实用神经病学》，希望能够助力神经科医生的临床实践，继续为神经病学的发展奉献余热。

（整理：李莉、李知真）

余斌杰：碧血丹心扎故土，仁心仁术为人民

【人物简介】余斌杰，1931年10月出生，广东新会人。1955年毕业于华南医学院医疗系。中山大学附属第一医院教授、博士生导师，曾任内科主任，享受国务院政府特殊津贴。1980年以来主要科研成果有：广州地区42789人口的糖尿病患病率调查，胰岛B细胞功能临床研究，糖尿病综合研究及糖化血红蛋白A1和A1c测定，胰岛血糖素放射免疫分析研究，糖尿病微血管病变发病机理研究，第二代磺脲类降糖药的作用机理及临床研究，等等。曾先后获卫生部科技成果奖甲等奖1项，科学技术进步奖三等奖1项，中国人民解放军总后勤部科技成果奖二等奖2项，广东省科委科技成果奖三等奖1项，广东省医药卫生科技进步奖二等奖1项、三等奖1项，广东省高等教育局科技成果奖二等奖1项、三等奖1项。先后发表有关糖尿病及其他内分泌代谢疾病等论文100余篇，参加编写《内科学》等书。2009年，获中华医学会糖尿病学分会终身成就奖。

为国走上医学路，初心从未改变

1931年，余斌杰出生在广州的一个商人家庭。幼年曾在澳门生活的他，目睹了殖民者在当地的暴行，眼见自己的同胞被欺压，内心十分愤慨，希望振兴祖国的理想在他心中悄悄地萌芽。带着这份奋发图强的信念，他勤奋学习，成绩名列前茅，高中时考上了当时数一数二的广东省立广雅中学（今广东广雅中学）。高中毕业后，余斌杰到了香港。当时他面临两种选择：延续家族本业经商，或者继续求学。最终怀着救国的抱负，余斌杰毅然选择求学之路，报考了岭南大学医学院。

大学期间，余斌杰更加努力学习，对待科研工作也非常认真。他一有时间就看书，一有空就往实验室钻。别的同学闲暇时三五成群出去看电影，只有他两耳不闻窗外事，一心一意做科研。同学便开玩笑说："余斌杰，你成天都待在实验室，将来干脆跟兔子结婚吧！"1955年毕业后，余斌杰原本被选送到北京结核病研究所攻读研究生，但由于自幼患有哮喘病，不能适应北方的气候，被调至中山医学院附属第一医院内科工作。机缘巧合下，余斌杰留在了中山一院内分泌科。在中山一院工作的50多年里，余斌杰贡献了自己最美好的年华。

1957年，余斌杰协助我国著名内分泌代谢疾病专家周寿恺教授，在中山一院成立了内分泌科和内分泌实验室，该实验室成为当时华南地区规模最大、全国较早建立的内分泌检验实验室之一。初来乍到的他，还同时担任了内科临床的医疗工作和呼吸专业结核病的教学工作。简陋的实验室里，一台电光比色计、一台离心机、一些玻璃器皿和吸管，就是所有的实验设备。靠着这些装备和智慧的头脑，余斌杰和同事们一道建立了尿17-酮类固醇、17-羟类固醇、蛋白结合碘、超微量血糖、尿儿茶酚胺等物质的生物化学测定法，为提高内分泌代谢疾病的临床诊疗水平、开展临床实验研究打下了良好的基础。

1959年2月，中山一院派余斌杰到广州中医学院（今广州中医药大学）"西医离职学习中医班"学习。结业回到中山一院内科之后，余斌杰先后担任了住院医师、主治医师、讲师、副教授。然而好景不长，在风波中周寿恺教授受到冲击，余斌杰也受到牵连，工作和研究不得不中断。但这些丝毫没有动摇余斌杰"事业在祖国"的信念。

余斌杰生活照

1978年，余斌杰的妻子决定移居香港，余斌杰再次面临两个选择：一是跟随妻子赴港，举家团圆，过相对安逸的生活；二是继续留在广州坚守自己的医学事业。他选择了后者。他希望继续留在这片他热爱的土地上，继续他的研究。妻子也理解并支持他的事业，赴港后经常回广州照顾他的生活起居，让他能够以全部精力投入工作。

20世纪70年代末，在内分泌科学术带头人黄葆钧教授领导下的内分泌实验室已经是人才济济。当时中山一院的内分泌实验室已成为广东省的顶尖实验室，在全国的内分泌界也有相当重要的地位。实验室里共有3名技师、2名技术员，拥有伽马射线仪等众多先进仪器，负责甲状腺功能检查、糖尿病检查等临床检查项目。20世纪80年代初，余斌杰接下黄葆钧教授建立起来的第一套实验室班子，实验室不断发展壮大，一跃成为国内实力最强的内分泌实验室之一。

为科研不分昼夜，照亮内分泌研究之路

党的十一届三中全会召开以后，中国科学事业的春天到来了，余斌杰也重新得到了施展才华的机会，开始全身心投入到医学研究当中。1980年，余斌杰与内分泌专家严棠、黄葆钧教授一起成立了广州地区糖尿病调查协作组，对广州4万余名糖尿病患者患病率进行了调查，为糖尿病防治研究提供了依据。

20世纪80年代,国内对糖尿病的诊断方法尚未成熟,余斌杰在建立糖尿病诊断和治疗方法上迈出了较早的一步。

1980年至1981年,余斌杰与黄葆钧、符名潮、李航海等学者一道,同上海市内分泌研究所、中国人民解放军海军总医院等单位协作,运用其所建立的胰岛素原C肽放射免疫测定法,对正常人、糖尿病患者和肝脏病患者共1085例的胰岛B细胞功能进行临床研究,取得了第一批较大系列的数据,对大量糖尿病患者和不同类型肝病患者的胰岛B细胞功能进行了探讨。这项研究为糖尿病的临床分型提供了理论依据,对进一步认识糖尿病及其他糖代谢紊乱相关疾病的本质,以及指导治疗方案的选择等均有重要意义。1982年,这些成果获中国人民解放军总后勤部科技成果二等奖、卫生部医药卫生科技成果甲等奖。

1980年至1983年,黄葆钧、余斌杰领导的中山一院内分泌实验室在国内率先应用C肽放射免疫分析法研究胰岛B细胞功能,并结合实验室首创的糖化血红蛋白A1c色谱法测定以及多项其他检验方法,开展了包括病理解剖、临床特点、急性和慢性并发症的防治、病情监测等多项糖尿病的综合临床研究,系统性地阐述了华南地区糖尿病的特点,为深入开展糖尿病及其并发症的防治工作提供了指导性的资料和方法。糖尿病综合研究及糖化血红蛋白A1和A1c测定法还获得了1983年度广东省科委科技成果奖三等奖。

余斌杰(前排右一)与同事在中山医学院红楼前合影

胰岛细胞中，B 细胞分泌胰岛素，A 细胞分泌胰高血糖素，两者互相影响，互相制约。为此，余斌杰等与解放军海军总医院共同协作，开发了达到国际水平的胰高血糖素放射免疫分析技术，首次在我国自行生产胰高血糖素放射免疫测定药盒并应用于临床，对推进糖尿病及其他糖代谢疾病的临床诊断和科学研究做出了积极的贡献。这项成果获 1985 年中国人民解放军总后勤部科技成果二等奖。

除了糖尿病，余斌杰另一个主要研究方向是甲状腺功能亢进症。1979 年，他和黄葆钧教授、符名潮教授开始招收内分泌专业研究生，指导招收的第一个研究生冷松对自身免疫性甲状腺疾病进行探讨，完成《Graves 氏病患者血清甲状腺刺激免疫球蛋白的测定及其在临床上的意义》一文。此项研究采用创新改良的甲状腺自身抗体检测方法，证实了国外甲状腺疾病研究的最新发现，填补了国内相关研究领域的空白。这篇论文获得了 1982 年广东省研究生最佳论文奖，发表在国内顶尖专业杂志《中华医学杂志》英文版。"在这个项目中，由于实验室条件及试剂供应的限制，我们遇到了很多预想不到的困难。每当关键时刻，余教授就不分昼夜地待在实验室，不厌其烦地和我一起反复讨论实验细节，摸索实验方法，一起修改实验设计、分析实验结果、商量如何应对挑战。"冷松回忆道："功夫不负有

余斌杰（前排右二）曾任广东省卫生厅糖尿病防治专家咨询委员会顾问

心人。最后，我们利用甲状腺手术良性肿瘤周边切除的部分正常甲状腺活体组织，与甲亢病人的血清一起孵育，开发出独有的高灵敏度特异性体外甲状腺抗体功能试验，取得了这一研究领域的突破性进展。"

在国内对甲亢、糖尿病了解尚缺的时期，余斌杰带领中山一院内分泌科，为内分泌科临床检验打下了扎实的基础，开展了众多走在学术前沿的科研项目，照亮了内分泌研究的前路。

"对患者的教育，是临床医学的重要一环"

除了科研，在临床和教学方面，余斌杰亦勤勉耕耘，为病人服务、对学生负责。内分泌代谢疾病多是慢性病，除了甲亢危象、糖尿病酮症酸中毒、高渗性昏迷和低血糖外，这些代谢疾病还具有病程绵长、进展缓慢的特点，能得到彻底治愈的病例不多。在这种情况下，对患者进行必要的医学教育就显得尤为重要。

"让患者尽量明白自己所患疾病的原因，主动地配合定期检查和正规治疗，使他们了解将来可能出现的一些情况，以及如何做相应处理。"余斌杰经常对学生说，"坚持对患者进行相关的医学和疾病教育，是临床医学的重要一环。很多内分泌的患者都是这样，久病久治，自己成了医生。"

余斌杰以身作则，利用专科门诊、会诊等一切机会耐心地给患者解释出现病状的原因，教会患者一些简单的治疗处理方法，让患者能"自己当医生"。回忆起当初每周一次的内分泌科专科门诊时，余斌杰的学生都记得他的患者特别多，经常要看到午饭后，甚至到下午1点半。除了挂他的号的患者多以外，主要的原因是他总是细致耐心地向患者解释病情。"这是余老师良好医德的表现，他不是仅仅'头痛医头、脚痛医脚'，而是真为患者考虑，用少量的药，达到更好的治疗效果。"因此，这种与患者之间牢固建立的长期互相信任的关系，使余斌杰成为中山一院内分泌专科最受患者喜爱的名医之一。

这些品质也潜移默化地影响着余斌杰的学生。"比如临床思维，就是说看到一个患者，你怎么去想、怎么去分析、怎么去治疗、怎么去预测将来的治疗效果，这些都是一个互相有联系的事情。"余斌杰将这些融会贯通，言传身教，让学生们十分受益。1985年8月，余斌杰晋升为教授；1990年11月，成为博士研究生导师，成为中山一院内分泌科当之无愧的领军人物。虽然无须亲自参与一线临床工作,他还是孜孜不倦地工作,及时把国内外内分泌界的学术进展用最好最快的方法推荐给科里的一线医生。"好像军队打仗一样,元帅是不需要拿着枪去冲锋的。充分发挥一线医生的作用,运筹帷幄,就可以制胜于千里之外。"对学生们而言,余斌杰还是一位严师。平日里他不苟言笑,追求严谨和细致,对学生们要求十分严格,论文中的用词甚至是标点都会要求务必准确,对论文要求不断打磨。他查房时会把细节问得非常仔细,让每个住院医生牢记所管患者的病情治疗,药物的应用、剂量,用药反应等所有信息。由于在专业上严格要求,与他接触不多的年轻医生面对他时都会有些紧张。余斌杰非常重视年轻医生的培养,在担任大内科主任期间,坚持每日与内科住院总值班医师晨会交班,亲自指导他们的临床思维及处理,使其迅速成长。

余斌杰(中)与内科住院总值班医师晨会交班

在日常生活中,余斌杰对学生就像对待家人一般。有的学生家境贫寒,他会主动帮他们承担生活费。毕业时,学生们一般会请科室的同事、专家和导师吃饭,但在那个艰苦的年代,学生们大多囊中羞涩,这个时候余斌杰就会慷慨解囊,替他们出钱。著书、发表文章的稿费,他也从来分文不取,而是毫无保留地交给内分泌科或实验室作为活动经费。此外,余斌杰还会定期组织科室集体活动，在生活上对大家的照顾更是无微不至，使得内分泌科的团队十分团结，成员之间亲密无间，相处得相当融洽。

余斌杰先后培养了 1 名博士后、7 名博士研究生以及 18 名硕士研究生，他们现在都成为活跃在国内外内分泌、糖尿病领域的著名专家。他培养的进修生等覆盖范围更广，有来自粤北、粤西、汕头等省内的，也有来自海南等外省的，这些医生多数也在当地建立了各自的内分泌科，成为当地内分泌领域的领军人物。余斌杰为后来者建立了一个强有力的平台，让他们可以在这里学习，而这些学成的医生，又为内分泌学科注入了新鲜血液。

余斌杰（前排中）与他的部分学生欢度教师节

在教学上，余斌杰也孜孜不倦，先后参与编写了多本教材。《简明内科学》《内科理论与实践》《内分泌代谢病学》《中华内科学》，以及《内科学》的前四版等书，他都参与编写，为医学教育奠定了坚实的基础。1988 年，余斌杰被评为广东省高教系统先进工作者；1992 年，获中华国际医学交流基金会颁发的林宗扬医学教育奖；1993 年，被评为广东省南粤教书育人优秀教师。

"我们的事业在祖国"

正当我国科研工作蒸蒸日上之时,余斌杰的合作伙伴却相继出国。他本来也可以选择出国定居,但他却坚守在自己热爱的事业上,继续为祖国建设发光发热。他深知作为一名学者,为繁荣祖国添砖加瓦是义不容辞的责任。

1991 年,余斌杰获得国务院颁发的政府特殊津贴的殊荣。进入花甲之年的他仍然不懈进取,每天早早地来到医院,又很晚才下班,一天都在繁忙的工作中度过。1993 年后,余斌杰开始进行骨质疏松的防治研究,在广东省率先采用双能量 X 线骨密度吸收测定仪(DEXA)进行测定,并且开展了骨质疏松症的专科门诊和临床发病机理的系列研究。由于常年哮喘,他不得不随身携带一支小型气雾剂,但他始终坚守在岗位上。退休后,他又指导和协助中山三院建立内分泌科。到了晚年,余斌杰的身体每况愈下,以至于不得不常年住院。即便如此,他依旧保持平和的心态,积极配合治疗,乐观地生活、学习。虽然眼睛已经高度近视,他仍坚持用平板电脑看文献,关注医学界最新的动态。甚至有时,他还会跟着学生到门诊出诊,在一旁进行指导。

1991 年 6 月下旬,余斌杰到美国首都华盛顿参加第十四届国际糖尿病协会大会。在美期间,他遇到了自己的学生。师生畅叙别离之情后,余斌杰谈到了正在进行的糖尿病微血管病变发病机理的研究。他感慨地说:"我们的事业在祖国,要想有所成就,还是要回到祖国去。"这句简单朴素的话,也是余斌杰对自己所走过的人生道路的总结。

如今,中山一院内分泌科在国内依然拥有很高的声誉和实力,一代代"内分泌人"每天都在和时间赛跑,希望学科更上一层楼。这种最朴实的热情,恰似当年余教授创业时的筚路蓝缕,薪火相传,精神不灭。

(整理:邱秋、杨清妃)

尹培达：一生好学求知，做人民的好医师

【人物简介】尹培达，男，1934年11月出生，广东惠州人。1956年毕业于湖南湘雅医学院（现中南大学湘雅医学院）。1956—1961年任职于北京协和医院内科学系，1961年开始就职于中山医学院附属第一医院。曾任中山一院内科学教授，肾脏病科主任、主任导师、博士生导师，肾脏病研究所副所长，教育部临床重点实验室学术委员会副主任，中山一院风湿科创始人、学术带头人，中华医学会风湿免疫病学分会第三届常务委员，广东省医学会风湿免疫病学分会副主任委员，《中华风湿病杂志》编委。1992年起享受国务院政府特殊津贴。1997年任广东省委保健委员会保健专家组成员。共发表文章200多篇，先后参编医学专著、教材13部，主编《全科医学临床诊断学》、《风湿病》（现代治疗学丛书）。培养博士生30名、硕士生10名、访问学者1名。获得国家、部、省、校级科技成果奖多项，2019年获广东风湿免疫病学杰出医师奖。

缺医少药让他立志学医

1934年11月，尹培达出生在广东惠州。时值抗日战争，处处兵荒马乱，尹培达一家为躲避战乱，逃难来到惠州偏僻的农村。然而，农村的生活虽然相对平静，条件却十分恶劣。尹家本就不富裕，家中还有七个小孩要养活，在经济上就更拮据些。生活条件艰苦，每天的餐食通常只有青菜、萝卜，如果哪天有条小小的咸鱼作为加餐都已是恩赐。由于长期缺乏营养，尹培达在六岁的时候得了伤寒病，连日发热便血。在那个年代，治疗伤寒最好的方法就是用氯霉素，但农村连西医都没有，更别说是西药了。来给尹培达看诊的是村里的"土中医"，他开了几味草药便匆匆离去。尹培达吃了药之后没有什么疗效，身体一天比一天差，幸好他靠着自己顽强的生命力最终熬过了这场大病。

因为这场大病，尹培达朦朦胧胧地有了要当医生的想法，而真正促使他坚定自己理想的则是家人的健康问题。尹培达的祖母当时也患病，却没有人能够给她做出正确的诊断。她总是遗尿，尿液还会招来很多蚂蚁，这让年幼的尹培达感到好奇又害怕。祖母的身体每况愈下，让他很着急，但年幼的他却无能为力。患病半年后祖母便去世了，尹培达深感在疾病面前自己是那么无力，救不了祖母。从那时起，他便下定决心将来要成为一名医生，他要了解这些疾病，更要带领患者战胜疾病。

尹培达树立了从医的目标，于是从中学开始，他学习更加努力了。因为农村没有小学，所以他只能在家中由做校长的父亲教他识字读书，抗战胜利后才考上惠州市中学。初中毕业后，为了学习更多的知识，父亲把他送到省城广州。他以优异的成绩考进了广州有名的培英中学。培英中学的老师上课很严格，对学生的要求也很高，由于之前的学校与省城的学校教学水平，差距较大，尹培达要加倍努力学习才能赶上。在课余时间，他抽空了解医学知识，到书店去找医学书来看，如巴甫洛夫、米丘林的研究等，懂得了不少医学常识。

1951年上半年，尹培达高中毕业。中华人民共和国刚刚成立，很多大学都没开始招生。当时正值抗美援朝，国家鼓励年轻人踊跃参军，保家卫国。尹培达受此鼓舞，决定报名参军。报名后先要进行体格检查，合格之后便可以正式入伍。但现实却给踌躇满志的尹培达泼了一盆冷水——经

X 光检查，放射科医生怀疑他患有肺结核，不允许他参军。看着班里的同学都去参军了，自己却因为身体原因被刷下来，尹培达很难过，在家待了两三个月。之后，各所大学开始陆续招生，尹培达便转换心情专心备考，最终以优异的成绩考入湖南湘雅医学院。

湘雅医学院的生活环境很艰苦。入学之后，学校要求学生与工农结合，参加湖南农村土改工作半年，有些同学不能坚持，就放弃学业离开学校了，但尹培达咬牙坚持了下来。老师上课很用心，除了教授医学知识，还会告知课程的提纲和参考的书目，启发学生独立思考、自主学习。尹培达下课便总往图书馆跑——找材料、看书，他把大部分课余时间都放在学习上，争取更好的成绩。

五年后，尹培达从湘雅医学院毕业。当时，北京协和医院要在全国招收医科毕业生到协和医院进行住院医生培养，尹培达幸运地被选派到了协和医院。

几近严苛的要求下，不断提升临床能力

1956 年，尹培达进入北京协和医院，师从张孝骞、邓家栋、张乃峥等权威专家，接受协和医院系统的临床医师培训。当时的协和医院对住院医生有着严格的要求：进医院的前三年需要作为住院医生住在医院宿舍，对自己病区的患者要实行 24 小时负责制，要做到"随叫随到"，要将全部精力都放在工作和学习上。

尹培达认为协和医院的规定虽然严格，但很好地锻炼了他的临床工作能力。他要在患者住院的当晚完成他们的完整病历，留待第二天主治医生查房并检查相关记录，要参与查验患者的"三大常规"（血常规、尿常规、便常规）、生化常规、每天早上空腹抽血、静脉穿刺输血、输液，以及一切治疗、检查操作等。从患者入院到出院，作为住院医生的尹培达都要全程负责。

同时，协和医院的教授对医生的考核也很严格。张孝骞教授的记忆力很好，患者几年前的病历都记得很清楚，查房时他会检查医生们是否熟记病历，不时提问患者情况。因此，住院医生不仅要仔细完成病历，把旧病历背得滚瓜烂熟，还要在写好病历之后自己分析病情。尹培达态度认真，总是一丝不苟地完成各项工作。医院里有 24 小时开放的图书馆，打个电

话，管理员就会把相关的资料找出来送到宿舍。尹培达晚上写好病历就会马不停蹄地开始查阅图书馆送来的材料和类似的病例，做好先行的诊断工作。有时，病历有些棘手，凌晨三四点才能完成，但尹培达在做完之后还坚持继续看书，深入分析病情，为的就是七点钟去查房的时候能够真正充分掌握患者的情况。此外，由于当时的医学杂志多是英文版的，他也努力提高英语水平，以便更好地追踪最新的研究成果。几年下来，他对内科的各类疾病的来龙去脉、临床表现、治疗方法和预防措施等都有了清楚的认识，临床水平也有了很大的提升。

1956 年，尹培达在协和医学院门前留影

1958 年，国家要进一步开展核技术，中国科学院原子能研究所需要招纳来自各个领域的人才，尹培达就在此时被选入了，负责研究原子能损害机体的机理、临床表现及防治措施。然而，也就是在这一年，苏联专家全部撤走了。刚进研究所的尹培达对原子能研究相关工作不太熟悉，对相关知识也不大了解，只能在研究所边学边做，夜以继日地忘我工作。他对核物质比较敏感，工作不久，就出现了血象下降、发热、关节痛、牙龈出血及血尿等毒理反应，但他仍坚持工作。

1961 年，领导关心尹培达的身体状况，建议他离开研究所，前往其他工作单位。考虑到自己的身体条件确实不再适合核医学的研究工作，尹培达决定回广东发展，调至中山医学院附属第一医院内科工作。

1962 年，尹培达在中山一院门前留影

参与翻译首部内分泌学译著

最初，尹培达在内分泌科师从周寿恺副校长、黄葆钧教授，开展内分泌科的临床查房、教学和科研工作。刚从核医学转向内分泌科工作，尹培达提前做了很多准备。此前在协和医院工作时，他就已经开始参与我国第一部内分泌学译著的翻译工作——美国学者威廉斯（Robert H. Williams）所著的《内分泌学（第二版）》（Textbook of Endocrinology, 2ed Edition）。在国内，这部书由上海医学院钟学礼教授主译，全国各院校分担翻译任务，尹培达负责最后几章的翻译。对他个人来说，翻译工作为他巩固内分泌学知识奠定了良好的基础，也提高了他的英语水平。当时国内医学界十分缺乏这类专著，几经努力，该译著终于在 1962 年出版，为临床医生提供了宝贵的参考资料，对我国医疗专业知识的普及和发展起到了相当大的推动作用。

1975年，知青陆续回城，有家长迷信用鱼胆可以清热解毒的说法，纷纷让回城的孩子生吞鱼胆，不料引起鱼胆中毒，导致急性肾功能衰竭。接连有十几人被紧急送往中山一院进行抢救。当时肾内科缺乏年轻医生，李士梅教授一个人忙不过来，见尹培达基础好，工作努力，便申请将他调到肾内科协助抢救和腹膜透析工作。当时国内的肾内科发展还不成熟，没有专用的腹膜透析设备，只能用一般的橡皮管为病人做腹膜透析治疗，把毒素透析出来。但是，橡皮管容易堵塞，需要医生及时清通，尹培达几乎彻夜不眠，全身心投入在患者的看护上。最终，这十几个患者都顺利康复，尹培达也自此开始转到肾内科工作。

20世纪80年代初，中国肾脏病学飞速发展，中华医学会肾脏病学分会成立后，由北京医科大学第一医院（今北京大学第一医院）肾内科的王叔咸教授担任主任委员，中山一院李士梅教授担任副主任委员。在李士梅教授等前辈的指导下，尹培达与科内同事一起发展中山一院的肾内科。为了做好科研工作，尹培达被派到香港大学玛丽医院肾科合作做科研，接受新知识，提高科研能力。1986年，尹培达开始担任中

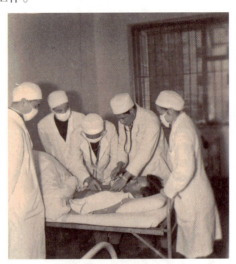

尹培达带学生实习

山一院肾内科主任，组织建立肾脏研究所并担任研究所的副所长，还组织建立了卫生部临床肾脏病重点实验室，担任实验室学术委员会的主任。随着中山一院肾内科的蓬勃发展，人员队伍不断扩大，科室相继设立了血液透析、腹膜透析、肾脏病三个病区，规模为全国第一。

此时正是全国遴选肾内科重点学科的时候，尹培达向时任卫生部部长陈敏章汇报中山一院肾内科的发展情况。当时的中山一院肾内科创始人李士梅是中华医学会肾脏病学分会主任委员，在他的指导下，中山一院的肾内科规模不断扩大，分区更细致，有3个病区、80多张床位，能开展肾穿刺、腹膜透析和血液透析等，这些技术都走在全国前沿。在专业人才上，共有4名正教授、8名副教授；在学术研究上，中山一院主办了《中华肾

脏病杂志》，并发表了众多科研论文。正是因为具备了这些条件，中山一院肾内科的发展水平位居全国前列，被评为国家重点学科。

尹培达还参与了不少相关论著的编写和编审工作，希望加深大众对肾内科的认识，也为医务人员和学生提供更多研习的资料。在李士梅教授带领下，他先后编写了几部大型肾科教科书，如《临床肾脏病学》《内科理论与实践》《简明内科学》《中国医学百科全书（肾脏病症状学）》等。另外，尹培达还参与邝贺龄教授主编的《内科疾病鉴别诊断学》的编写工作。此书由邝贺龄教授于 20 世纪 70 年代写成，约 50 万字，但当时并未出版。后来，中山医学院组成写作班子，由邝贺龄、赵雅亮、梁秀龄、尹培达等人一同整理、加工，最终扩充为 100 多万字的书稿并出版。该书由于简明实用、内容翔实，深受读者好评。甫一出版便十分畅销，后续更是供不应求，共印刷了数十万册。此后，尹培达协助邝贺龄教授每两年修订一次，连续出了两版，力求内容更完善、准确。

《内科学理论与实践》编委会第一次会议留影

与此同时，尹培达十分重视临床科研工作。在他看来，研究应该兼顾科学创新性与临床实用性，以实实在在的成果造福人民。他发表论文 200

多篇，其中 10 余篇是在国际著名杂志上发表的。他主持过国家自然科学基金、国家教委博士点基金、卫生部和省科委基金资助的多项重点研究攻关课题。其中，"Tamm-Horsfall 蛋白在肾脏病中作用的临床系列研究"获得国家教科委科技进步三等奖，该成果不仅阐明了 Tamm-Horsfall 蛋白在肾小管－间质疾病中的作用，还为肾实质疾病的诊断、鉴别诊断提供了实用性和可靠性指标；"肾小球肾炎（膜性）发病机理及防治研究"获得卫生部科技进步三等奖，该成果使人们更深入地了解肾小球肾炎，特别是难治性肾炎病理类型——膜性肾小球肾炎的发病机理，从中西医结合的角度探索该病的防治和治疗方案。这些成果都体现出尹培达在学术科研上的追求，他十分看重临床与科学的双重价值，务求让研究应用于临床实践，真正提高治疗效果，最终利于患者的康复和日常的防治。

退而未休，创建风湿免疫科

　　1992 年，尹培达临近 60 岁，他从肾内科主任的位置上退下来，但并没有"退出江湖"，而是转向了新兴学科，筹备和建立风湿免疫科。当时广东省卫生厅要求成立广东医学会风湿病学分会，尹培达和中山三院的余步云教授一起率先成立"风湿病学组"并开展学术活动，组织学习班。1994 年 6 月，广东医学会风湿病学分会正式成立，由余步云任主任委员，尹培达任副主任委员。

　　然而，中山一院的风湿病学科虽然勉强建立了起来，但机制并不健全；虽设有专科门诊，但实际上只有尹培达一人撑起全部的教学、科研和会诊工作，人手严重不足。于是，尹培达请求内科主任调派一名年轻医生做其助手，内科主任把内分泌科的杨岫岩医生调来协助。经过尹培达的悉心培养、用心指导，在他退休后，杨岫岩接了他的班。当时中山一院还没有风湿病学专科病房，于是尹培达想办法利用肾科的"四优先"病房空出来的 10 张床位暂时收治风湿病患者，直到医院的六号楼建成，风湿免疫科才有了独立的病区。

　　当时尹培达面临的最大问题，就是作为新兴学科的风湿病学才刚刚在国内发展起来，理论建设并不完善。风湿病学本身内容复杂，涉及的学科也很多，与免疫学、遗传学有密切关系，患者多患有疑难杂症。尹培达以前是从事内分泌科和肾科工作的，对风湿病学也没有系统的理论认知。当时全国除了北京协和医院,很少有医院设此专业。恰巧协和医院负责风湿病学科的张乃峥教授曾是尹培达的老师,于是他写信过去询问是否能到协和进修。对方答称协和医院风湿病学科也只是刚刚起步,大家都停留在学科探索的阶段,没有办法提供进修的条件。

无奈之下,尹培达只能靠自己边学习边实践。为了提高对风湿病的认识,他与余步云教授带领部分研究生先是编写了《今日治疗丛书——风湿病》,后又组织编写了《全科医学临床诊断学》。"美国风湿病学那么厚一本书",尹培达用手比画着书的厚度,"我全部读了一遍,把每个病都研究透。那时每个晚上都在念书,念了五六个月才开始翻译和写作"。尽管编写整理的工作很辛苦,但尹培达始终严格要求,字斟句酌、精益求精,注重内容的科学性与实用性。在他看来,著书立说要对人民的生命负责,读者是医生,阅读这些书是要治病救人的。

在编著工作外,尹培达还重视对疾病机理的研究,其中,"系统性红斑狼疮发病机理和临床研究"获1998年卫生部科技进步三等奖、广东省科技进步二等奖,该成果从细胞和分子生物学的角度阐明此病的发病本质及临床表现的多样性与复杂性,为此病的诊断和活动性判定提供了有价值的新指标。特别是针对系统性红斑狼疮危象及其严重并发症如狼疮脑、狼疮肺、狼疮性肝炎和肾炎等的治疗,此研究提供了切实可行的新方法,在临床应用中显著降低了死亡率,延长了患者生命,提高了患者生存质量,在改善预后上起到根本性作用。与此同时,尹培达还担任中华医学会风湿病学分会常委会委员和《中华风湿病学杂志》编委,助力国内风湿病学研究的进步。

为了更好地进行学科建设和培养人才,一方面,尹培达担任学科带头人,逐步完善中山一院风湿病专科,负责病区查房、院内外会诊、教学、科研等工作,经常组织专题讲座和临床病例讨论;另一方面,他定期到省内外重点城市如佛山、深圳、惠州、肇庆、东莞、湛江、海口等地进行巡诊、义诊,开展办学习班、会诊、查房等一系列活动,以提高当地医生的诊治水平,协助兄弟医院建立和完善风湿病专科,促进当地医学会成立风湿病学分会。经过尹培达和学界同仁十多年的辛勤努力,广东省风湿病学科从无到有,专业队伍不断发展壮大,广东省风湿病学会规模已经从一开始的十多人发展到现在的一两千人,20世纪90年代多次召开粤港风湿病学术会议,2001年承办第二次华夏风湿病学术会议。

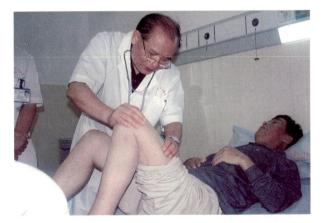

尹培达检查风湿病患者关节肌肉情况

培养年轻人，重视言传身教

尹培达十分注重培养人才，他要求学生不仅要勤学多练，还要关注学科发展的前沿，注重让学生独立思考，提高他们分析、解决问题的科学思维能力。他共培养了10名硕士、30名博士、1名访问学者。虽然这些学生来自不同的疾病领域——肾病、血液病、血管病、呼吸病、风湿病，但尹培达从未放松严格的要求。他从"三基三严"抓起，要求学生针对课题做好文献综述和开题报告，文章要发表在杂志上，经大家讨论同意后才可开始实验工作。在实验中，他要求数据翔实无误，注重分析，经反复检查核实后方能提交论文。此外，他要求学生学好英语，从外文杂志和国际会议中汲取知识，把握时代信息，经常鼓励并支持学生参加国内外学术研讨或是出国深造。

作为导师，尹培达对自己的要求同样严格。教学中，他重视言传身教，时刻保持严谨与实事求是的态度，每一次查房都会传授临床知识及临床经验精华给学生，在每次临床会诊或临床病例讨论时也会一一分析临床问题的疑难点。他会认真检查学生的实验数据，逐句阅读并修改学生论文。遇到自己不太熟悉的课题时，他便深入学习，有时还会请教有关方面的教授学者，边做边学，做到教学相长。

他常说："教学是把自己的经验教给别人。要向别人讲明白一个问题，自己首先要对这个问题有非常透彻的了解,组织好逻辑性的表达内容,做好解答问题的准备。因此,你就必须先学习一番,扩展你对这个问题认识的深度和广度才行。"尹培达也的确身体力行这一准则,授课时他的讲稿书写认真、条理清晰且层次分明,既重视系统的理论基础,又紧贴临床实际。他的授课语言往往简洁明了、语速快慢适中,逻辑清晰、有条不紊,同时又生动有趣,能吸引到学生。

如今,尹培达指导的学生,除分布在风湿免疫科外,还分布在血液内科、内分泌科、肾内科、呼吸与危重症医学科等领域从事临床、科研和教学工作,他们大多已成为各领域的骨干和中坚力量。

年过八旬仍出门诊,全身心为患者服务

在60多年的行医生涯中,尹培达始终坚持一个信念——急患者之所急,想患者之所想,视患者如亲人。他对待工作一丝不苟,力求尽善尽美。"学医是终身辛苦的,但是学起来很快乐。医好了患者就觉得心情很愉快;假如医不好,心中总是不安,一直想着。"尹培达说道。如今,80多岁的尹培达还坚持在"名优专家门诊"第一线,为广大患者服务。

有一次,尹培达的特诊来了一名特殊的患者,他是一个30多岁的青年,右髋部、胫骨、股骨等多个部位出现莫名疼痛。这名年轻人又焦急又害怕,辗转多间医院求医,不仅未见成效,反而疼痛加深,出现了四肢无力、骨质疏松和趾骨、肋骨骨折的情况,行动很不方便,严重影响了他的日常生活。后来,他慕名来到中山一院,先后看了外科、肾内科、神经科、风湿免疫科等多个门诊的教授,都没能得到明确诊断。正在他悲痛欲绝、觉得生活无望之时,朋友向他介绍了尹培达。

当患者来看病时,才刚进门,尹培达就开始仔细观察这位患者的走路姿势,同时观察患者双下肢,肤色有无异常,有无浮肿、溃烂,有无压痛、神经功能异常等情况,初步预测肌无力的原因——是肌炎?缺血?神经性?还是电解质紊乱等?

一番观察后,尹培达请患者坐下,开始认真询问他的症状,仔细帮他检查每一个部位,初步怀疑病因是电解质紊乱,如低血钾、低血磷症等,但还要做检查后才能确定。检查报告一出,果然如此!报告显示,患者的血磷严重流失,数值只有正常人的一半,钙磷失衡。

接下来，尹培达全力为患者查找病因。他给患者分别做了血常规全套组合、红细胞沉降率测定、基础代谢生化组合、风湿病组合、尿生化组合、体液免疫五项、各种癌胚筛查等多项检查。遗憾的是，这些检查并未能找出患者病因。但尹培达没有气馁，他一边让患者使用中性磷酸盐稀释液和活性维生素 D 进行治疗，一边让其入院接受进一步检查，排查遗传性和继发性病因（如肿瘤）。最终，通过 PET – CT 检查，发现患者右侧臀大肌内结节，糖代谢轻度增高，生长抑素受体显像阳性，结合其他临床的检测，尹培达判断这是有内分泌功能的肿瘤，分泌一种物质抑制肾小管重吸收磷，导致低血磷。之后，通过超声引导下经皮穿刺右侧臀大肌肿物穿刺活检，用射频消融术把肿瘤消融，患者很快就恢复正常了，骨质疏松得到改善，肋骨、趾骨骨折愈合，血钙、血磷也恢复正常了。

这名患者在给尹培达的感谢信中写道："当时的我像是经历了一场噩梦，无论我如何撕心裂肺地呼唤，也没有人能拯救我，直至我遇到了我的救命恩人——尹培达教授，他就像一缕阳光，突然照进了我的生活，把我从噩梦中叫醒，给予我重生的希望。"

回顾往昔 60 余年的医疗工作，尹培达认为，是数十年吃过的苦、受过的累成就了他。他说："医生要医德高尚、医术精湛、博学多能，才能做人民的好医师。"渊博的临床知识和矢志不渝的奋斗精神让他能从容、自信地面对每一次挑战，而无论到哪个科室，他始终孜孜不倦地学习，为的只是能够履行好医生的职责——尽己所能保护人民生命安全和健康。

（整理：李嘉欣）

洪文德：做医生就是要为人民服务

【人物简介】 洪文德，男，中共党员，1934年4月生于江西，祖籍安徽泾县。1961年毕业于中山医学院医疗系。毕业后一直在中山大学附属第一医院内科工作，历任内科住院医师、讲师、主治医师、副教授、主任医师，1991年晋升为内科教授，曾担任内科副主任、主任及血液科副主任和主任等职。国务院政府特殊津贴获得者。主要从事恶性血液病如白血病、淋巴瘤等疾病的诊断治疗的临床及基础研究工作。1988年曾到美国纽约西奈山医学中心血液部进修访问，随后开展骨髓移植治疗白血病、淋巴瘤的临床和实验研究。发表论文110余篇，主编有《血液和造血系统疾病》《血液和造血系统疾病典型病例分析》《临床血液病学》等著作，曾担任《癌症》《临床血液学》杂志编委。曾任广东省医学会血液学分会的第四、第五届副主任委员，第六届委员会顾问。1993年获广东省"南粤教书育人优秀教师"奖，"血液病与人体免疫功能系列研究课题"获1994年国家科学技术进步三等奖。

从小镇青年到"全能"医生

洪文德祖籍安徽,家族先辈在太平天国运动时期逃难到江西,在江西的一个小镇定居,洪文德就在江西出生、长大。初中毕业后,他从小镇考出来就读于一所药科学校,学习药物的相关知识,与医学初次结缘。当时,他并没想到日后会成为医生,只想有个一技之长来养家糊口。毕业后,尽管有了工作,也过上了安稳的生活,但他不愿意待在小镇,而是想考大学,想到更大的天地看看,寻求更多的机遇。当时,农村人口文盲率很高,中等学校毕业的洪文德已算得上是"知识分子",考大学更是难上加难。1956年,正逢中山医学院有一批干部生的名额,要求的条件是有工作经历,洪文德便抓住这个机会考取了中山医学院,只身一人来到广州。

五年后,洪文德从中山医学院医疗系毕业,分配到附属第一医院内科工作。当时,中山一院实行的是大内科制,只是粗略地分了区,并没有严格地分科。于是,刚毕业的洪文德和其他年轻医生一样,必须轮转内科的多个病区,熟悉内科各个系统的工作。除了内科的工作外,医生们还要参与小儿科的工作,甚至要作为外科医生负责简单的开刀手术,工作要求高,使得洪文德逐渐成为一个"全能"医生,如海绵吸水般不断地学习新的医学知识。当时,中山一院的大内科教授们经验丰富,在他们的指导下,年轻医生渐渐适应了不同病区的工作,并发掘出各自的专长,以老带新,逐渐培养出青年骨干。大内科工作的这段经历让洪文德积攒了丰富的临床经验,也培养出他"脑子活""思路广"的优点。

当了医生,生活似乎就不是自己的了,工作耗去了大量精力,为了出诊或抢救病人而吃不上饭、延迟下班,或者取消假期,洪文德已经习以为常。有一次,有位患者因为和家人生气,寒冬腊月洗了冷水澡,得了重症肺炎,被送来中山一院抢救。当时正好是大年三十,千家万户团团圆圆、喜迎新春,医生们却忙着抢救患者。好不容易抢救过来,这位患者却因输液时随意走动导致休克昏迷,生命垂危,医生们只好再次抢救。为了抢救这名患者,洪文德和同事们放弃了春节休假。多年之后,再想起这次除夕夜加班的事,挽救了一条人命的感动和满足还留在心底:"对于医生来说,重要的不仅是你的医术怎样,还有你的工作态度如何,你不去竭尽全力抢救患者,他就可能失去生命。"在他看来,兢兢业业工作,对患者负责是医生最基本的素养。

克服重重困难,首例自体骨髓移植手术获成功

20世纪80年代以来,内科学发展迅速,各科知识量大大增加,大内科制不利于医院的管理和患者看诊,中山一院的内科逐步分出来心血管、内分泌、呼吸、肾脏、风湿、血液、消化等专科,医生们按照志愿选择专科,只要科室同意,就可以转到该专科去。洪文德毅然选择了当时技术力量薄弱的血液科。血液科从大内科独立出来之后,面临科室建设和完善的问题,由于人手不足,洪文德和同事们变得更忙碌了,日常需要看门诊、查病房、值夜班、出差等,经费不足也严重阻碍着科研工作。科研是为了解决临床上的难题,科研工作的迟滞也给临床带来了困难。

除了人手和经费不足,血液科最大的困难其实是治疗上的困难。血液病的治疗也一直是世界性的医学难题,直到20世纪80年代后,国际上血液病的治疗才实现理论、药物和设备的巨大创新,骨髓移植技术的进步也给很多血液病患者带来治愈希望。时值国内外医学交流加强期,骨髓移植技术也被引入中国。中山一院血液科也把目光放在骨髓移植技术上,决心顺应潮流将其引进。

虽有雄心壮志,但血液科想要做好骨髓移植技术的引进工作仍需要克服很多困难。首先是缺乏掌握骨髓移植技术的人才。为此,血液科派出谭恩勋、张国材两位医生前往天津血液病中心学习,二人后来也成为中山一院骨髓移植的骨干力量。1988年,洪文德前往美国纽约西奈山医学中心血液部进修访问,考察美国的骨髓移植技术,期望能为中山一院带回更多的经验和知识。除了外出交流学习,洪文德和同事们还从血液病杂志、著作等多种渠道学习相关知识,为开展骨髓移植工作做好理论知识的准备。

其次,经费和场地也是困扰着血液科的难题。谭恩勋、张国材医生学习回来后,提议建立专门的骨髓移植教学基地,当时的大内科主任余斌杰教授给予了大力支持,4号楼里的两个房间就成了培训骨髓移植技术的基地。场地有了,还缺操作台。由于经费有限,洪文德和同事们只好找来几张破旧台子凑合着用。刚开始购买回来的设备非常简陋,科研环境也不理想,医生们需要自己找时间、找经费、找基金、找地方,还要找技术员、技师

帮忙做实验。在掌握骨髓移植技术后，为了推进科研的进程，又要与患者沟通，筛选出自愿进行骨髓移植治疗的病人。

中山一院进行的第一例骨髓移植手术是自体骨髓移植手术。自体骨髓移植手术是从患者自身抽取健康的骨髓并低温保存，等到患者接受化疗等治疗手段，体内癌细胞活性减低后，再重新通过静脉注射的方式输回患者体内，使患者重建造血和免疫能力。血液科医生们考虑到患者接受自体骨髓移植没有排斥反应，成功率较高，故而率先采用自体骨髓移植术。第一例自体骨髓移植手术取得圆满成功，本来没有治愈希望的患者借助这项技术延长了生命。看到骨髓移植技术对治疗恶性血液病的显著效果后，洪文德和同事们花了大量时间和精力攻克骨髓移植技术，很快又掌握了异体骨髓移植技术。经过不懈努力，多种骨髓移植术逐渐在临床得到应用，挽救了众多患者的生命。

洪文德（左三）在骨髓移植病房

尽管现今骨髓移植技术已经大有进步，却也不能挽救所有患者的生命，尽心尽力治疗的同时，医护人员还要和患者家属进行良好沟通。在处理与患者家属的关系上，洪文德认为中山一院的医生做得很好，很多外地患者不远千里专门来中山一院看病，他们认为中山一院的医生不仅医术高，服务态度也好。医保制度实行以前，遇到支付不起医药费的患者，有的医生还愿意先垫一部分钱，先治疗患者。如果医生有什么问题没有跟患者和家属讲清楚，就可能发生患者和家属不理解的情况。如果医生能讲清楚，患者和家属大多就都理解了。"有些人全国各地都跑遍了，最后来这里，他们说即使在这里治不好，也没意见了。"正是真诚沟通和负责任的态度，使得中山一院赢得了患者的信赖。

经过几代人的努力，今天中山一院血液科已是硕果累累。李娟教授团队创立的新诊断多发性骨髓瘤的整体治疗体系使患者生存期在原来的基础上延长两倍以上，实现了把恶性肿瘤变成慢性病的目标，在国际上也很有名气。饮水不忘挖井人，血液科能取得当今的成就，离不开李士梅、谭锡勋、古枢兴、赵雅亮、庞国元和洪文德教授这些前辈的付出和努力。正是他们跟上时代的潮流，引进新技术、新理论，带头投身疑难血液病的研究和治疗中，为后辈积累了宝贵的经验。

退而不休继续坐诊，全心全意为患者服务

洪文德65岁退休后没有停下治病救人的脚步，而是继续为患者服务。先是被中山一院返聘，结束返聘后又到中山一院黄埔院区（今中山一院东院）看门诊，继续发挥余热。在黄埔院区，洪文德遇到最多的不是白血病患者，而是贫血患者。女工里缺铁性贫血的患者尤其多，月经不调、频繁生育、流产是主因，再加上工作强度大这个诱因，容易引起贫血和身体虚弱。工人们没什么钱，洪文德体谅她们，尽量将检查项目减到最少，为她们减轻负担。他为患贫血的女工看病只需要两个流程：先问病史，全面体查，然后验血看铁含量。确定是缺铁性贫血后，为女工们开药也不多开，先开一个星期的药，复查后根据情况再开两个星期的药，再次复查就再开一个月的药。这样下来，患者看了两三个月的病，一共才花了百十来块钱，大大节约了女工们看病的花费。因为治疗效果显著，花钱也不多，很多女工都会来找洪文德看病。除了血液病之外，内科病房有需要也会找洪文德去看看；内科医生需要给出诊断意见时，也会请经验丰富的洪文德前去会诊。从2006年到2017年，洪文德在黄埔院区工作了整整十年，直到80多岁高龄才从他所热爱的岗位上正式"退休"。

"做医生就是要为患者服务，为人民服务。不去为人民服务，你这个医生也就没有价值。"为人民服务是洪文德教授毕生的从医信念，他将医生与患者的关系比喻成老师与学生："医生负的责任你不知道，他全心全

意为你服务的时候你看不见，看不见他出了多大力气，就像老师在课堂上讲课时，学生不知道老师其实是把经验都教给学生了。"大爱无痕，润物无声，洪文德将无声与长久的爱融入半个多世纪的医疗工作中，给了他的患者。

（整理：刘嘉）

容中生：全心全意对待患者，用一辈子当一个好医生

【人物简介】容中生，男，中共党员，1938年7月出生，广东阳江人，1962年毕业于中山医学院医疗系，毕业后一直在中山一院从事临床、教学和科研工作，专长为呼吸系统疾病的诊断和治疗。1988年到美国密执安大学医学中心进修。曾任中山一院副院长、内科教授、呼吸内科主任、硕士研究生导师、博士生副导师、中华医学会广东分会呼吸病学分会主任委员。主要研究方向为支气管哮喘、呼吸系统感染、慢阻肺及肺癌的诊断和治疗。在呼吸系统疾病的诊断和治疗方面积累了丰富经验。在国内发表论文50多篇，综述、译文及文摘共129篇。参加编写《简明内科学》《内科急症治疗学》等医学专著4部，对呼吸衰竭患者动脉血气日夜变化规律及氧疗的影响、慢性肺心病多脏器损害、肺切除对肺功能的影响等提出了独特的见解。

父亲因病离世，他立志当呼吸科医生

1938年，正值抗日战争，百姓的生活愈发艰难。容中生正是在这种环境下出生的，他是广东阳江人，家中共有六口人，全靠父亲一人在外做工维持生计。容中生自幼孝顺懂事，勤勉好学，学习成绩也非常优异。可是，在容中生读小学六年级时，一场大病夺去了父亲的生命，也摧毁了家中唯一的经济支柱。据容中生回忆，父亲是因为呼吸疾病去世的，也正是在那时，小小的容中生便下定决心一定要好好念书，未来当一个呼吸科医生，尽全力救治患者，不能让这样的悲剧再次发生。然而，失去了家中的顶梁柱，此时家里的情况已经越来越糟，几乎到了捉襟见肘的境地，甚至可能无法提供容中生继续读书的费用。舅舅听闻此事，又知道容中生有志向学，就卖掉家中物品换钱，以此勉强供容中生继续念书，这才使他没有中断学业。

容中生打心眼儿里感激舅舅，也更清楚只有努力读书，才是回报舅舅、回报家庭的唯一方式。在中学阶段，容中生念书十分认真，学习成绩也非常优异，每一年都能获得助学金。当时的助学金只有三块钱，勉强能够支持读书期间的生活费。

1957年的7月，容中生参加高考。他的目标是中山医学院，坚定地要从事医学工作。当时阳江的考生需要到台山考试，容中生对台山并不熟悉，难免有些紧张，但他有坚定的志向，最终稳定发挥，以优异的成绩考入中山医学院医疗系。上大学后，容中生并没有因此松懈，反而比之前更加刻苦地学习。一方面，从医是他的理想，要成为一个好医生一定要有过硬的专业知识，而且学医需要掌握的知识很多，需要花更多的时间记忆和理解。另一方面，家里的经济情况窘迫，学费依然是一个大问题。容中生必须在学业中有突出的表现，才能继续获得助学金，从而减轻家里的负担。而为了节省来回的路费和时间，就连假期他也不回家，每天泡在图书馆里读书学习。

跟随前辈苦练本领，一切以患者为重

1962年，容中生从中山医学院毕业，随即被分配到中山一院传染病科工作。后来，应上级要求，传染病科搬迁到中山三院，他并没有随迁，而是转到呼吸内科。在传染病科，容中生常常要面对的是肝炎和其他流行性传染病，而呼吸内科涉及的主要是呼吸系统的疾病，二者需要的专业知识和临床应对都有所差别。

刚刚来到呼吸内科，容中生对工作还不大熟悉，为了更快地适应呼吸内科科室的节奏，他在空余时间看了很多相关的书籍，跟随当时的科室主任李溢煊教授和张赐龄医生，一边查房一边学习。中山一院有学术讨论的传统，每周科室都会组织医生一起讨论疑难病例。会议前，大家各自查看患者的情况，根据个人观察提出问题，再找相应的文献支持自己的观点，最后整理好意见；会议上，大家各抒己见，针对具体病况进行梳理和分析，老教授们会给出自己的意见和建议，同事之间也会互相交流彼此的看法；会议后，医生们根据方案和意见开展治疗，在观察病人的治疗效果后进一步调整治疗方案。在频繁的会议讨论中，容中生不仅在浓厚的学术氛围中积累了更多的呼吸科的知识和治疗经验，也在这种重视交流互助的环境中感受到中山一院融洽的工作氛围，这让他加深了对中山一院的归属感，以饱满的热情投入医疗工作之中。

容中生入职中山一院时，医院的规模远没有现在这么大，呼吸内科当时还没有设立独立病区，与血液内科的病区是连在一起的。呼吸内科整体的环境比较差——设备落后、床位少，但是呼吸内科医生日常的工作是要抢救呼吸衰竭的患者，这就要求有相当的设备技术水平。容中生记得很清楚，当时有一名患者被银环蛇咬伤，情况非常严重，他被紧急送入急救室。由于患者摄入的蛇毒含量较高，而银环蛇蛇毒又抑制呼吸，当时患者的呼吸已经停止了，情况非常危急，需要人工辅助通气为他维持呼吸。但是，医院还没有引入呼吸机，只能依靠人工呼吸气囊。于是，呼吸内科的医生轮流"上岗"，为患者24小时不停歇地捏人工呼吸气囊，争取时间让他尽快排出身体的毒素。依靠双手不断操作人工呼吸气囊十分辛苦，加上抢救期间，医生都处于高度紧张的精神状态，时刻关注患者的情况，这给呼吸内科的医生们带来了很大的压力。看到这种情况，李溢煊教授想办法创造出脚踏式的人工气囊，用脚踏取代手捏，更为省力，也更好发力。这一"土方法"，解放了医护人员的双手，连续十几天，科室的医生轮流上阵，硬是凭着一股不放弃的韧劲，把这名患者从鬼门关救了回来。也是在此时，容中生更加认识到身为医生的责任既是沉重的，也是有意义的。

"时刻为患者着想,千方百计为患者解除病痛"成为他铭刻于心的使命所在,更是实践于行的指南针。

重视基层医疗教学,注重年轻医生的培养

20世纪70年代末,中山一院呼吸专科成立,与血液内科病区分开并迁入何善衡楼。李溢煊主任退休后,容中生开始担任科室主任一职。除了承担临床工作,他还要负责科室的建设。在他担任主任以来,呼吸内科的床位逐步扩展到30多张,更多的年轻医生加入科室。科室还配置了呼吸机,引进和推广使用纤维支气管镜、血气分析仪等,为肺部疾病的诊断提供了新手段,危重呼吸疾病患者的抢救治疗成功率不断提高。除了积极引进并改造国内外先进的设备、定期改善科室的医疗环境外,容中生还十分关注呼吸内科的教学工作。他定期组织科室进行病例讨论、制定科研项目,注重对博士研究生和硕士研究生的指导和培养,他和张锡煌教授便是医院第一批硕士生导师。容中生培养的硕士生有十多名,后来又开始带在职研究生,这些学生后来都成长为各单位的骨干力量。由于当时呼吸内科没有设置博士点,不具备培养博士的资格,容中生便作为博士生副导师,与余斌杰教授联合培养博士研究生。

后来,容中生担任中山一院副院长,分管全院教学工作。中山一院培养学生注重让学生深入基层学习,更加贴近人民群众。当时,每年有三分之一的学生要到基层实习,每个批次要在基层医院工作至少3个月。为了及时了解教学情况,容中生经常与教学科的李兆文科长等下到基层医院,检查、安排学生及带教老师的教学工作。毕业考核时,中山一院和教学基地的同学都取得了优异的成绩。

在领导教学工作之余,容中生也不忘精进自身的学业。1988年,容中生以访问学者的身份前往美国密执安大学医学中心进修。在这段时间里,他主攻学习呼吸疾病的诊断和处理。临行前,为了能更好地适应美国医院的生活,他特地加班加点补习英语。当时已经50岁的他丝毫不敢松懈,英语学习与专业学习齐头并进,总算是成功应对了在美国紧张的临床工作和学习。

这次的美国研习之旅给容中生留下了深刻的印象,不仅开拓了他的眼界和思维,使他了解到更多呼吸病研究诊断的技艺和方法,也让他在实际

操作层面上更为熟练和老道。学成归国前,他在密执安大学医学中心学习时的指导老师韦格教授还特地送给他由其本人编写的专著《肺部疾病》(*Pulmonary Diseases and Disorders*),鼓励容中生在工作中要不忘进修与研学。

容中生主要研究的方向是支气管哮喘、呼吸系统感染、慢阻肺以及肺癌的诊断和治疗。经历了长期的研究和临床工作,容中生积累了更加丰富的经验,对于很多专业问题都有自己的看法。在观察呼吸衰竭患者动脉血气变化日夜变化规律、分析氧疗的影响后,他提出治疗的一些注意事项,并亲自指导相关的临床工作;在慢性肺心病多脏器损害、肺切除对肺功能影响的问题上,他也有着自己独到的见解。多年来,容中生在国内发表论文 50 多篇,综述、译文和文摘 129 篇。同时,他还参与编写《简明内科学》(人民卫生出版社 1987 年版)、《内科疾病鉴别诊断学》(人民卫生出版社 1993 年版)、《现代老年呼吸病学》(人民军医出版社 1996 年版)、《中华内科学》(人民卫生出版社 1999 年版),作为副主编参与编写《内科急症治疗学》(上海科学技术出版社 1999 年版)等医学著作。

如今的他虽然算得上是真正"退休"了,但他仍然关注着呼吸科的研究和临床工作。他谈到,目前呼吸科的研究工作虽然进步很快,也有很多进展,但主要还是以对发病机制的认识为主,实际上能用于临床治疗的研究还不够丰富,还不足以真正解决呼吸科疾病常见的"大问题"——慢阻肺,目前该病的死亡率依然很高。同时,他还强调,医生要兼顾研究和临床工作并不容易,研究要真正拿出成果很困难,临床也有着很高的要求。但是,做医生就是这样,研究和临床的努力都是为了给患者减轻痛苦,让他们真正康复。因此,医生要保持平常心,认真做好工作,不断精进学习,才能真正做到为人民服务。

从不在意荣誉,对患者付出百分百真心

容中生从医以来,获得过很多嘉奖和荣誉。以前,医院还没有开展职称评定工作,他以住院医生的身份工作了 20 多年。后来,职称评定陆续展开,他也逐步成长为主治医师、讲师、副教授。1991 年,他被评聘为中山医学院的内科教授。自 2000 年起,他曾担任广东医学会呼吸病学分会委员、常委,受聘为中山医学院专家会诊组专家、广东省干部保健专

家、广东省医学会首届资深专家以及中央保健会诊专家。2004年，他荣获第三届"柯麟医学奖"。2008年，他荣获中华医学会呼吸病学分会贡献奖。这些荣誉都是对他职业生涯的一种肯定，但在他看来，获得过什么奖项并不是那么重要，重要的是在工作中能做到与患者心连心，真正解决患者的问题。

容中生对待患者始终是百分之百的用心与真诚。2003年，"非典"肆虐，中山一院收治了数名"非典"隔离病人。当时社会气氛紧张，虽然医院各项工作还是有条不紊地进行着，但在医院的工作始终存在一定风险性，医生和护士都有很大的心理负担。但是，他们深知这就是作为医护人员的职业信念与使命要求，依旧坚守在工作一线，积极抗疫。此时的容中生已经是65岁的老人了，当时被医院返聘的他始终坚守在临床工作岗位上。后来，他获得了中共广东省委、广东省人民政府颁发的抗击传染性非典型肺炎工作积极贡献三等奖。

"做医生是一辈子的事"，谈及退休后仍然坚持回到岗位的原因，容中生说道："做医生的要设身处地为患者着想，我们的工作就是要解决患者的疾苦。"医生要具有同理心和同情心，才能得到患者的信任。容中生提到，有些患者找他治疗了几十年，彼此之间就像朋友一样，一直保持电话联系。即使他已退休，有些患者依然会千方百计找他看病。容中生说："处理好医患关系的核心就是医生要全心全意为患者服务，医生和患者要相互理解和关心，这样就不容易产生矛盾。"

"为患者付出"这句话在采访中出现了不下十次，每一次容中生都会郑重强调这一信念对于做好医务工作有多重要。而他的一生也始终身体力行地贯彻这一信念，心中牵挂的都是他的患者。医德高尚无私，仁心仁术为民，这位老人执意用一辈子来当一名好医生。

（整理：李嘉欣）

第二章 外科

梅骅：从医 70 年，一切以患者为中心

【人物简介】梅骅，男，中共党员，1932 年 12 月出生，广东台山人。1955 年 10 月毕业于华南医学院，外科教授、博士生导师，曾任中山一院泌尿外科副主任、主任，中山医科大学深圳泌尿外科医院院长。中央保健会诊专家，享受国务院政府特殊津贴。1988 年至 1996 年，任中华医学会广东分会泌尿外科学分会主任委员；1993 年至 2004 年，任中华医学会泌尿外科学分会副主任委员；1989 年至 1994 年，任中华医学会第 20、第 21 届理事会理事。1978 年至 1993 年，当选第五、六、七届全国人大代表；1993 年，当选广东省第七届政治协商委员会委员。从事泌尿外科工作 50 多年，对泌尿系结石、泌尿系统肿瘤、男科学以及器官移植等有深入研究。1972 年，其参与的我国首例亲属肾移植手术获得成功，并获 1978 年全国科学大会奖。1985 年获广东省特级劳动模范称号，1994 年获首届"吴阶平医学研究奖"。在国内外核心期刊发表论著 90 多篇，主编专著 10 多部。历任国内外 7 家期刊编委，国际泌尿外科学会会员，美国泌尿学会会员。培养硕士研究生 12 名、博士研究生 25 名、博士后 3 名。

遵父遗愿继续学医，遇到困难时"动脑筋想一想"

梅骅自小在父亲开办的正德小学读书，家庭教育十分严格。"要做好事，不要做坏事"是父亲对他一贯的教诲。日军侵华期间，家乡侨汇中断、连年饥荒、饿殍遍野，原来富裕的侨乡变得十分荒凉。苦难的经历锤炼了他的爱国之心，抗日战争胜利后，他在中学参加了班里的读书会"课余社"，多次利用周末组织同学们赴香港听解放战争形势报告。

1949年，他考入广州岭南大学医学院。当时正值广州解放前夕，校内情况混乱，他和同学被迫停了学，准备越过封锁线赴沈阳的中国医科大学就读。不料此时父亲患病，需要他回乡照料。当时家乡的医疗条件差，再加上交通不便，其父的身体状况急转直下，出现无尿症状转入昏迷，不久便离世了。临终前，父亲嘱咐他，还是回岭南大学医学院学医。于是，他遵循父亲遗愿，回到岭南大学医学院继续学习。

五年的大学学业完成后，他选择留院工作。如今回想起父亲的离去，他的心中仍有波澜。结合所学与父亲的病情，他认为当时父亲应该是患有痛风症，尿路结石阻塞造成无尿及尿毒症。所以，他在申请表上的3个志愿都填了泌尿外科，从此确定了人生道路。

1949年广州解放后，几所医学院先后进行了两次大的院系调整。1959年，梅骅随教研组迁入中山医学院第一附属医院。中华人民共和国成立初期，医院面临医疗器械不足、专科信息贫乏等困难，但他的导师陈郁林教授尽力克服这些困难，以言传身教严格培养后辈成长。当梅骅还是住院医生时，陈教授从器械库中找到外国医生留下来的经尿道膀胱碎石钳，手把手教他掌握膀胱碎石技术，使许多患者免于开刀手术。

有一回，梅骅为肠梗阻病人插置M-A管，等待了两个多小时，管子仍停留在胃里。他请教陈教授，陈教授告诉他："动脑筋想一想，在管端金属头的小孔结上4条长短不一的丝线试试看。"依此处理，再插入导管不到20分钟，果然有了变化：丝线随着胃液冲过幽门，随着肠道蠕动，管子迅速被送到梗阻部位。肠扭转解除，最终避免了一次大手术。在这之后，每逢遇到困难，"动脑筋，想一想"这句话总会在梅骅的脑海中回响。

梅骅（前排右一）和导师陈郁林教授（前排右二）

下乡看诊，目睹百姓缺医少药的痛苦

1966年，国内形势发生变化。梅骅和科里几位中青年医师身负医疗重任，在艰难时期医院工作照常进行，梅骅和麦国健医师一起承担重大医疗任务，经常参加外院会诊及协助手术。医生担负救死扶伤的任务，责任重大，出于医者良知，不管来的患者是什么身份，他都尽心尽力，谨慎对待，把工作做好。

1970年1月，医院组织卫生工作队下农村，接受贫下中农再教育。梅骅和李荣增医师、一位麻醉师和一位护士下到河源县（现为河源市）。当地卫生局招收了23位医务人员接受工作队培训。他们经过短期基础知识和操作培训后，与梅骅一同到各公社定点巡回诊疗。

农村的条件有限，梅骅在卫生院（所）大队部或农舍设置临时手术室，为了防止苍蝇、蚊子和灰尘污染，他就挂上带来的特制大蚊帐。用木台当手术台，用树杈做成妇科扶腿架，电力不足时用手电筒照明。他们带来3套手术仪器、手术铺巾和一个小消毒炉，就在这样艰苦的条件下开展手术。

粤东山区多发甲状腺肿、十二指肠溃疡、妇女尿失禁和尿瘘等疾病。其中，尿瘘是最痛苦的疾病。边远山区交通不便、卫生落后，妇女生孩子时，通过接生婆在家里接生。生孩子时遇到胎儿横位或臀位无法整复，土法中最后一招是等子宫收缩时，接生婆用打破的瓷碗碎片的锐缘（怕用菜刀感染破伤风）在突出外阴的阴道中线切开一个大口，用手把胎儿强行拉出来。用这种方法不但胎儿保不住，产妇也会遗留复杂的膀胱（尿道）阴道瘘。患者长年湿裤子，尿臭难闻，不敢接近旁人。有的在屋后面用稻草搭个小草房，整年住在里面，她们还要下田劳动，凄惨遭遇催人泪下。河源县卫生局查到有62位尿瘘病人，要求梅骅为他们治疗。

在农村的简陋条件下，梅骅和李荣增医生只好用手电筒协助照明，上下轮换处理阴部和腹部入路，细心游离瘘孔边缘，切除瘢痕进行修补。复杂的还要进行尿道成形、膀胱尿道吻合、输尿管膀胱吻合等手术。由于时间所限，只能完成21例手术，20例完全成功，1例术后有少量漏尿。其他41例患者来不及治疗，这令梅骅感到非常遗憾。此次下乡，梅骅带领手术队共施行大、中、小手术共1200例。

1971年，梅骅（二排右三）同中山医学院外科学习班师生留影

经历几次下乡工作，梅骅了解到祖国广大农村的落后面貌，亲眼看到

人民大众是怎样生活，又是如何忍受疾病痛苦的，他在实践中得到深刻教育，确立了一个思想：全心全意做好一名医生，毕生为祖国服务。

编写我国首本《泌尿外科手术学》，开展国内首例肾移植手术

"文革"期间，医疗工作遇到不少瓶颈。老一辈专家下乡去了，年轻医生却未能及时接上班。当时的年轻医生身边没有老师指导，也没有新的参考书，只好依靠以往所学的知识，从实践中去摸索，这让梅骅深感教科书的重要性——他觉得应该把实践中得到的经验写出来给学生参考。于是，梅骅便和从粤北回来的庄广伦医生总结下乡补瘘的经验，合写了一本名为《女性泌尿生殖道瘘》的手刻油印本。在此基础上，他和一起下乡的李荣增医生商量，写一本泌尿外科手术教材，李医生欣然同意他这个决定。梅骅花了3个月时间把书稿写完，李医生绘制的插图也很细致精美。经批准，梅骅把书稿带到北京给吴阶平教授审阅。吴教授浏览书稿后，高兴地说："此书我期待已久，我曾经写过一本，可'文革'开始后，书稿不知去向，我的绘图师已经下乡，无能力再写一遍。你这本就算是我国第一本《泌尿外科手术学》。"书稿被送到人民卫生出版社，在吴教授催促下加快编印。该书于1974年1月出版，没有作者署名，封面上写着"吴阶平审阅，中山医学院第一附属医院主编"。

让梅骅享誉医学界的，还有他开展的国内首例肾移植手术。1972年12月，一位患有肾结石的40岁男性患者在某县医院施行手术，术前没有做肾盂造影，不了解左侧肾脏情况。术中发生严重的大出血，危急中医生误将患者的先天性独肾切除，等到术后患者无排尿才意识到这一问题。术后第四天，患者被送到中山一院。

梅骅认为事态严重。虽然患者的哥哥愿意献出肾脏进行移植手术，但是国内只有北京的两家医院做过动物的肾脏移植和组织配型实验。梅骅立即与北京友谊医院联系，请来于惠元、侯宗昌教授，和中山一院泌尿外科、肾内科、心血管外科医生组成肾移植小组。湖南医学院附一院把购来的法国第一代巨型人工肾运来备用。患者无尿已是第七天，人工肾还未装配好，于是只好紧急施行肾移植手术，专家小组的医生将患者胞兄的左肾移植在患者右下腹髂窝内。术后5分钟，肾脏排出尿液，患者情况迅速恢

复稳定。这是国内第一例成功的长期存活病例,由于当时还没有研发出好的免疫抑制药物,患者于生存 13 个月后发生亚急性肝功能衰竭死亡。此次救死扶伤的"战斗",发扬了医务人员的团结协作精神,揭开了我国器官移植的序幕。

国内首例肾移植术前大会诊

受命创办首家高校支援特区的医院

1985 年,深圳经济特区的建设如火如荼,成千上万建设大军齐聚深圳。然而,特区的医疗基础非常薄弱,根本无法满足特区人民的需求,深圳市政府决定请求中山医科大学支援。

中山医科大学及其附属第一医院随即派人到深圳考察,发现深圳泌尿外科医生奇缺,青壮年患肾结石、前列腺及尿道疾病者众多,甚至严重到影响劳动力的程度,各种"老军医""男性病专家"的小广告随处可见。1987 年,中山医科大学委派梅骅到深圳特区筹建医疗中心,这也是国内第一所大学应邀支援特区建设成立的医院。

然而,摆在梅骅面前的是一个很现实的问题:那时候政府没有拨给他们经费,大学能给的经费也有限。没有钱也没有地,一切都需要他从零开始张罗。梅骅奔走多方,才在一次机缘巧合下得到帮助,成功化解困境。1986 年,中山医科大学与深圳经济特区房地产公司签署了为期 15 年的合作协议,房地产公司投资建设一栋五层总面积 4500 平方米的小楼,大学投入经费、医疗器械，并派出医务人员主持日常工作，合作建设医疗中心。由此，梅骅开始了一年频繁往返深圳、广州的生活：每周有3天在广州处理学校的医疗、教学、科研任务，4天在深圳处理医疗中心的工作。

1987年1月，小楼基本落成，交付使用。带着包括医生、护士以及行政人员在内的40名员工，梅骅等人用学校给的3万元筹办费，启动医疗中心的准备工作。经费紧张，他们便想尽办法节约：医生、护士亲自裁剪病人的被服，技术人员设计医用的家具，大家一起帮忙搞装修……从他们住的地方到医院要转乘一次公共汽车，一次一毛钱，为了节省车票钱，他们就走到转乘的地方，只乘一次车。这样从装修到开门营业，梅骅他们苦干了1个月。

1987年3月1日，医疗中心完成各项准备工作，开门营业。试营业的第一周，梅骅和他的团队就利用现有条件，通过老式膀胱镜，用胶皮电线代替电极，成功完成了一例膀胱恶性肿瘤的手术。

深圳市卫生局给医院命名为"中山医科大学深圳泌尿外科医院"，在深圳市政府和中山大学领导的大力支持下，这所规模不大的医院承担了许多困难的医疗任务，使患者免除了远道赴省级医院治疗的辛劳。本地、周边地区以及境外前来看病的患者日渐增多。

有一次，香港工联会介绍一位工人来医院就诊，患者曾经被诊断为右肾结石，香港医生建议他做体外冲击波碎石术。梅骅通过造影片观察，认为应该是结核性钙化灶，如果把脓肿击破了，结核菌四处播散，后果不堪设想。他提出让患者住院治疗，为他施行肾结核病灶清除手术。康复出院后，患者回到香港写了篇文章在《文汇报》发表，对梅骅的高明医术大加赞扬。

不断创新破难题，只为更好地服务患者

1995年，梅骅向中山一院有"中国试管婴儿之父"之称的庄广伦教授提出，希望庄教授能帮助他们开展试管婴儿的研究。经学校同意，庄教授帮助梅骅组建了生殖医学中心，从人工授精开始，逐步发展到单精注射。1996年，庄广伦教授在国内成功首创单精卵胞浆内注射技术，也即第二代试管婴儿技术。1997年，正式成立了深圳第一家生殖医学中心。1998年7月11日，深圳经济特区第一例试管婴儿在这里诞生。之后，生

殖医学中心积极提高技术，将妊娠成功率由最初的30%逐渐提高到60%。试管婴儿出生后发育都很正常，要求接受此项技术者明显增多。2003年以后，生殖科的门诊患者数量超过了泌尿外科患者数量。

梅骅在深圳工作的这些年，工作当中遇到的疑难病症总是不断给他带来新的考验。他始终认为，外科医生要敢想、敢承担，按照外科手术原则、局部情况以及普通常识来思考和联想，就有可能找到解决方法。其中，有几个病例给他留下了深刻的印象。

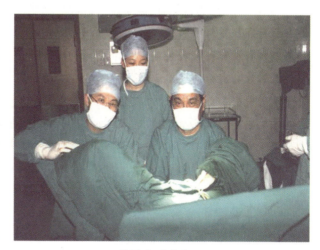

梅骅在手术中

20世纪90年代，有一天的晚上10点半，身在深圳的梅骅接到长途电话请求他回广州会诊，到达广州时已是午夜。这是一位中年患者，两天前曾在县医院做右侧经皮肾穿刺取石手术，穿刺多次才成功，但在安装造瘘管过程时导丝及导管脱出，反复试插失败。之后，患者出现血尿、发热及肾区疼痛，病情加重，送达上级医院时已近午夜。

次晨大会诊时，泌尿外科医师认为需要做肾造瘘，另有些医生认为血肿感染可能是主因，建议切开引流，清除血肿，并建议请院外会诊。梅骅经过仔细思考，同意泌尿外科医生意见：清除肾周血肿创伤大，不一定能逆转病情；而当主因是尿源性败血症时，在闭锁的引流系统内，革兰氏阴性杆菌迅速繁殖，分泌的毒素通过肾盏穹窿部迅速进入血液，延误治疗将会致命。因此，最终决定由泌尿外科医师迅速进行肾造瘘手术。在取得家属同意后，他们果断对患者实施了手术，引流出脓血尿，继续加强抗感染和抗休克治疗，挽救了患者生命。

2000年初春的一个早晨，梅骅刚上班，就看到有位女患者在诊室门口等候。该患者自述她因天生就漏尿，在3岁时做了一次手术，但未成功，现在已经21岁了，四处求医，很多医院都不愿收治她。梅骅猛然想起在17年前曾和小儿外科一起为一位3岁女孩治疗先天性尿道缺如手术，用尿生殖腔前壁组织做了一条尿道和膀胱瘘口吻合，由于覆盖组织薄弱，术后缝合口裂开导致手术失败，他一直对此感到遗憾。梅骅想起当时情况，再做一次手术也难免失败，只好劝这位患者先回家，并请她留下电话、地址，如果打听到哪位专家有成功经验时再通知她。这位患者含着泪离开了诊室。

连续3天，梅骅的心里都很纳闷，他翻遍文献都没有见到手术成功的报道，书本上也没有找到能用的方法。梅骅心里一直牵挂着这件事，夜不能寐。突然，他想起自己曾经用转移股薄肌肌皮瓣方法治好一位外伤性阴囊、会阴及球部尿道广泛组织缺损的男孩。他连夜从床上起来，找到1984年发表在《中华泌尿外科杂志》的文章，思考如何将这次手术的经验借鉴过来。

次日早晨，梅骅立刻打电话请门诊护士通知患者住院。护士告诉他，这名患者已经连续3天每天上午都站在候诊室的角落等候。梅骅和他带的博士生一起制定了详细的手术方案，两天后为这名患者施行手术。手术非常成功，3周后伤口完全愈合，患者有生以来终于能自主排尿。梅骅终于为患者解除了折磨其21年的痛苦，看着患者满含泪水的笑脸，他觉得很欣慰。

如今，80多岁高龄的梅骅依然身体硬朗，2019年4月，这位从医70年的老教授出完最后一次门诊，才终于卸下身上的重担，真正开始他的退休生活。

（整理：岳佳颖）

陈明振：神经外科"奇侠"与"工匠"

【人物简介】 陈明振，男，中共党员，1936年6月出生，福建南安人。主任医师、教授、硕士生导师，享受国务院政府特殊津贴。1961年毕业于中山医学院，曾任中山一院神经外科主任、垂体-颅底外科研究室主任，首届世界华人神经外科协会常委、中国神经肿瘤专家委员会委员、中国抗癌协会神经肿瘤专业委员会荣誉委员、中华医学会神经外科学分会委员；广东省医学会神经外科学分会第一、第二届副主任委员兼秘书，

第三、第四届主任委员，第五届名誉主任委员；广东医学会首界资深专家委员会常务委员、广东省干部保健专家组成员、医疗事故技术鉴定专家；《中华显微外科杂志》《中华现代外科学杂志》《中国耳鼻咽喉颅底外科杂志》《中国微侵袭神经外科杂志》《临床神经外科杂志》等8家杂志编委。参编著作4本，发表论文63篇。培养硕士研究生10名、代培博士生2名。20世纪70年代中期开展显微放大肿瘤切除与血管重建吻合技术，并自主研发了多项脑手术医疗器械；改革开放初期最早引进世界最先进的手术显微设备，在脑肿瘤及高难度深部脑肿瘤的显微手术应用研究方面取得显著成绩，并在脑血管病、脑中风显微手术应用上取得突破。其中，"垂体微腺瘤CT薄层扫描立体重建定位法与经蝶显微手术技巧"，经全国专家鉴定，被评为"国内领先、国际先进水平"，历年来共获得国家、省、部级科技进步奖6项。2017年获"广东医学会百年纪念突出贡献专家"奖，2019年获中华医学会神经外科学分会"终身成就奖"。

作为华南神经外科曾经的扛鼎人物，陈明振教授在广东医疗界可谓闻名遐迩。回顾广东神经外科发展史，他堪称"领军"人物——1980年参与广东省医学会神经外科学分会的组建，出任第一、第二届副主任委员兼秘书，第三、第四届主任委员，第五届名誉主任委员，更重要的是，他数十年执垂体瘤手术之牛耳，是该领域里程碑式的代表；他堪称"工匠"——不仅在临床技术上孜孜以求，不断创新，还曾自主研制出"多功能手术头架""显微手术操作支架""气动开颅机"等国内最早的一批用于脑手术的专业医疗器械，并且是国内引进并使用国外显微－激光－导航系统的第一人；他堪称"奇侠"——诸多的脑部疑难杂症，往往经他拨云见日，柳暗花明，为病患带来福祉，他与团队还曾成功完成我国首例连头婴分离术（该成果曾获广东省科学技术进步奖三等奖）……

求学机会来之不易，他一路向上

1936年，陈明振出生在福建泉州的一个小乡村，家中姐弟众多，没有受过什么教育的母亲却深知读书的重要性，她总是督促、鞭策孩子们要上学读书。陈明振认为，对自己一生影响最大的正是自己的母亲，母亲善良、大气和深明大义的品格深埋于他的心底。曾经驻扎在陈明振家隔壁的游击大队的知识青年叮嘱和引导他要"好好读书，建设祖国"，从此他便刻苦攻读，最终以优异成绩考上理想的初中。因为父亲过早离世，家中经济困难，陈明振听从家人的意见，于1953年初中毕业后考取晋江医士学校，想早日出来工作减轻家中负担，就这样，他踏上了从医之路。

1955年5月，一直在医士学校担任学生会主席的陈明振光荣地加入了中国共产党。1956年，陈明振刚从医士学校毕业，赶上中山医学院派人到福建招考，他凭借优异的成绩获得到中山医学院继续学习深造的机会。在当时的政策下，学生读书是全免费的，每月还能补助几块钱作为生活费。

陈明振在中山医学院如海绵一般如饥似渴地汲取知识，飞速成长。1960年，由于成绩优秀，他被选为中山医学院赴北京、上海教育革命参观考察团的学生代表——两组考察团共12名代表（包括严棠院长、教授、讲师、医生及2名学生代表）。当时上海第一医科大学是全国统改的标兵，中山医学院恰好是第100个到此的考察团，考察团独特的组成和"红色专家"柯麟的影响力及务实作风，引起上海第一医科大学领导的高度重视，为此特别与该团举行座谈会，征求代表们关于教育改革的意见和建议。由于陈明振是福建人，又在广州待了很久，通晓福建话和广东话，到上海之后，他能用两种方言分别与福建和广东的老师、同学交流，因此较为充分地了解到各个阶层对教育改革的看法。同时，他也深受柯麟院长务实作风的影响，在座谈会上大胆直言，坦率地反映了大家对教改的不同意见，获得了上海第一医科大学领导的赞赏。通过此次参观考察，陈明振对该院在科研上锐意创新、善于把其他地方的科研点子转化成实际成果的做法感触颇深，回校后在向中山医学院党委汇报的时候，他的发言也得到了柯麟院长的欣赏。

1961年，陈明振读完了五年本科。当时，中山医学院实行毕业分配制度，学校在墙上列出全年级500多名学生的名字，柯麟院长带着院党委、院领导还有各教研组的教授来挑人，看中哪个学生便就地"点将"。当时有3个教研组向陈明振伸出了橄榄枝。早在医士学校读书时，陈明振为躲避退居台湾的国民党的飞机轰炸，经常在防空壕中学习，对战争的残酷有深刻的认识，出于打仗更需要外科医护人员的考虑，他毫不犹豫地选择了外科。

当时要求培养"一专多能"的医生，新上岗的医生要经过3至5年轮科培训后才能进入专科。从毕业开始，陈明振经历了9年的脑外科（神经外科）、骨外科、烧伤科、胸外科、泌尿科、儿科、麻醉科、肿瘤科8个专科的轮科培训，以及中医培训班、中草药研究小组、中西医结合新医疗法病区（担任区长）等的轮回学习。他在中医领域学习、历练一年多，其间曾重点研究以减轻手术疼痛、提高血压等为目的的针灸手法。这9年的培训学习给他未来的职业生涯打下了坚实的基础。培训结束时，陈明振担任了泌尿科的副组长。由于他功底扎实，而且长期坚持锻炼，体力好，手术中动作利索精准，显微技术熟练，时任副院长兼脑外科主任蔡纪辕教授觉得他更适合手术风险大、病人死亡率高的脑外科，就把他调到脑外科去了。1968年起，陈明振担任神经外科助教、住院医生，在设备简陋的条件下开展临床科研工作。

"打铁还需自身硬"，多年来陈明振时刻不忘提升自己的专业水平，不放过任何一个学习机会。当时，外科每个月都会安排一两位名教授演示一台自己最擅长的或常见的或高难度的手术。对于一台手术来说，很多都是常规操作，真正关键的就是教授们如何分离血管、如何挖瘤等技巧。陈明振每担任一台手术的助手，都全神贯注，认真学习观摩，在把患者送回病房、开了医嘱之后，往往又会回到手术室，继续观察其他主刀名教授的手术演示。他还推算过手术的重要部分大概是在什么时间，迁就这个时间去看——哪怕饿着肚子也不愿错过。只要有助于提高技能、对救治患者有好处的，他都认真学。虽然自己从事的是神经外科，但是关于治疗阑尾、甲状腺、胆、胃等方面的技术的学习，他通通都如饥似渴。对祖国的中医药技艺，他也情有独钟。之后，对国外学术前沿及临床技术的关注与跟踪，也成为他的日常工作。

1979 年，陈明振成为神经外科讲师、主治医师，他也逐渐成为科室的主力直至"台柱"。1985 年，他任副教授、主任；1991 年，升任教授。从走进医学院校，到成为一名出色的神经外科医生，陈明振披荆斩棘，一路向前，度过了极为充实的 20 多年。每当回想起这段求学及从医之初的时光，甚至更早的童年、少年时代，陈明振总不由得发自内心涌起感激之情。

他感谢中国共产党救国救民于水火，使国家结束了战乱状态，社会重获安宁祥和，人民可以安居乐业，他这样一个农村的穷孩子才有机会被培养成为一名救死扶伤的医生；他感谢中山医学院及柯麟院长、蔡纪辕教授、黄承达教授等对他的教导和栽培。柯麟院长为人正派，重视教学，关心教职员工和学生，每临大考，总是关照食堂给学生们加一道荤菜补充营养。蔡纪辕教授是陈明振的启蒙恩师，从他身上，陈明振学到了新中国第一代神经外科医生的执着和不屈，蔡教授无私无畏、亲力亲为的工作风格，同样对他影响深远。这也促使他努力成为一名优秀的医生，尽自己所能救死扶伤，不辜负自己，不辜负老师和学校的培养，不辜负党和人民。

"奇侠"：刻苦钻研，
让手术刀"削铁如泥、吹毛断发"

进入中山一院后，陈明振数十年如一日，忘我地投身于神经外科的临床和科研工作中，全心全意为病患服务，苦心钻研脑肿瘤、脑外伤等的治疗方法，致力于降低各类脑瘤的死亡率和提升治疗效果，多次下乡开展巡回医疗教学或参与突发事件抢救工作，凭着过人的勇气、过硬的医术，出色完成救治任务，以妙手仁心创造了一个又一个生命奇迹。

据不完全统计，从 1961 年至今，陈明振共诊治各种颅脑肿瘤、脑血管病、脑外伤等上万例，完成高难度脑肿瘤显微手术 3000 多例，其中经蝶窦手术近千例。而在这些领域的临床技术研究方面，他也从来没有停止过脚步。

他提出和运用的"复合针麻"（即针灸＋局麻）——现在亦称"术中唤醒"，这一概念和方法，可谓独树一帜。所谓"复合针麻"，即在手术中适量增加局部麻药及辅助用药，以使患者在脑瘤切除时保持意识清醒状态（术中唤醒），有利于动态监测脑的重要功能（语言肢体活动等），并结合现代新技术——显微手术全切肿瘤。此后，在蔡纪辕教授的指导下，陈明振与神经外科团队多次为国内外神经外科医学代表团演示复合针麻清醒状态下的脑瘤切除术。

1987 年，陈明振在西班牙第八届欧洲神经外科学术会议上发表《针灸＋局麻在 64 例脑肿瘤切除术的应用体会》一文；1989 年，他在印度第九届国际神经外科会议上发表《脑重要功能区胶质瘤 51 例复合针刺麻醉下显微手术报道》（附 12 分钟手术录像）一文；1991

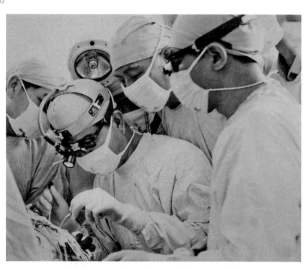

复合针麻下切除重要功能区脑肿瘤演示

年，他又应邀参加美国国际颅底会议，并在会议第一天做题为《垂体微腺瘤的立体定位法与经蝶窦显微手术技巧》的大会演讲，该技术获得国内外专家一致好评。现在，"术中唤醒"已成为世界脑重要功能区脑肿瘤（胶质瘤等）切除术的常用手法。

除了已从事 30 多年的垂体瘤手术之外，他的脑胶质瘤显微手术的成功率也很高。

20 世纪 80 年代开始，陈明振即着手脑胶质瘤手术长期存活相关因素的重点研究，提出创新性肿瘤切除原则，即"在保命、保功能前提下最大限度地切瘤"。这实际上就是后来讲的"精准手术"。他主张沿着瘤子和正常脑组织边界切瘤，对于肿瘤边界不清或可疑有残留而无法切除的，即用单极电刀（当时没有双极电凝）放低度电加温灼烧，或在病灶周边用双氧水敷贴。他所诊治的脑胶质瘤长期存活者也不少，至今仍有术后长期生存 30 多年的患者。

20 世纪 80 年代中后期，对于大型、巨大垂体瘤，国内大部分医院仍然运用开颅手术治疗，陈明振与神经外科团队则积极探索经蝶手术，倡导 CT 薄层扫描立体重建、定位技术并经蝶窦显微切除，他提出并坚持由蝶窦—鞍内—鞍旁（海绵窦）—鞍上的"由下而上、逐层搔扒切瘤法"。

"逐层搔扒切瘤法"来自陈明振宝贵的经验总结，他做手术几乎没有血淋淋的场面，他手下的脑瘤切除总是逐层深入，水到渠成。"逐层搔扒切瘤法"就好比定向爆破技术，先刮周边，后刮中央瘤体，将瘤由下而上一层一层刮除，可使颅内扩展的上方瘤体陷入鞍内，实现肿瘤全切或次全切，提高了全切除率，大大减少了手术致残率和死亡率。

除了"逐层搔扒切瘤法"，"应用肌肉浆修补鞍底"也是当年陈明振的一大"创举"。经鼻-蝶窦切除大垂体瘤后，鞍底的残洞怎么办？当时国外多使用腹部脂肪块和生物物料填塞修补鞍底，防止或减少术后脑脊液漏甚至颅内感染，但效果不尽理想。而陈明振用的则是"肌肉浆"，就是取自体的一小片肌肉，拌上抗生素粉捣碎，附在海绵上面，然后填入鞍底骨窗。现在，修补鞍底多采用修补生物敷料，但是对于顽固复发型脑积漏，"肌肉浆"仍然是一种行之有效的辅助手段。

临床上，陈明振亦重视中医药的应用，比如对于因垂体微腺瘤导致的生殖相关症状（如泌乳、闭经、不孕、性功能下降等），采用中医疗法或中西医结合疗法，可改善生殖功能；对于脑外伤、脑肿瘤术后的功能不全，采用中西医结合疗法亦可大大提高患者的生活质量，延长术后生存期。

就仿似身怀绝技的"奇侠"，一把手术刀，在陈明振手中逐渐变得无坚不摧，"削铁犹如泥、吹毛可断发"。

工匠："一定要从中国的实际出发搞自主创新"

中山一院神经外科正式组建于 1958 年。设立初期，因为社会环境、经济条件等种种原因，颅脑手术设备、器械非常简陋和匮乏。神经外科属于小型科室，直到 20 世纪六七十年代，也仅有 30 张床位，没有颅脑专业手术床，只有一台国外进口的颅脑钻孔电钻和几把咬骨钳，医生也仅有 7 名脑外科医生和几位来自地市县医院的外科进修医生。陈明振与神经外科团队从患者与工作的需要出发，为了提高手术疗效、降低颅脑手术的致残率和死亡率，他决心自力更生改造手术工具，努力赶上国内外先进医学技术水平。

在物资匮乏、经济落后的时期，陈明振想方设法调动并利用一切可以"为他所用"的稀缺资源和各方面力量，勇敢而执着地走上临床自主创新、自主研发的道路。在没有科研经费、没有参考图纸、人力紧缺的情况下，他和神经外科团队勇于开拓进取，敢为人先，克服无数困难，和机床研究所、手表厂、刀具厂等若干个单位合作，先后研制成功多功能手术头架、体位固定支架、气动开颅机和显微手术操作支架等器械，为当时中山一院、全省市甚至全国神经外科的飞跃发展做出了重要贡献。

进入神经外科后，陈明振发现科里既没有"针麻"用的手术台，也没有理想的颅脑手术专用头架。那时的颅脑手术只能通过枕头和海绵圈垫作为承托，周围用胶布固定，不但头位固定不佳，常在术中变动，影响手术顺利进行，而且病人只能一动不动，头、面、耳等受压部位还容易发生褥疮。

为了改变这种状况，他即使在每天下班后非常疲惫的情况下也要去医疗器械厂，找工厂领导谈合作。他许诺可以帮工厂的工人们看病，希望对方提供一个技术员和一个钳工，帮他进行医疗器械的改造。陈明振找到工人们，耐心地说明开颅机对外伤患者的重要性，还把工人们请到医院，自己充当患者躺在床上，给他们演示不同的手术体位，这样工人们就有了更直观的感受，技术员和工人们因此也更加配合他改进医疗器械。

1974 年，神经外科研制出六关节的颅脑手术"万向头架"。1976 年，又研制成功八关节的颅脑手术"多功能头架"。1982 年，经进一步改进，初步定型批量生产。1983 年，"FS-Ⅲ型多功能手术头架"研制成功，经广东省医药局鉴定后批量生产并供应全国20多个省市医院,荣获国家经济委员会"优秀新产品证书"、广东省优秀科技成果三等奖。1984年,在北京举办的国家经济委员会新产品展销会上,这个产品被摆放在广东馆的中间位置。

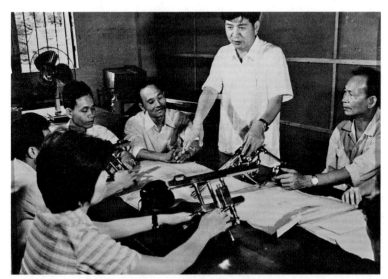

在"Fs-Ⅲ型多功能手术头架"定型投产会议上陈明振与
广东省医药局、佛山医疗器械厂领导及工人交流

几乎同时,陈明振也开始投身于开颅机的研发。当时开颅使用的是落后的手转加线锯器械,术中开颅效率极低。一开始,他们研制出来的电动颅转由于当时国产马达不适用,一分钟只有2万转,器械易发热,手抓不牢,使用效果不佳。在一次机缘巧合下,陈明振在一本美国神经外科杂志中看到气动开颅机的广告,得知气动马达不会发热,很适合在术中使用,他便萌生了研制气动开颅机的想法。

那时,科室不仅缺少科研经费,而且没有参考图纸,也缺乏合适的人手。陈明振仅凭那一张广告图纸的启发,便结合自己的临床经验和特有的敏锐性开始了自主设计。那些日子,他常常是星期天值完晚班回宿舍吃个早餐,就坐车到黄埔港,再走几公里的泥路来到地处郊区的广州机床研究所,和工程师们一同反复磋商研究,画出设计图,然后根据图纸加工马达。当时,机床研究所原有的工业涡轮发动机都很大,不易于手术操作。陈明振就要求把现在每分钟50万转的发动机压到每分钟5万转或8万转

（小型马达易于手握），最后做出来一个每分钟7.5万转的发动机。那时没有现成的压缩管，陈明振又找了广州织带厂编织了尼龙带，再找广州市第廿一塑料厂用塑料制成高压管。

至于刀具，陈明振先找了刀具厂，但刀具厂说做不出比火柴枝还要小的铣刀。于是，他又去找了广州手表厂，用瑞士车床终于把刀具加工出来。1977年，广－Ⅲ型气动开颅机研制成功，经全国神经外科会议鉴定通过，并于次年荣获全国医药卫生科学大会奖。

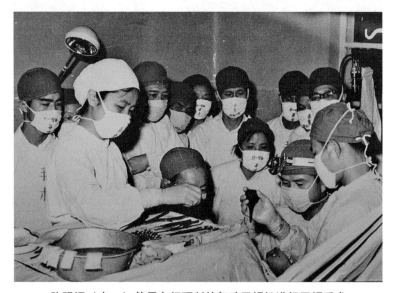

陈明振（右二）等用自行研制的气动开颅机进行开颅手术

除了自主创新，陈明振还瞄准神经外科国际最新前沿技术，注重与世界先进技术水平的接轨。他凭借精湛的手术技艺和优质的医疗服务，获得省政府领导及科委等有关部门的大力支持。1985年，中山一院引进我国第一台德国蔡司（欧波同）立体吊式平衡架手术显微镜；1992年，中山一院引进我国第一台显微－激光系统（带口控－激光刀切割系统）；1997年，中山一院引进我国首个显微－激光－神经导航系统，用于进行高难度深部脑肿瘤及经蝶切除垂体瘤的显微手术。

在引进高端医疗器械的过程中，陈明振坚持"三最"的购买原则——国外最出名的神经外科中心、最出名的神经外科教授、使用国际最先进的神经显微手术设备，购买最先进的设备，保证10年不落后。

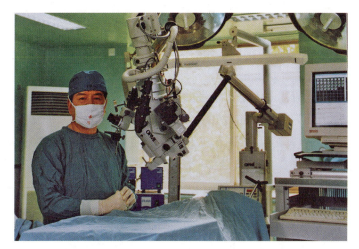
陈明振在显微－激光－神经导航系统前留影

在与国际先进技术接轨方面，陈明振也是孜孜以求，每次出国讲学交流，他都抓住一切机会，到欧美最先进的医疗机构参观学习。美、日、德等国家的手术室是他印象尤其深刻的地方。特别是在德国，他花了两个多月时间，如饥似渴地在当地三家医院进修学习，吸收先进技术知识。

20世纪80年代，出差昆明绕道广州的美国著名神经病理学家、洛马林达大学美籍华人卢德泉教授到中山一院参观时，遇到独自在此当班的陈明振，经过两天的沟通交流，卢德泉被他的好学、敬业精神所感动。第二年，卢德泉教授向中国卫生部申请增加一个名额，让陈明振到上海参加由他讲授的第一届中国神经病理学习班，进行为期三个月的神经外科病理的专业学习。

神经外科病理理论的补充，以及在国外与外国同行的学习交流，使得陈明振的技术水平得到显著提高，视野更加开阔，他把这一切为己所用，转化成自己和团队的"有利武器"，并应用到新的技术改良中。

为人民服务，他偏向虎山行

对于自己几十年的医学生涯，陈明振有许多感悟。

他认为，神经外科手术带有高风险性，神经外科医生也是一个高危岗位。作为一名神经外科医生，一是要虚心好学，二是要医术过关，三是要胆大心细。既然选择做一名神经外科医生,就要全心全意把事情做到最好。一生做好一件事,关键时才能一锤定音。并且,关键时候一定要敢于冲上去,"明知山有虎,也向虎山行",时间就是生命,危急时刻必须有作为、敢担当。

他是这样想的,也正是这样做的。

1970 年,广东省河源市龙川县跨度达 150 米的彭坑大桥发生重大坍塌事故,造成 60 余人死亡、20 余人受伤。陈明振作为派遣队队长加入省医疗队参与救治工作,负责抢救 20 余名伤员。从广州出发,到达龙川后,陈明振一刻也不耽搁,第一时间赶去给伤员做检查诊断,所有手术重新安排,重伤员就留给省医疗队处理,轻伤员就交由当地医生处理。最终,这 20 余名伤员都得到了有效救治。

1979 年对越自卫反击战打响后,部队外科医务人员全部随军出征,后方医疗救治就交给了地方医疗机构。在中山纪念堂召开的广州市医务人员战时动员大会上,广州军区司令员强调要全力抢救前线送回的伤病员,力争无死亡事故发生。当时,陈明振带领医疗小组到 157 医院负责抢救从谅山战役送回的 19 位重型脑枪弹伤战士。到 157 医院后陈明振便开始连夜查房看伤员,一进病房就看到有个伤员在抽筋(痉挛),随即检查发现该名伤员体温已达 41℃,伤口是机枪贯通伤,子弹从脑袋右额叶穿过中间到对侧出来,创道可见溢出的脑浆、骨碎、头发和血块,双侧瞳孔已经开始放大。该名伤员已经深度昏迷,濒临死亡,陈明振当机立断,马上决定手术施救。

由于当时陈明振还很年轻,部队医院的领导起初不相信他有这个能力。陈明振就拿纸笔画图向他们详细说明具体手术方案,打消了大家的疑虑后连夜手术抢救,经双侧开颅显微放大下清创,最终挽救了伤员的生命。经过陈明振带领的医疗组的奋力抢救,这 19 位脑枪弹伤伤员最终全部痊愈出院。这一"战绩"受到了广州军区的赞扬,他还获得军区卫生部表彰,荣获三等功。也因此,陈明振医疗组被军区挽留,帮助部队医院外科培训医务人员,提升临床医疗技术,培训时长达 3 个多月。

陈明振在危急时刻无私无畏,以治病救人为己任,体现了医者的作为和担当,一次又一次创造了生命奇迹。他一生心系患者疾苦,永不懈怠,即使是退休后,仍自己开车在珠三角各地奔波,十几年走了二三十万公里,活跃在基层临床治疗一线,帮扶各地医疗机构的神经外科,使这些科室纷纷跻身广东省临床重点学科，直至83岁高龄他才正式"封刀"。

为了下基层帮扶各地医疗机构，他曾经在出诊路上遭遇过两次车祸。在一次车祸中，汽车的气囊爆开撞击胸腔，造成其胸部剧烈疼痛，但为了兑现对患者的承诺，回院后他还坚持做了三天手术，直到别人发现他的脸色不好时他才去检查。经检查发现，他的肋骨骨折、胸腔心包出血。还有一次车祸使他整只右手脱臼骨折，当时右手连电话都拿不起，后来他自查发现是闭合性外伤，没有伤口，就赶紧自行复位，之后才打电话报警救助。然而，回来没几天，他又去厦门、新会等地抢救危重病人，指导手术。

陈明振平素对待患者耐心细致，尽力解答他们的疑惑与不解。他体谅患者与家属看病治疗的不易，经常宽慰患者，每次都把病情、手术的好处与风险向患者解释清楚，告诉他们可能是什么瘤，这个瘤长的位置在哪里，做了什么诊断，采取何种治疗方案，甚至画解剖图给对方看。

曾经有一位大学教授在出国考察前因眼突检查发现颅内大型脑膜瘤，出国考察时请英国脑科医生会诊，结果被告知手术费高达30万英镑，回国后他便立刻找到陈明振进行手术，手术非常顺利且愈后效果好，手术治疗费也仅为3800多元人民币。

自陈明振1953年步入医学殿堂，已经过去了68年。作为一位具有"工匠精神"的医生，作为一位临床专业领域的大家，他在神经外科诊治、临床技术研究等方面做了很多开创性的工作，填补了诸多空白。他们这一代与新中国一起成长起来的神经外科领域医务工作者，对中国神经外科贡献巨大，影响深远。对这一代专家、中山医当年的中流砥柱，中山医一位领导曾这样评述："我们是被金字招牌照亮的人，而他们，是擦亮中山医这块金字招牌的人。"

（整理：林晓宁、贺映雪）

林勇杰：援非两年做 2000 多例手术，"从学习开始"深耕血管外科

【人物简介】林勇杰，男，中共党员，1939 年 7 月出生，广东揭阳人。1962 年毕业于中山医学院医疗系，毕业后在附属第一医院外科工作。任血管外科教授、博士生导师，享受国务院政府特殊津贴，曾被卫生部授予"有突出贡献的中青年专家"称号。曾任中华医学会外科学分会血管组委员、顾问，广东省医学会血管外科学分会荣誉主任委员，《血管外科杂志》《新医学》等杂志编委。在广东省首先开展周围血管外科工作，对腹主动脉瘤、颈动脉体瘤、下肢缺血性疾病、带血管甲状旁腺移植治疗甲状腺功能有深入研究。其成果"带血管甲状旁腺移植"获 1982 年度卫生部科技成果乙等奖、"50% 小肠段切除治疗门脉高压症的食管静脉曲张出血"获 1983 年度广东省卫生厅科技成果三等奖、"螺旋渐闭式血管类用于颈动脉等手术"获广东省卫生厅科技成果三等奖。发表论著、论文 20 多部/篇。

要做"像父亲一样对老百姓有益的医生"

林勇杰出生于战火纷飞的时代,由于战争的侵袭,他跟随家人四处奔走、逃难。他的父亲是当地一位小有名气的老中医,医术高明,在为穷苦患者诊治的时候从来不收一分钱,甚至还倒贴一份药给他们。父亲作为一名医者的精湛医术和高尚品德深深地打动了林勇杰,于是他在心中埋下了一颗种子,希望长大以后能够成为一名"像父亲一样对老百姓有益的医生"。

中华人民共和国成立后,百废待兴,不久又爆发抗美援朝战争,国民经济十分困难。林勇杰的家庭并不富裕,按照他的家庭条件,他原本只能读完中学。但在中国共产党的领导下,国家在当时大力发展教育事业,中小学基本免学费,大学全免费,经济困难的学生不仅能享受生活补贴而且还免除课本费。在这样的教育支持下,林勇杰通过努力顺利完成了中学的学业,并考入了中山医学院。

进入中山医学院之后,林勇杰在心中定下目标:努力学习,掌握一技之长,为贫困老百姓服务。在医学院求学阶段,他努力学习专业知识,为日后的工作打下坚实基础。在他就读中山医学院期间,时任院长柯麟给他留下了深刻的印象。在林勇杰的记忆里,柯麟院长关心和同情每一位学生的状况。当时从乡下来读书的学生,家庭贫困,有的甚至赤脚来学校。细心的柯院长留意到了这个情况,便吩咐学校为这些学生提供鞋子,让他们能够穿上鞋子舒适地去上课。平时遇到学生,他也会嘘寒问暖。柯麟院长因他高尚的人格品质和务实的治校风格深受林勇杰等一批老中山医学子的敬重与爱戴。

林勇杰以优异的成绩从中山医学院毕业后,被分配到了中山一院外科工作。当时中山一院的外科医生数量较少,所有外科医生加起来才32名,技术水平也比较低,科室的设备相对落后,仅能满足常见疾病的诊治。老一辈医生在这样的条件下,充分发挥良好的医德医风,白手起家,艰苦创业。林勇杰还清晰地记得,老教授王成恩技术一流,学问广博,他在中山一院创立了肝胆、胃肠等专业,是这些专业的开山鼻祖。无论是有钱还是没钱的患者,他都一视同仁。只要患者需要,他随叫随到。遇到危重患者,电话一响,哪怕是在半夜他也会赶到医院抢救患者。短短几年,中山一院外科在这些老教授们的带领下逐渐完善，从单纯普通外科发展成拥有神经、心胸、腹部（肝胆、胃肠）、泌尿、小儿、烧伤等多专业的科室。老一辈外科医生艰苦奋斗的精神和优良的医德医风给林勇杰这些后辈树立了一个好的榜样，这种积极的影响也贯穿于他的整个职业生涯中。

青年时期的林勇杰大部分时光都在病房和图书馆中度过。他喜欢用观看名师手术操作的方法来夯实自己的手术基础。他认为，手术时的每一刀、每一针都蕴藏着外科基本功。大量的临床观摩学习和阅读使得他在毕业十年内基本掌握了神经外科、心胸外科、胃肠外科、泌尿外科、普外科等科室常见疾病的诊治技术，成长为一名医术全面的外科医生。而这种全面丰富的知识体系，也为他日后出国援非和下乡解决技术难题以及创建血管外科奠定了重要的基础。

援非两年，完成 2000 多例手术

林勇杰在外科工作的第十年，接到了一个特殊的任务——作为广东省第一支援外医疗队队员，参加非洲赤道几内亚援助。当时国内外环境十分复杂，赤道几内亚的经济和医疗水平落后，人民生活贫困。面对这一艰难的任务，他毅然接受了指派。

林勇杰被派去当时赤道几内亚国内第二大医院工作。医院外科有一百多张病床，患者很多，主要病种有疝气、外伤（车祸颅脑外伤、四肢开放性骨折等病种）。当地的医生只有寥寥几名，其中有些还没有接受过正规的医学训练。林勇杰等中国援非医疗队的成员承担了医院诊疗的大部分任务，两名中国医生管理一百多张床位。他们白天查房、做手术，晚上做急诊手术，即使双休日也坚持在工作的一线。虽然当时的林勇杰年纪轻，但是他的知识面比当地医生都广，面对疑难杂症，他都勇于承担责任。"不做手术不行，不做他会死的。做了的话他还有生存的希望，所以我就大胆去做。"在援非两年多的时间里，他做了涵盖脑科、胸科、妇科等多个领域的 2000 多例手术，抢救了脑外伤、骨折等多名危重病人，完成疝气手术 1000 多例，未出现任何并发症，充分展现了他精湛的技术与仁厚之心。当地除了缺乏医疗人才以外，医院的设备也很差。当时的赤道几内亚面临石油危机，国家经济濒临破产，医院连外科最基础的纱布和敷料都欠缺，更别提输液所需的注射液了。中国医疗队的成员们结合自身经验和知识，

从实际出发，没有敷料，他们就让患者到药房买绷带做成敷料；没有注射液，医疗队的药师就将蒸馏水制成葡萄糖注射液或者生理盐水注射液。他们想尽办法来解决急救患者的迫切需要，抢救了不少危重患者。

当地生活环境恶劣，医疗队队员的生活十分艰苦，几乎每个人都会不同程度地染上当地的传染病。如果穿拖鞋到沙滩散步，经常会被一些小虫咬伤，几天后皮下化脓，挑开脓点，会见到小虫在伤口蠕动。面对这样艰苦的生活条件和易感染疾病的高风险，以林勇杰为代表的援非医疗队队员没有畏惧和退缩，他们凭借艰苦朴素的生活作风、良好的医德医风以及精湛的医疗技术，赢得了当地人民的认可和尊重。"授人以鱼不如授人以渔"，中国援非医疗队除了为当地民众提供医疗服务以外，还对当地医护人员进行培训，使他们能够有更专业的知识到下一级医院工作。

援非的中国医生与当地手术室同事合影

"没有经验就学，一切都是从学习开始的"

1975年，在外科陈国锐教授的带领下，4名主治医师组建了中山一院的血管外科。援非回来以后，林勇杰被要求从心外科转到血管外科。当时的他虽然已熟练掌握心外科常见手术，如二尖瓣扩张、肺导管结扎，食管及肺部手术等，但他仍毫不犹豫地接受了组织的安排。这次调配使他与血管外科结下了近50年的缘分。

虽然当时医院已经挂了血管外科的牌子，但其实科室内并无血管外科出身的专业人才，包括老一辈的医生也都不是血管外科出身的，科内也缺乏相关的医疗设备。但是，林勇杰认为，既然科室已经挂了牌，也收治了患者，就必须担负起这个责任。他说："没有经验就学，一切都是从学习开始的。"为了能够担负起这份责任,林勇杰用了两个学习方法。第一个方法是看书自学。对于一个陌生的手术,书中的知识可以让他了解基本的概念,加之他在本科以及从医的过程中经历过严格的培训,基础比较好,在看完书之后就能对手术的方法有较为全面深入的理解。第二个学习的方法是向外请教。中山一院的血管外科一有机会就邀请国内有经验的血管外科专家来院会诊、手术,这些示范大多是书本上找不到的,这为林勇杰提供了良好的学习机会。读书和亲身的观摩学习让林勇杰较快地掌握了血管外科的专业知识和诊治方法,也让他快速地适应了血管外科的工作。

20世纪七八十年代,国内掀起异体器官移植的风潮。中山一院梅骅教授执刀的国内第一例成功的异体肾移植手术,是国内器官移植技术发展的标志性事件。在异体器官移植的风潮下,陈国锐教授带领包括林勇杰在内的团队开展带血管甲状旁腺移植治疗甲状旁腺功能低下症的尝试。移植在当时是相当困难的,但他们迎难而上,大胆尝试。虽然初期的3例手术都失败了,但团队吸取了前几例手术的经验,改进了移植部位,手术最终获得了成功。手术后,患者的症状有了明显的改善,手麻脚麻、抽筋的现象没有了,血钙水平显著升高。之后接连20多例手术的成功,让他们的团队获得了卫生部科技成果奖。林勇杰十分重视手术中的团队合作,他觉得建立一个团队是相当重要的。他的职业生涯中曾做过一台长达18小时的血管瘤手术,他说依靠一个人的体力和精力是无法完成这么长时间的手术的,一定要靠大家合作完成,每隔三四个小时就轮换一次人员。

20世纪80年代中期,在心外科王泰来教授的帮助下,血管外科开展了腹主动脉瘤手术,林勇杰担任了第一例手术的助手,第二例手术就由他担任主刀并全部由血管外科的医护人员自主完成。当时医院内并无ICU,林勇杰的习惯是当天做完手术后就留守病房,观察患者的状态,只有患者状态保持稳定时,他才会安稳入睡。假如没有看到患者状

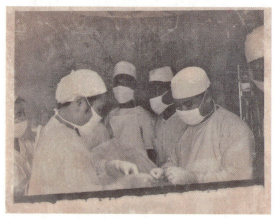

林勇杰在手术中

态保持稳定,他根本就无法入睡,这已经成为他几十年来的一个习惯。功夫不负有心人,林勇杰参与的几十例手术的死亡率都低于5%,达到国内先进水平,在广东省处于领先地位。他在总结自己的手术经验时提到,每一次手术他都会认真对待。手术前,他会详细检查患者,将与手术相关的资料查阅一次;手术中,每一个步骤他都小心谨慎、认真细致地完成,他认为手术中的"每一刀、一针一线都关系到患者一家的幸福";手术后,他往往会详细观察患者的状态,不断总结手术经验并进行改进。

给年轻人充分的锻炼机会

林勇杰深知专业人才对于血管外科的重要性,在做好本职工作的同时他也为科室培养了不少优秀的学生,现任中山一院血管外科主任常光其就是他的学生之一。林勇杰带研究生的时候十分重视临床方面的指导,会手把手地传授手术技巧。做医生,光看书和光听讲而不亲自操作实践是没有用的。当他和学生一同做手术的时候,他会让学生担任主刀,而他担当助手。假如学生在手术过程中遇到什么困难,林勇杰可以马上解答疑惑并且提供帮助,这样的过程一来可以使学生得到充分的锻炼,二来也可以保证手术的质量。

血管外科一直保持着较好的工作氛围。每逢周三,血管外科都会召开例会,将一周内的疑难病例拿出来集体讨论。在例会上,林勇杰让大家广泛交流意见,科室的每位成员都可以参与讨论,年轻医生在例会上也可以充分地表达意见。

中山一院血管外科刚起步的时候,除了缺乏人才以外,医疗设备也比较落后,经过老一辈和包括林勇杰在内的血管外科所有医护人员的努力以及中山一院不断加大对设备的支持力度,中山一院的血管外科逐渐脱颖而出,处于全国领先的水平。中山一院的血管外科在不断发展的同时,也积极帮助省内其他医院开展血管外科的建设,使他们能独立进行血管外科手术,服务广大百姓。

如今的林勇杰已迈入了耄耋之年,但仍坚持每周抽出一天半的时间来院坐诊,在力所能及的范围内协助开展手术,继续在岗位上发挥余热。

(整理:潘可欣)

卢光宇：志趣在医赤子心，倾囊相授带新人

【人物简介】卢光宇，男，中共党员，1937年6月出生，广东新会人。1961年毕业于中山医学院医疗系，毕业后一直留在附属第一医院工作。曾任中山一院副院长、胃肠胰外科主任、医教处主任等职。享受国务院政府特殊津贴。在国内各类刊物发表论文数十篇，参与编写《实习医生手册》《胃肠胰外科手术图谱》等书籍。曾获"文鹏凌夫妇杰出老师奖"、中山医科大学医疗及科技成果奖、广东省医药卫生科学技术进步奖及卫生部医药卫生科学技术进步奖等。

学医是志趣所在，再苦再累甘之如饴

1957年，刚刚成年的卢光宇叩响了中山医学院的大门，而引导他走上从医道路的，则是一个年幼的孩子对母亲真挚的爱。卢光宇的母亲年轻时身体不佳，在小学时他经常陪伴母亲前往当时位于沙面的邮电医院看病，因为彼时中国还处于积贫积弱的环境，医疗资源严重短缺，每次看病母子俩都要排很久的队。年少的卢光宇就问母亲："为什么每次都要排那么久的队呀？"母亲告诉他，是因为"医生少、病人多"。这短短六个字，就在他幼小的心中埋下了学医的种子，他希望长大后能够成为一名医生，让像母亲那样的患者能尽快看病，不用再排长长的队伍等待就医。

怀揣着学医的志向，卢光宇在广州培正中学完成了中学阶段的学业，于1956年考入朋友推荐的湖南医学院。作为土生土长的广东人，卢光宇无法适应湖南的冬天，时常感到手脚冰凉，难以忍受。于是，一年之后，他联系中山医学院，希望能够转学，得到同意转学的答复之后，他便转入中山医学院医疗系就读。

在中山医学院读书时，由于学医是志趣所在，卢光宇一向勤勉好学，加之年少记性好，他能够将书本内容整段默写，哪怕是长篇幅的中医文章，他也能熟记在心。在中山医学院求学期间，卢光宇的成绩一直名列前茅，无论是医学科目，还是物理、化学等科目，他都学得非常好。作为一名学有余力的优等生，卢光宇还被老师指定辅导一位由部队保送前来学习的同学。

在学医志向和兴趣的支持下，六年光阴对卢光宇来说转瞬即逝。从物理、化学到生物、医学临床，每一门课程他都认真学习，基础扎实，成绩优异，也正是因为如此，在他毕业留校之时，被各个科室"争抢"。卢光宇性格直爽，他更倾向于选择外科，因为外科手术干脆、不拖沓，与他率真爽快的性格相符，比起脑外科手术细化到神经的操作要求，他更喜欢操作范围更大、视野清晰开阔的普通外科手术。当时的外科主任主攻胃肠方向，拉着卢光宇不放人，一定要他留下，而卢光宇自己对胃肠方面也比较感兴趣，因为他也有胃病，胃部还曾经大出血，于是他选择留在外科。

正式进入外科之后，卢光宇还经历了当时每个医学生都要经历的轮科学习。从脑外科到小儿外科，从骨科到胸科，每个专科他都学习了几个月，这不仅扩充了他的知识面，还加深了他对人体的了解和认识。在外科工作的时候，当时的前辈领导都很看重卢光宇，每逢上台手术，前辈也都指定卢光宇前往协助，这也实实在在地锻炼了他在医术和工作上的能力，为他后来担任医院副院长奠定了基础。

对卢光宇来说，在外科时得到的培养和教导对他的影响很大，当时的每一位教授都很关心学生，教研室的主任甚至还经常带他回家吃饭，把他当成自己的亲人一样。后来，当卢光宇自己带学生的时候却与前辈教授们不一样，他对学生要求严格，教学严谨，学生们都很怕他，甚至有点"讨厌"他。早班时间是7点半，卢光宇6点就起床，来到病房将他所管的患者都检查一轮。等到查房的时候，所有患者的情况他都心中有数，这时候他会询问学生该名患者情况如何，学生如果答不上来，就会受到他的批评。他要求学生起床之后，先不要用餐，而是先到病房检查，学生一开始很不理解他，只是看到老师也是这样做的，只能听从。查房的时候，他会向学生询问患者情况，但不允许学生翻看病历，他认为这体现了学生对患者是否足够了解，这也是一名医生责任心的表现。跟随卢光宇学习一段时间之后，学生们才逐渐明白了他的良苦用心。长此以往，学生们体会到他治学行医的经验所在，态度也从开始的害怕转变为敬畏。

倾囊相授，尽全力培养年轻人

中山一院胃肠外科成立于1964年，是全国最早成立的胃肠胰专科。卢光宇从1963年毕业留校之后便主攻胃肠方向，胃肠外科就像他一手带大的孩子，他对其饱含心血，充满热情。

在当时全国都没有胃肠专科建设先例可供借鉴的情况下，在前辈王吉甫教授的带领下，卢光宇等优秀青年医生接续奋斗，将胃肠外科逐渐发展壮大至今天的规模。如今，胃肠外科的整体实力被公认为处于全国的领先水平，特别是胃肠肿瘤的诊治，其在国内、国际胃肠外科领域都具有相当高的知名度。胃肠外科的整体氛围从创立之初就十分团结、和谐，科室里的同事相处融洽，也都能服从安排，这为胃肠外科的稳定发展打下了坚实的基础。随着诊断技术的进步和手术技术的发展，胃肠外科一步一步稳扎稳打，逐步发展。对于科室的建设，卢光宇担任胃肠外科主任之后，并没有刻意地去帮助年轻医生，而是让他们放开手脚去学习深造。很多年轻医生在这种自由的氛围之下，主动去联系各种进修途径，不断提升自己的专业技术水平。

虽然工作氛围自由、和谐，但是胃肠外科的发展并不是一帆风顺的。由于是全国首创的专科，在科室管理乃至医学治疗方面并没有先例可供借鉴，加上当时国内普遍存在技术上落后、设备不完善的问题，这些都给新创设的胃肠外科的发展带来了困难。面对这种局面，卢光宇就花费大量时间浸润在相关专业书籍之中，不断消化前沿理论和知识，当自己理解、掌握了这些知识与技术之后，再将方法教给学生，并耐心地手把手逐步指导。除此之外，在医疗设备、技术手段还不那么完善的阶段，卢光宇更多地是依靠自己丰富的治疗经验为患者诊治，不怕麻烦，多看、多观察。

在带领了胃肠外科逐步发展、壮大之后，卢光宇在领导工作上的能力也得到了医院的认可。1987年8月，医院领导班子换届，卢光宇担任副院长，负责医疗和教学工作。与此同时，他还兼任医教处的负责人。在医教处工作的时候，卢光宇跟学生打成一片，没有一点领导的架子；他带实习学生查房的时候，常常给学生进行示范教学。当时医教处的医疗和教学的模式及制度，可以说基本是由卢光宇一手建立起来的。

在担任医院副院长的同时，卢光宇仍然兼任了一段时间的胃肠外科主任。1998年5月，由胃肠外科牵头筹创，由中华医学会主办、中山医科大学承办的《中华胃肠外科杂志》正式创刊，杂志编辑部设在医院，胃肠外科的王吉甫教授任总编辑。卢光宇虽然没有在这本杂志上发表过论文，但他的《成人先天性巨结肠症》《手术后复发性消化性溃疡》《供体肝细胞预先输入对移植胰岛有功能存活期的影响》等数十篇临床论文发表在《中华外科杂志》《中华器官移植杂志》等多部重要刊物上。

1997年，卢光宇光荣退休，毅然将医院行政及临床工作完全交给后一辈。他为人低调，平时很少接受外界的采访，如今回忆起自己的从医生涯，提到更多的是患者和学生，过往的荣誉与赞誉皆不入他耳，唯有对医学的喜爱仍留心间。

回顾漫漫数十年的从医之路，作为学生，卢光宇勤勉刻苦，以学为先；作为医生，卢光宇耐心细致，愿意为患者做别人不愿做的脏活累活；作为主任，卢光宇给予同事自由发挥的空间，让他们不断发挥所长；作为老师，卢光宇既严厉又风趣，倾囊相授，给予学生最好的指导。

（整理：郭依宁、唐嘉璇）

郑克立：仁心仁术为民除病，尽心尽责学科筑基

【人物简介】郑克立，男，中共党员，1939年10月出生，广东省潮阳县（现为汕头市潮阳区）人。教授、博士生导师，享受国务院政府特殊津贴。1962年7月毕业于中山医学院。曾任中山一院常务副院长、外科主任、泌尿外科主任、器官移植中心副主任，中山大学附属第五医院院长，广东省医学会泌尿外科学分会主任委员，中华医学会器官移植学分会副主任委员，广东省器官移植中心副主任，中国第二届血液透析、肾移植学会副主任委员，中华泌尿外科学会、中国药品评审委员会、广东省药品评审委员会委员，中央军委、广东省高干医疗保健专家。从事肾移植、泌尿系结石、泌尿系肿瘤的研究工作，自1989年以来，完成肾移植2600多例。在国内外期刊发表论著60多篇，主编专著6部，参与编写专著12部。主持及参与各级科研基金20多项、各级科研成果15项。获中山医科大学科技进步奖一等奖、广东省科技进步奖二等奖，其他项目三等奖4次。历任国内14家期刊编委。培养硕士研究生9名、博士研究生27名。获国家教委"有特殊贡献的专家"及广东省卫生厅"白求恩式先进工作者"等称号。

克服重重困难，让肾移植手术惠及无数患者

从进入中山医学院学习开始，郑克立在他40余年的从医生涯中始终以"学医救民"为理想，以其精湛的医术和认真负责的态度给大家留下了深刻难忘的印象。

我国的肾移植工作开始于20世纪60年代初，但因为缺乏有效的免疫抑制剂使得术后效果不佳。1972年，中山一院泌尿外科梅骅教授与北京友谊医院于惠元和侯宗昌教授合作，成功实施了我国首例亲属活体供肾肾移植手术，开创了我国器官移植领域的新纪元，梅骅教授等人获得了1978年全国科学大会奖。郑克立当时是住院医生，也作为助手参与了该例手术及术后全过程。

20世纪70年代中期，郑克立目睹尿毒症患者的高死亡率，内心受到极大触动，便在泌尿外科着手开展腹膜透析和平板式血液透析。直到出现血液透析机，才更有效地挽救了尿毒症患者的生命。后交给肾内科开展此项工作，目前已发展成内科透析中心病区，这也为肾移植手术选择了合适病例。

肾移植必须进行配型和完善相关检测，中山一院早期与广州血库协作开展此项工作；20世纪80年代后期开始，免疫抑制剂环孢素、FK506、MMF也陆续可供使用。至此，批量肾移植已具备开展条件。为了提高移植成功率，郑克立在术前联系血库帮忙检验、配型，在做好充足准备后才进入手术室。人手不够，就联系外科、小儿外科等科室的医生一起帮忙，曾经在3天内完成了31例肾移植术，3年累计完成1000多例，年人存活率达98%，年肾存活率达93%，在国内处于领先水平，为大量尿毒症患者带来了希望。

肾移植开展早期，移植肾术后发生超急性排斥反应的比例占10%，必须立刻处理才能保住移植肾，而这一反应与实验室检测设备不健全和选择受者不严格有关。为了解决这个问题，郑克立自行设计了移植肾体外循环试验，利用受者已有的动静脉瘘，在体外将受者的血引入肾脏后又引回体内，观察肾脏颜色和有无尿液流出，如无异常情况，一小时后便可移植入体内。这一试验有效避免了超急性排斥反应和急性肾小管坏死的发生。

肾移植术后3个月内，个别病例可能会发生巨细胞病毒性肺炎，死亡

率可达 80%。郑克立在国内首先开展血 PP65 检测，帮助早期诊断巨细胞病毒性肺炎，经积极治疗后，死亡率降至 20%。

最初 100 多例肾移植手术采纳了国外方案，使用免疫抑制剂，结果发现感染率非常高。郑克立决定把药物用量减半，又应用恬尔心使血药浓度稳定，大大降低了术后感染率，同时也保护了肾功能，被国内同行所认可。

在临床医疗上，郑克立一直兢兢业业，即便之后担负起副院长等行政工作，他仍是每天专注于诊病的本职工作，病例讨论与全科会诊一定参加，利用下班后

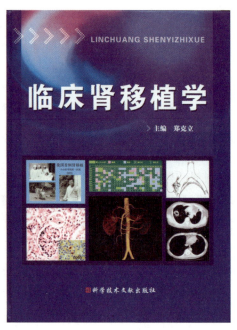

郑克立主编的《临床肾移植学》

的时间做行政工作。中山一院的临床移植水平在他的带领下日渐提高，肾移植也成为华南地区首屈一指的重点学科，并帮助众多医院培养专业人才。

不断探索创新，创多个"率先"

通过科学研究提高医疗质量，这是中山一院泌尿外科一向坚持的宗旨。从临床中总结创新，又将研究成果应用到临床以提高水平，这种务实的精神始终贯彻在郑克立的从医生涯中。

在肾移植步入正轨之后，郑克立又首创了移植肾体外循环试验。配对到合适的肾源后，他并不会直接开始动手术，而是先用两套动 - 静脉瘘 Y 管，使肾动静脉端与手臂动静脉相连，体内血液进入移植肾再回流，观察移植肾质量，并确定能否适应人体循环，确认没有排斥后才进行移植手术，这大大减少了移植肾超急性排斥及急性肾小管坏死的发生率。这项成果在当时获得了广东省科技进步奖二等奖，在世界上也达到了领先水平。

20 世纪六七十年代，中山一院做过几例嗜铬细胞瘤手术。由于当时

的技术所限，这种手术十分棘手，死亡率比较高。嗜铬细胞瘤是一种肾上腺肿瘤，术中肾上腺素突然大量释放，术后突然中止释放，加上患者原有的心肌损害等因素，容易造成血压大起大落，甚至心脏骤停，治疗十分棘手。那段时间，每当接到这类手术通知时，整个手术室都笼罩着谈虎色变的气氛。郑克立接手这种手术后，指出这种肿瘤会分泌升压物质引起血管收缩，血容量减少，术前应用苯苄胺降压扩容，术中用酚妥拉明、硝普钠降压，当肿瘤去除后应快速补充血容量，必要时加阿拉明升压；若术前、术中肿瘤升压素引起心力衰竭，应马上停止手术，因为心肌坏死纤维化无法用洋地黄处理，只能用维生素 B1，心肌功能恢复后半年才能考虑手术。有了以上一系列方案，术前充分准备、术中胆大心细、术后严密观察，此后连续 100 多例手术均取得成功，无一例死亡。

肾结石是泌尿外科常见疾病，取石手术后易残留小结石。郑克立和他的团队尝试获取牛血提取凝血酶原，术中将血浆和自制凝血酶原混合液注入肾盂肾盏内凝固残余小结石，称为"凝固法肾盂取石术"，大大方便了医生在手术中的清理工作，也降低了术后结石残留的发生率。在找实验材料过程中，郑克立和他的团队遇到了不少困难，但为了提高手术成功率、为患者解除病痛，他们坚持要自己创制牛凝血酶原。这项成果临床应用取得成功，获得了广东省科技进步奖三等奖。后来广东生物制品研究所拓展了新药的生产规模，惠及更多患者。

感染性肾结石是临床治疗的难题。有的病人手术后还未出院就又长出结石，这是因为分泌尿素酶的细菌使尿液呈碱性，而易形成结石。郑克立从文献中查询得知口服乙酰异羟肟酸（AHA）可使尿液转化成酸性，便介绍给广东制药厂制成药品（后获批命名为菌石通），使感染易于控制，并在中山一院将该药制成液体，通过造瘘管注入肾内达到溶石作用。

此外，郑克立还在临床上开创了不少"率先"：率先开展保留肾单位肾癌剜除术；率先开展经尿道切除输尿管下段的根治性肾盂癌肾输尿管全切除术，免除了在腹部做第二切口；率先研制国产化弹道碎石机并获得推广应用；率先在全国开展经尿道前列腺切除术。

凭借着在临床科研上的探索和成就，他在 1985 年获得广东省人民政府颁发的立功证书，1995 年成为广东省"五个一科教兴医工程"中山一院泌尿外科的学科负责人、带头人，1996 年获得广东省卫生厅颁发的"白求恩式先进工作者"荣誉证书。

郑克立在学术会议上做报告

"夫医者,非仁爱之士不可托也;非聪明理达不可任也;非廉洁淳良不可信也。"不论是临床、科研还是管理工作,郑克立始终以高度负责的态度、准确有效的方法,不畏困难,逐一攻破。郑克立以其40余年的努力付出,诠释了中国医者的精神。

(整理:李莉)

第三章 心血管与骨科-显微外科

郑振声:"体外反搏之父"
让中国技术走向世界

【人物简介】郑振声,男,1930年5月出生,广东中山人。教授、博士生导师。1955年毕业于华南医学院,毕业后留校任教,在中山一院从事临床工作,是中山一院内科心血管专科创建人之一。1978年,开始出任人工心脏研究室副主任;1984年至1994年,任心内科主任、心血管研究所副所长;1994年至2006年任卫生辅助循环重点实验室主任。多年来致力于心血管病防治及生物医学工程的研究工作,是我国生物医学工程学科领域早期开拓者之一,为我国辅助循环奠基做出了重大贡献。先后为中山医科大学开拓组建人工心脏研究室、心血管研究所、生物医学工程教研室、卫生部辅助循环重点实验室等机构。率先在华南地区研制和使用心脏起搏器、除颤器。1975年研制成功我国第一台主动脉内气囊反搏装置、体外反搏装置、体外循环助搏血泵等,用于临床并取得良好效果。在国际上被尊称为"体外反搏之父"。其成果先后获全国科学大会一等奖、卫生部科技成果甲等奖等奖项。共培养博士研究生9人、硕士研究生23人。

生逢乱世，他立志从医救人

1930年，郑振声出生于澳门一侨商之家。日寇侵华时期，他的父亲因投身抗日救亡工作而被列入暗杀名单，因而被迫举家内迁。1945年，他随校避难于广西山区，过着颠沛流离的生活并目睹了战争所致的满目疮痍、家毁人亡的凄凉景象。每当回想起中国同胞们因战火受伤离世的场景，郑振声的心里常感悲痛。生逢乱世，他在动荡的时局中多次被迫中断学业，但他一直热衷于参加抗日爱国教育和游行活动。

少年郑振声热爱医学，同时也对机械、电子充满兴趣。战争中人民遭受的苦难使他深受触动，他从此下定决心学医，希望通过双手拯救更多人的生命，为祖国贡献自己的一份力。1955年，他从华南医学院毕业后选择留校。实习期间，他眼见许多心脏病人离世，十分同情他们，对心血管疾病的关注就在心里默默扎下了根。刚到附属一院没多久，黄葆钧主任就问他："你知道在广州市什么病是威胁最大的吗？"在当时，心肌梗死是广州人民生命健康的头号威胁，抢救室时常遇到这个病。于是，在老师的鼓励下，郑振声决心去最需要他的地方——他选择了将心血管疾病作为研究

中学时代的郑振声

的方向。由于实习时有成功抢救病例的经历和黄主任对他的信任，郑振声被安排到了刚创立不久的冠心病抢救中心。后来，在他的操持下，尚不成熟的抢救中心渐渐走上了正轨。

来抢救室的病人常常处于生死一线，每一秒都需要医生与死神赛跑。抢救室的患者来得突然、病情又危急，郑振声经常要半夜赶去抢救病人。他当时住在医院附近，为了让抢救室能及时联系到他，还特意给家里装了一部电话。哪怕是半夜十一二点接到电话，他也会马上赶去抢救室。

紧急情况下，他自制起搏器救病人

1969年的一天，抢救室来了一位严重房室传导阻滞的女患者。她在一个晚上反复出现室颤，心脏停跳40多次。郑振声一直守在病床边，反复胸外按压，可情况却一直没有起色。鉴于这种情况，陈普照和郑振声教授都认为该患者必须放置心脏起搏器。在当时的历史背景下，权衡利弊之后，他和技术员王博慈7天之内成功地自制了一个起搏器，病人因而得到救治，并带着它存活了9年。这成为华南地区制造并安装起搏器的首例。

由于不断地搜集先进讯息和率先购置设备，郑振声认为，他们有条件在华南地区率先开展电除颤、心电起搏和设立心血管重病监护中心。1971年，在郑振声的建议下，中山一院建立了华南地区第一个心脏重病监护室（CCU），开展血流动力监测和除颤起搏器的应用。科室让他主持CCU的工作，通过中心站或床边机监测病人情况，并预测可能出现的病情危机，及时处理，他做起来也感到得心应手。到了心肌梗死的多发季节，患者很多，郑振声的工作十分紧张，有时他甚至就睡在病床边，以便随时应急。在郑振声和全组医护人员的努力下，心肌梗死的死亡率明显下降。20世纪70年代以来，中山一院成为全市乃至华南地区心肌梗死收治率最高的医院。虽然抢救工作十分艰苦，尤其是当年人手缺乏，郑振声经常夜以继日地工作，但因为成功地治疗了不少病人，他也苦中求乐、乐在其中。

克服重重困难，他们研制出反搏器

经过一段时间的重病监护工作，郑振声发现，那些不治而亡的患者中，一部分由于心肌梗死的面积确实太大，无法逆转死亡的局面；也有不少患者梗死面积并不是很大，但由于血液循环突然恶化，而药物还没来得及起作用，除颤起搏亦无能为力，最终也难以避免死亡。这类患者往往正值壮年，发病和死亡非常突然。当宣告他们死亡时，家属都很难接受。每当听到病患家属恸哭的声音，郑振声的心情都十分沉重，他说："这是我们当医生最难受的时候。"

总结这一类患者的死因时，郑振声产生了一个想法：如果能尽快使用机械的方法推动其血液循环，让心、脑、肺、肾的功能维持一段时间，让药物起作用，也许能给患者带来一线生机。郑振声为此查找了有关机械辅助循环的文献，在若干种方法中最终选定主动脉内气囊反搏和体外反搏作为研究的重点。当时他虽然看到文献中有不少争议，但经过反复思考，他认为反搏原理是科学、可行的。

郑振声将他的想法向陈普照教授和当时的内科主任黄葆钧教授汇报后，他们表示了关切，问他是否下定决心在此时去闯。郑振声对两位他最敬重的长者说："如果你们也认为我的想法是对的，值得我闯，我就去闯，我不怕。我不是为名利而闯，当我看到这类病人因为循环衰竭而死，想起他们的家人号啕大哭的场面，而我发现了一条可能成功的路却不去闯，作为医生我会觉得内心难过。"他的决心打动了两位教授，最终，黄主任鼓励他并对他说："好！这件事你想得对，值得你去闯，去找革委会吧！"在得到革委会的批准和资金支持后，郑振声组建了一个辅助循环实验组，开展主动脉内气囊反搏的实验。他跑了好几个电子厂、机器厂，并成功地争取到了与这些单位的合作。气囊反搏的作用是依靠气囊与心脏同步收缩与舒张来提高收缩压与舒张压，与心脏跳动的吻合是至关重要的。经过无数次实验，他们终于攻克了这一难关。

1975年年中，郑振声团队终于把主动脉内气囊反搏装置研制出来，国庆前夕与从美国购买回来的主动脉内反搏器同时应用于临床（以保证患者的安全和便于对照），抢救一例急性心肌梗死合并心力衰竭及休克的、极其危重的晚期病例。他们研制的反搏器与进口机对比毫不逊色，患者经反搏后，心衰迅速改善，心脏功能逐步恢复正常。这一例抢救说明，主动脉内气囊反搏作为辅助循环手段，其作用是肯定的。只要在早期应用，让反搏改善全身和冠脉血液循环、扭转心肌缺血，就可使外围心肌免于坏死。

不断改进，从内反搏到体外反搏

然而，主动脉内气囊反搏的气囊大小与使用者的体重相关，在使用时有诸多不便。最重要的是，主动脉内气囊反搏是一种创伤性疗法，必须把气囊导管插到主动脉中去，对于危重患者来说，在这种情况下还要切开股动脉无疑要冒很大的风险，若是插管不顺畅，大量出血对于血压已经很低的患者来说是极其危险的事情。为此，郑振声最后决定寻找无创伤性的反搏方法——体外反搏。

20世纪60年代初,美国哈佛大学的研究者报告过一种体外反搏器,但由于设计不合理、效果不明显而被淘汰。郑振声在研制主动脉内气囊反搏时,经过一系列动物实验,已经将反搏治疗的作用机理及其关键环节弄清楚。于是他在转入体外反搏的研究时,着力突破已有难题:第一,他改变美国采用的笨重的液压的方法,转而采用气动式装置;第二,他采用了四肢序贯加压的方法,在内反搏作用于股动脉的基础上增加了上肢,加压由远及近,以免股动脉一开始加压便被压瘪,阻断下肢的血液回流。这种四肢序贯反搏(SECP)对提高舒张压、降低收缩压的作用非常明显。1976年,SECP通过全国鉴定进入临床应用。

在应用中,郑振声发现反搏治疗对冠心病心绞痛、脑动脉硬化的短暂性脑缺血等有很好的缓解作用。为了进一步提高SECP的效果,他和团队进行了一系列人体及动物实验。他们将新的反搏装置试用于临床,疗效很好,1980年,经过全国鉴定会通过并正式应用于临床,命名为增强型体外反搏

1976年,郑振声研制成功并用于临床的第一台反搏装置

(EECP)。之后,EECP在国内兴起,不到3年时间用户数量超过了3000。

后来,郑振声根据体外反搏的原理和临床应用经验,提出了体外反搏加尿激酶溶栓治疗急性心肌梗死的方案。但这个方案提出后,在科室引起了争议。尿激酶溶栓药可能会引起组织或器官出血,有些医生担心在静脉内溶栓的同时再进行反搏治疗会引起严重的出血并发症。为了验证该方法的安全性,郑振声将自己绑在反搏床上,让护士穿刺好静脉,并准备好溶栓药物——他用自己的身体来做实验。郑振声的行为在科室产生了轰动,也感动了在场的每一个人。陈普照教授亲自给他测血压,检测实验过程中发生的任何变化。反搏的时间在一分一秒地过去,溶栓药物也慢慢滴进他的血管里……多年后,当时的这一幕仍深深地刻在在场医护人员的脑海里。

走出国门,他带着中国的 EECP 走向世界

1982 年,郑振声赴美进修,并考取了世界卫生组织(WHO)的奖学金,在美国人工器官学会和国际人工器官学会年会上介绍增强型体外反搏,反应良好。美国的《心血管新闻报》(*Cardiovascular News*)以头版报道了该项成果。此后,他被邀请到美国多地讲学,研讨体外反搏疗效和理论,被称为"EECP 之父"。但 EECP 在美国的推广之路并没有那么顺利。一些医院因为顾虑 EECP 将替代其创收项目——昂贵的冠脉搭桥手术而没有对 EECP 敞开大门。还有一些医疗器械公司试图以购买的名义仿制反搏器。可以说,EECP 在首次进入美国时受到了医学界中一些既得利益者的抗拒和冷遇,也被一些逐利者觊觎。虽然如此,郑振声此次美国之行仍获得了众多美国同行的高度关切,EECP 在美国市场崭露头角。

1986 年,美国纽约州立大学外科主任苏洛夫(H. S. Soroff)教授(哈佛大学研究体外反搏的鼻祖)派人联系郑振声,要专程到中国拜访他。联络人说,自从 20 世纪 70 年代苏洛夫教授研究的体外反搏被淘汰后,他一直耿耿于怀,当他发现郑振声在美国发表的关于 EECP 的文章之后,看到了体外反搏复苏的希望,兴致极高,希望到中国与郑振声交流。苏洛夫教授与郑振声会面后,看到郑振声和其团队采用一段时间内定期、连续反搏促进侧支循环形成来治疗心绞痛和心肌梗死,并取得良好疗效后,感叹地说:"辅助循环本来是一种应急的辅助措施,我是用它抢救心源性休克的,你们把它发展为一种促进侧支循环的手段,等于不用做手术的搭桥就能救人,这是你们中国人的哲学啊!"事后,苏洛夫教授邀请郑振声以客座教授身份、两校合作的名义,赴纽约州立大学合作开展辅助循环研究。

1988 年,郑振声带着增强型体外反搏走出国门,在纽约建立中美合作的实验室。EECP 想在美国站稳脚跟,还需要申请美国食品药品管理局(FDA)的上市前许可等一系列合法化程序。但是,此次访美时,除搭桥手术外,介入疗法也已经大行其道。美国每年采用介入治疗的患者很多,手术医生的法定可收的费用也高。在这种情况下,几乎没有医生愿意把患者介绍给郑振声做 EECP。后来,经过一段时间的观察和试探,郑振声和其团队发现在美国开展介入治疗的患者中,半年内的心绞痛复发率高达 30%～40%,而且有不断复发的可能。当时还没有植入支架的方法,患者

只能找医生再次进行介入治疗,这对患者来说非常痛苦,也给他们带来了难以负担的经济压力。于是,郑振声等人加强宣传,搜罗这些走投无路的患者,发现 EECP 对他们中 80% 的人仍然有效。1992 年,在全美心血管医学年会上,郑振声发表了体外反搏治疗冠心病的疗效报告,在美国引起轰动。美国最有影响的周刊之一《新闻周刊》(Newsweek)详细报道了这项来自中国的先进技术。同年,中美合作开发的 MC-2 型 EECP 获得美国政府食品药品管理局(FDA)的"510(K)上市前认可",从而使中国这一高科技产品进入美国的医院,为这一理论和技术走向世界揭开了新的一页。

1994 年,美国上市公司 Vasomedical 收购了中山医科大学体外反搏技术,并宣布该公司放弃其他项目,全力与中山医科大学合作开发新一代 EECP。经过几年的努力后,在美国已有上千家医院应用 EECP 治疗冠心病以及心力衰竭。

增强型体外反搏的研究在国际上处于领先地位,随之而来的荣誉不断,但郑振声始终保有一颗爱国爱家的赤子之心,坚持这项技术必须造福于中国人、让更多的中国患者获益。1996 年,他开展了"体外反搏治疗冠心病的临床应用及第三代体外反搏装置研究",由中山一院牵头组织,北京医科大学、上海医科大学、上海第二医科大学等共 5 家医院参

1995 年,郑振声参加美国心脏病学年会

与,获得了"九五"国家医学科技攻关课题资助。2000 年,他又开展了"第四代体外反搏装置的研制",并获得了"十五"国家科技攻关以及国家自然科学基金会医疗仪器专项资助。

自 1978 年以来,体外反搏已在全国 28 个省市自治区及港、澳、台 4000 余间医院普及使用,并进入了美国、德国、日本、印尼、印度、沙特阿拉伯等 30 多个国家,应用于每年数以万计的冠心病患者的治疗,其

对脑、肾、眼、耳等的缺血性疾病的治疗,效果良好。现在,虽然替代性的新的治疗手段不断推出,体外反搏却在康复治疗方面焕发出新的光彩,作为一种辅助治疗的手段,因其无创伤性而广受欢迎。当人们称赞他的这一开拓性的成就时,郑振声总是谦虚地说:"我只是一个设计者和组织者,功劳是大家的!"

筚路蓝缕,在防空洞里建辅助循环实验室

起初,郑振声和同事们在心血管的实验室进行科研探索,但实验室很小,很多设备摆不下,也很难开展大规模的实验。偶然间,他们想到了医院楼下有一个闲置的防空洞,于是,在 1972 年,郑振声和同事们一起利用防空洞建立了第一间简陋的实验室。郑振声在地下的实验室里一待就是十几年,每天繁忙的工作结束后,他都会到实验室里做研究。他和同事们通过大量的动物实验,探索出反搏动的核心原理,提出了气动式体外反搏的新设计,奠定了体外反搏的理论基础。

1978 年,实验室发展为中山医科大学人工心脏研究室,并在此基础上创建了中山医科大学的生物医学工程教研室。1992 年,在原有实验室

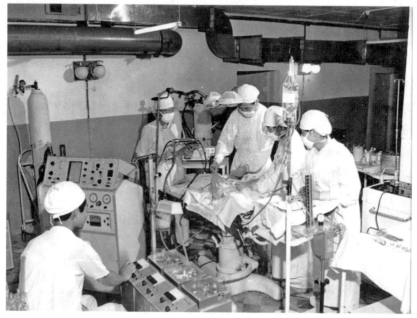

20 世纪 70 年代,郑振声团队在简陋的实验室里进行动物实验

的基础上，联合基础研究的人员和设备成立了辅助循环实验室。1994年3月，该实验室经国家卫生部组织全国有关专家论证后，批准晋升为卫生部辅助循环重点实验室。实验室承担了为国家培养硕士、博士研究生的任务及多项国家级科研项目。在此平台上，郑振声组织了强有力的研发团队，继续进行EECP的理论探索及新机器的研发，并取得了十分可观的成果。该实验室重视人才培养，科研工作新人辈出，人才储备进入良性循环。该实验室的增强型体外反搏的研究在国内外一直处于领先的地位，其中一些成员已成为知名的临床医学专家和生物医学工程学者。

执着科研，为支持医院捐出多年积蓄

郑振声认为，人生的路是靠自己走出来的，年轻时找准自己的兴趣与特长，确定自己的目标，接下来为这个目标所付出的所有辛劳都是心甘情愿的。他始终认为自己是个幸运的人，他既爱医学又爱理工，好像冥冥之中注定了他要走这条路。当他成为一名比较成熟的医生后，自然而然地就想到用机械、电子的手段去抢救危重的患者。

曾经有位朋友看见郑振声如此执着地埋头苦干，便问他："你如此拼命地干了30年，假如最终失败了，你会怎么样，会后悔吗？"郑振声回答道："一定不会。我倾此一生去做这件事，绝非为名利，无须因为未达到成功而灰心。我坚信，即使在我有生之年未能把它做到很成功，我相信若干年后，还会有人继续把它做下去。如果我今天的做法未臻完善，后人也会沿着我走过的路去发展它、完善它，我仍然高兴和满足。"

郑振声对科研的执着给周围的人留下了很深的印象。当时参与了反搏研究的陈国伟教授回忆起那段经历时说道："我对郑教授最深的印象就是他对科研的坚持，锲而不舍，而且凡事亲力亲为，他真的把一辈子的心血都奉献在这个事业上。作为科学家、医学家，这种钻研精神是很值得我们学习的。"

郑振声一生载誉无数，但他始终不改一颗赤子之心。2015年4月11日，在中国生物医学工程学会体外反搏分会成立大会上，作为中国体外反搏创始人，郑振声被特聘为该学会的名誉主任委员，并被授予体外反搏卓越贡献奖。同年，他欣然将自己的多年积蓄100万元无偿地捐献给中山大学附属第一医院，用于体外反搏设备与仪器的维修、更新及新型体外反搏装置的研发。如今他已经 90 岁高龄,退休多年,身体也饱受众多疾病困扰,行动困难,只能靠轮椅代步,但他一直关心心血管科的学科建设,孜孜不倦地继续着体外反搏装置的更新改造和新型体外反搏系统的研发。

郑振声（前排中）捐赠 100 万元资助新型体外反搏装置的研发

"君其见山中明泉乎,风雨冰雪不改其貌,沟渠杂错而不漫其流,款款而不失其序,曲折不堕其志,不激不扬悄然入海,然后知万顷之大,波涛之壮,皆源出山中之细流矣。"这是郑振声的座右铭,也是其人生足迹最好的写照。

（整理：岳佳颖）

陈国伟：术精岐黄凝妙笔，抱诚守真赤子心

【人物简介】陈国伟，男，1940年2月出生，浙江鄞县人。内科教授，博士生导师，享受国务院政府特殊津贴。1963年毕业于上海第二医学院医疗系，毕业后分配到中山一院内科工作。长期从事内科学的医疗、教学、科研工作，专长为心血管病的诊断与治疗，具有深厚的理论基础和丰富的实践经验。先后发表论文160多篇，主编《现代临床实验诊断学》《现代急诊内科学》《实用超声心动图学》《心血管病问答精选》等著作，分别于1989年和1992年获广东省卫生厅、省高教局科技进步二等奖和广东省科技进步三等奖，《现代心脏内科学》于1993年获卫生部科技进步二等奖和第六届国家图书奖，《高级临床内科学》于2002年获第九届国家图书提名奖。

自幼身体羸弱，他坚定学医之心

1940年2月，陈国伟出生在上海的一个知识分子家庭。他的父亲是上海一家美资保险公司的职员，母亲则是家庭妇女，他们都对陈国伟寄予厚望，对其严格要求。陈国伟自幼身体不佳，加之许多亲人都是医生，从医的愿望便在他心中埋下了根。

1958年考大学时，陈国伟除了有当医生的想法之外，也有搞科研、工程的想法。于是，他的第一志愿报了上海第二医学院（现为上海交通大学医学院），第二志愿是在合肥新成立的中国科技大学，最后顺利考入第一志愿上海第二医学院。入学后，他刻苦学习，勤奋认真，大二时，因患上肺结核休学疗养三个月，按照学校规定他不能参加考试，要留一级。陈国伟觉得自己跟同学们已经建立感情了，不愿意留一级，怎样都要跟上，就跟导师商量让他考一次，如果成绩不好就心甘情愿留级，假如成绩合格就允许其不留级。最后他考得还不错，在同学里面排名也比较靠前。毕业后，陈国伟由卫生部分配到了中山一院工作。

初到中山一院，柯麟老校长和刘志明书记便接待了陈国伟等年轻的医生，并对他们说："欢迎你们来到中山一院，我们代国家卫生部培养你们两年，会对大家提出严格的要求。你们当中表现出色的，我们中山一院会留下来。"初来乍到的陈国伟被分配到了内科，比起实操和手术，他更喜欢写作和思考，因此这个分配结果十分符合他内心的期待。

到了内科后，陈国伟被分到心血管内科，这也成为他今后医学生涯的起点。当时心内科的主任是在德国留过学的林柏荣教授，他经常带着主治医生查房，作为刚来的住院医生，陈国伟也要跟着去。查房过程中，陈国伟积极回答老师的提问，不论对错，都勇于表达。久而久之，林教授对他印象深刻，并决定要把他留在中山一院。当时任主治医生的司徒汉镛和郑振声也对陈国伟非常满意，1964年下半年，陈国伟已经可以独立看心内科门诊了。

心血管内科是一个很有前瞻性的学科，很多先进的研究和实验、新器械的运用，往往都是从心血管内科开始的。同时，它也是一个很有挑战性的学科，心血管精细复杂，治疗的风险很大，因此责任也很大。作为一个敢于挑战的医生，陈国伟深深地为心血管内科所吸引，立志要为心内科的工作尽自己的一份力量。

为学习新技术，他只身赴武汉

不断学习新知识、新技术，是对医生最基本的要求之一。心内科也是如此，心脏的活动和病变牵一发而动全身，一个好的心内科医生如果没有大内科的基础、没有其他学科的基础知识，便很难取得医术上的突破。活到老、学到老，是医生们最真实的写照。

陈国伟初到中山一院心内科时，设备和技术都不如今日完善。1976年，中山一院还没有超声心动图，而在国内这项技术较为发达的是武汉同济医科大学，于是医院决定派人去学习这门技术。当时陈国伟的第二个孩子刚出生，孩子的身体情况不是很好，但他仍然自告奋勇，踏上了前往武汉的路。仅用了三个月，陈国伟就基本掌握了超声心动图的基本操作。回院后他立即开展工作，在院内首次应用 M 型超声心动图。当时国内缺少与超声心动图相关的专著和教材，在武汉学习时，陈国伟全凭纸笔记录授课的内容。回院后，他深感系统教材的必要性，于是决定将他学到的东西整理、记录下来，于 1985 年出版了《实用超声心动图学》一书，该书较为系统和全面地介绍了超声技术在心血管疾病方面的应用及其临床价值，填补了国内超声心动图专著数量不足的缺憾。

陈国伟主编了很多专著，如《现代临床实验诊断学》《高级临床内科学》等综合性的医学参考书。要编纂这些书，必须聘请不同领域的专家来写每部分的内容，作为主编和审稿人，不仅要在文风格式上下功夫，更要在专业知识上做到严谨。为此，陈国伟看了很多书、

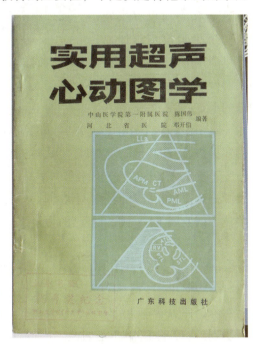

1985 年出版的《实用超声心动图学》

查了很多资料,学习不同学科的知识,尽力将审稿、改稿的工作做到最好。

20世纪七八十年代,郑振声教授在中山一院开展了体外反搏装置、人工心脏等科研项目。当时,人工心脏的研发在国内刚刚起步,年轻的陈国伟热血沸腾,自告奋勇地加入研发团队。人工心脏的研发涉及多个领域,研发团队参考国内外的研究先例,从材料、动力到心脏结构,克服重重困难,用牛作为实验对象,最终为牛装上了人工心脏。这个实验在国内引起了轰动,包括中国医学科学院院长顾方舟在内的许多医学界人士都前来观摩。虽然实验最后并没有取得彻底的成功,但是陈国伟并不认为这些努力是白费的,他说:"医学研究总会有成功也有失败,我们至少走过了这段路,

1989年,陈国伟(中)在澳门镜湖医院心内科工作期间参加学术报告会

可以为国内其他研发人工心脏的科研人员提供点滴经验。不管怎样,至少我们做了,证明了中国人不比外国人差,我们也有智慧和能力来做我们自己的人工心脏。"

在中山一院工作的岁月里,陈国伟参与了多项实验。其中,他所参加的郑振声教授的研究项目"序贯式体外反搏的临床机制及Ⅱ型反搏装置的研究"获得了1982年度广州市科委成果二等奖。除此以外,他还参与开展了冠脉造影、PCI(经皮冠状动脉介入治疗)、电生理研究等项目,为这些技术的发展推广贡献了自己的力量。

几十斤重的书稿,他亲自背到出版社

陈国伟大学毕业后不久,便发生了"文化大革命",很多人的读书学习受到影响,陈国伟亦是如此。1976年拨乱反正后,他深觉这十年的时间必须争回来,于是更加拼命地看书、写作。

写作一直是陈国伟的爱好和习惯。从1976年开始，甚至到退休后多年，他每晚七点准时开始看书、写文章，一直到晚上十一二点，几十年雷打不动。从前医院分配给他的住所只有十几平方米，里面要住一家六口，非常狭小，甚至没有地方放座椅，客人来了只能坐在床上。能写字的只有一张不到一米的饭桌，女儿要在那儿写作业，陈国伟只能在缝纫机的衣车面写作。他所写的书和文章，都诞生于这个小小的衣车面上。艰苦的条件没有改变陈国伟写作的热情，有时突然有了灵感，即使已经睡下，他还会半夜一两点起来写。凭着这样的写作热情和毅力，陈国伟出版了多部学术专著，得到业界广泛的认可。其中，《现代临床实验诊断学》和《现代急诊内科学》立足于临床，为医生们的实际工作提供了详细有效的方法。《现代临床实验诊断学》和《现代急诊内科学》双双获得了广东省科技进步三等奖、广东省医药卫生科学技术进步二等奖。

1993年，在前两本书的基础上，陈国伟与美国乔治·华盛顿大学医学院终身教授郑宗锷合作主编《现代心脏内科学》，荣获了第六届国家图书奖、国家卫生部科技进步二等奖。2002年，陈国伟主编的大型内科参考书《高级临床内科学》出版，同样广受认可。对于著书，陈国伟倾注了全部心血，凡事都亲力亲为，由于担心邮寄原稿会丢失，他甚至将几十斤重的原稿亲自背到出版社。

除了专业的学术写作外，陈国伟非常看重医生的社会宣传责任。中国有很多慢性病不能得到有效控制，原因之一就是老百姓具备防病、治病的知识太少。医生能医治的患者数量终归是有限的，应该教会老百姓如何预防疾病。因此，陈国伟写了很多文章来科普疾病防治知识。

科普文章的写作不同于专业论文，首先语言要具有通俗性，讲述的方式要引起老百姓的兴趣，同时还要具有科学性，所讲的内容必须严谨准确，这就更加考验写作者的专业素养和文学功底。在多年的科普文章写作

写作中的陈国伟

中,陈国伟也总结了一套自己的写作经验。例如,介绍尿崩症,这个病的特点是每日的排尿量异常增高,造成患者口渴而大量饮水,从而陷入饮水后排尿、排尿后饮水的恶性循环。然而,这是一种对普通人来说非常陌生的疾病,如果标题是《介绍尿崩症》,那么读者可能提不起兴趣。于是,陈国伟将标题写成《一手拿尿壶,一手拿茶壶的病人》,这样一来,读者便会产生好奇,从而去了解这个疾病。

科普文章更需要在文字上下功夫,利用标题和文笔抓住读者的眼球,非常考验写作者的文学素养。陈国伟在写作过程中,常常活用典故、引用诗句。例如,介绍心绞痛,为了吸引读者,他会写"从东施效颦开始说起";要介绍脑中风的先兆,他便写"山雨欲来风满楼"。如此,科普文章既有了文化底蕴,也引起了大家了解疾病的兴趣。虽然对于医学界而言,科普文章的学术价值不如专业论文大,但陈国伟也一直坚持写作科普文章,因为他认为从受益范围的角度来看,一篇好的科普文章甚至能抵得过十篇医学论文,作为医生,这是他应该承担的社会责任。

陈国伟有一本小册子,记录了几十年间他写过的 500 多篇文章。笔耕不辍,是他人生最真实的写照。他始终认为,作为一个医生,除了要治好

1988 年,陈国伟(右一)参加广东省科普创作研究会年会

患者，还应该将这些经验教训传播给别人，让一个人有限的知识发挥更大的作用。

写作并不是一个闭门造车的活动，尤其编写专著，更是一个与人沟通的过程。在编写《高级临床内科学》一书时，陈国伟聘请了很多国内一流的专家教授，他们都是各个学科领域的带头人或主任委员，如中国工程院院士、上海第二医科大学瑞金医院的王振义教授。请这些专家不仅需要人脉，也需要诚恳的态度。当时，陈国伟的名气还不是很大，要邀请大教授们来写文章绝非易事，他拿出一颗赤诚之心，将自己摆在一个学生的位置，虚心请教，请求帮助，最终打动了这些大学者，促成了《高级临床内科学》的完成。

"教学是一门艺术"

陈国伟的真诚也体现在日常的工作中。1995年，他开始担任大内科副主任兼心内科副主任，主管医疗直至退休。在担任副主任的这六七年里，为医院引进人才是陈国伟做的一项重要工作。

引进人才不仅要考虑能力，更要顾全大局。1999年，陈国伟去意大利米兰参加欧洲高血压会议，会上偶然遇见了在当地读博士后的陶军。两人一见如故，谈话中，陶军表达了自己回国的想法，于是陈国伟向他提议到中山医来。在陈国伟看来，陶军的专业素养很好，而陈国伟看中他，更是因为他的组织能力——当时陶军是米兰的中国留学生学生会主席。陈国伟做了很多沟通和协调的工作，才把陶军引进中山一院。事实证明他的付出是值得的——后来，陶军为中山一院高血压血管科的建立和发展做了大量工作，使科室的影响力有了全面提升。

面对科室的发展壮大，陈国伟谦虚地表示："这不是光靠我一个人做出来的成绩，也得益于大家的合作，正是因为大家信任我、认可我，彼此关系融洽，相互合作扶持，才能够一起做成这些事情。"

对学生们来说，陈国伟是一个值得尊敬和受大家喜爱的老师。他在医学院的授课，一直受到学生们的欢迎。陈国伟讲课有几个特点：第一，学生能看懂的他不讲，他只讲难点；第二，他善于利用临床的经验和实际的例子，将内容讲得通俗易懂，避免照本宣科，幽默风趣的语言使课堂生趣益然。陈国伟对此深有心得："教学是一门艺术，它和唱歌很像，同样的歌词和旋律,不同的人唱就有不同的风格和水平。"

陈国伟将他对临床实践的重视带到了对学生的培养上。他非常看重总住院医师这个工作,因为它能够让医生得到很好的锻炼。内科的总住院医师负责内科所有的病人以及全院的会诊,这不仅能培养医疗素养和医学知识,也能锻炼应急处理能力和独立能力。陈国伟鼓励年轻医生承担总住院医师的工作,他说:"如果能把总住院医师的工作做好,那么今后的路子会更宽、知识面更广、人脉更多。"从医生涯中,陈国伟先后培养了硕士研究生6名、博士研究生8名,并且长期参加医学院的授课和教务工作,为医学教育贡献着光和热。他将自己的学生看作兄弟姐妹,一视同仁。他会尽量让学生们参与自己的项目,甚至请他们担任专著的编委,给学生更多表现自己的机会。《心血管病最新诊断与防治策略》的第一主编,便是由陈国伟的学生担任。所有著书,只要他的学生参与过,都会留有姓名。"我不仅是在培养他们的能力,也是为了让他们能早日在医学界发出自己的声音。"

术精岐黄凝妙笔,抱诚守真赤子心。如今,陈教授已经告别医疗的第一线。但即使是退休后,他也不放弃学习,还时常回到医院,了解科室最新的情况。当年初到广州时,仅有三栋矮楼、医疗条件有限的中山一院,如今已成长为高楼林立、医术先进的大型医院;而他培养的学生、一心为之奉献的科室,也都在心内科领域持续发光发热。他说:"当初确有艰辛,但如今回望过去,我觉得这一切都是有价值的。"

(整理:邱秋)

孙培吾：一把刀救人，一颗心救世

【人物简介】孙培吾，男，1931年11月出生，浙江省上虞人。1954年毕业于河南大学医学院医疗系，1954年至1962年在湖南省结核病医院创建胸外科并担任胸外科主任，1986年起任中山一院心胸外科主任医师、教授、博士生导师，心外科主任、心血管疾病研究所副所长。从事心胸外科医疗、教学和科研工作60余年，着重研究复杂先心病及重症心脏瓣膜外科。曾先后任中华医学会外科学分会会员、中华医学会胸心血管外科学分会委员、国际心血管外科学会（亚洲区）会员、中南六省心血管外科学会副主任委员、广东省胸心血管外科学会副主任委员。担任国家自然科学基金和卫生部科学基金评审委员，《中华胸心血管外科杂志》《中国胸心血管外科临床杂志》《临床心血管疾病杂志》《中华创伤杂志》编委，《新医学》《中华外科杂志》特邀编辑委员。主编《实用心胸外科学》《胸外科手术图解》2部专著、参编专著6部、发表论文70余篇。1958年获卫生部技术革命先锋奖，1980年获湖南省卫生厅、省科委奖励9项，1988年获评广东省高教系统先进工作者，1995年获国家科委科技进步二等奖，2010年获中国医师协会心血管外科医师终身成就奖，2016年获广东省医师协会心外科终身成就奖，2018年获中华医学会小儿心胸外科终身成就奖。

兄长重病立志学医，机缘巧合进入外科

孙培吾六岁的时候，举家搬迁到上海，他在上海完成了小学、中学的学业。他立下学医志向，起于家中哥哥的病情。哥哥经常因为肺结核咳嗽吐血，不能去工作，孙培吾就想学医把哥哥的病治好。高中的时候，他已经跟医院里的医生学了打气腹治疗肺结核的简单办法，买了针头、橡皮管、大注射器，给哥哥一筒一筒打气，进行基础治疗，这为他日后的医学理想埋下了种子。

1948年高中毕业，孙培吾考大学的第一志愿就是医科。他报了三所医科学校，其中包括上海比较有名气的圣约翰医学院。虽然考取了，但是进这个医学院念书的多半是富家子弟，他自觉家里不是这样的条件，所以没去，而是到了南通医学院，中华人民共和国成立后又随老师一起去了河南大学医学院，一共学习了6年，1954年从河南大学医学院毕业。

当时结核病治疗属于内科领域，孙培吾也希望成为内科医生。然而，他毕业的那一年，因国家统一就业方向，只能就读于外科班。随着毕业分配工作，孙培吾来到了湖南衡阳的结核病疗养院，但这里又没有外科的工作可做。不久，国际上的胸外科开始给年轻的肺结核患者做肺叶切除手术，打开了肺结核外科的大门，孙培吾得到了发展的机遇。

当时，卫生部在全国成立了四个胸腔外科的手术队，孙培吾所在的湖南省结核病疗养院有去参加中南手术队的名额。然而，卫生部规定参与者的资历起码是做了十年的主治医生，或者是当了院长的外科医生。而孙培吾刚刚毕业才5个月，根本就不符合条件。当时疗养院的王院长到卫生部协商："疗养院没有符合条件的医生，但有个外科专业刚毕业的孙培吾。"卫生部领导考虑了很久，王院长又再次争取，一定要把这个湖南生的名额给他。最终，孙培吾得到了进入中南外科手术队工作的机会。

到了手术队里，除了孙培吾，其他医生都是老资格。虽然孙培吾的年资最低，人家都叫他"小孙"，但他得到的锻炼机会与其他人是均等的。手术队在全国巡回了超过一年半的时间，做了大量肺结核的手术。因为肺结核患者太多了，每到一个医院可以做几百例，要待上三四个月。在手术队的磨炼中，孙培吾慢慢地走上了胸外科的道路。他回到疗养院时，疗养院也正想开展一线的手术，本来想请湖南医学院的教授来指导他们做，但

是没等来，只能孙培吾自己带人做。

为第一例患者进行手术时花的时间很长，虽然这个手术对孙培吾来说很简单，就是做一个肺叶的切除，但因为患者有胸膜炎病史，增加了手术难度，从早上9点一直做到下午2点。做完以后，全院广播喇叭响起来，宣布手术成功，大家都高兴得不得了。那个年代，做肺部手术的都是高年资的医生，孙培吾刚刚毕业，学了一年多就回来自己单独做手术，国内还没有先例。紧接着，他们又成功做了3个手术，湖南省卫生厅的领导专门到医院里来为他们开了一个庆祝大会。

孙培吾下乡时在湖南郴州城关镇大队办心脏病赤脚医生学习班

此后，疗养院希望继续开展手术，但医院收治的都是一些慢性的结核患者，做手术的机会很少。湖南省卫生厅看到他们的胸外科各项工作开展得很好，就让其他医院把患者转院到疗养院来做手术。可当孙培吾来到长沙的一家结核病疗养中心，却吃了闭门羹。因为那时候能做肺部手术是非常了不起的事情，对方不相信他们能做，嘲笑道："你们能够做肺部手术？我不能把患者拿给你们开玩笑。"

后来，孙培吾就又跑了长沙好几个地方。最终有一家疗养院接纳了他们，这家疗养院共选了10名患者转来做手术。手术很成功，轰动了整个长沙，此后，就不断地有患者找到他们。从1954年开始一直到1958年，孙培吾差不多做了300例手术，这个数量在当时算是比较大的。

1958 年，因在开展肺结核外科治疗上取得的优异成绩，孙培吾获卫生部"卫生医药技术革命先锋"称号，在全国各战线先进模范大会上受到周恩来总理的亲切接见。

筚路蓝缕，攻坚心脏外科

胸外科的发展，在国际上是从肺结核开始，慢慢地到慢性肺脓肿及肺部肿瘤的治疗，扩大到二尖瓣扩张研究，再到心脏大血管的手术，医生的培养路径也是这么过来的。

1954 年，我国第一例采用英国技术实施的二尖瓣闭式扩张手术的成功轰动了全国，从此打开了国内胸外科心脏手术的新局面。当时，孙培吾在结核病疗养院做出了成绩，加上中央领导接见过，获得很高声誉。可他并不满足于既有的成就，而是想尝试研究国内常见的瓣膜病变问题。结核病疗养院没有心脏手术可做，他便跑到衡阳医学院附属医院，完成了湖南第一例二尖瓣闭式扩张手术，引起了很大的轰动。

广西百色人民医院胸外科的马恒秉主任听说孙培吾成功做了心脏手术，马上写信邀请他到广西百色去帮他们开展业务。当时孙培吾才 29 岁，大胆接下了这个任务，抽时间带着护士和麻醉师三个人一起从湖南出发到广西，成功

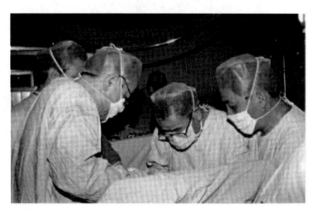

孙培吾正在进行心脏手术

完成了首例低温心内直视房间隔缺损修补及主动脉瓣膜切开手术。

那个年代的医疗条件很艰苦，还没有体外循环机的应用。要开展打开胸部直视心脏的手术，就发展了低温技术：把人体温度降低到 30 摄氏度，可以把上下腔的静脉阻断，将主动脉夹住，把心脏切开，在 6 分钟之内把心脏的病变处理完成。

6 分钟的时间完成手术，要求医生的动作要非常快，进而训练了心脏

外科医生直接果断的心志。除了依靠主刀医生的本领以外，团队协作也相当重要。主治医生、麻醉医师、手术护士，都要一条心。手术过程中，孙培吾要把控全局。手术前，护士和麻醉师先讨论好如何配合手术的每个步骤，并按照孙培吾的要求来调整。比如，降温过程有时候容易产生酸中毒，所以，孙培吾就要求按照患者体重用一定量的苏打水调在一个静脉桶里面，专门为做手术补应。手术过程中，降低人体温度很不容易。要在手术室里面准备一个大浴缸，灌进冰水。麻醉师给患者全身麻醉以后，就把患者包在被单里拖下来泡到冰水中。体温降到32摄氏度以后再将患者抬上手术台，当患者的体温继续降到30摄氏度时，就要在6分钟内完成心脏手术。低温直视手术就是在这样的年代和艰苦条件下创造出来的。

1958年，我国引进第一台体外循环机，后来由上海的医疗器械公司仿制成功并普遍应用，心脏手术就没了6分钟的时间限制，没有经过低温直视手术训练的年轻医生很难想象老一辈医生经受的磨炼。

医学技术的引进大大促进了心脏外科的发展，也带来了机遇，中国心脏外科打开了新局面。体外循环为心脏外科开展、发展提供了更好的条件和机遇，让医生可以通过手术把坏掉的心脏瓣膜更换成人工瓣膜。第一代人工瓣膜是生物瓣。有医生从英国学习带回了资料，卫生部就在上海办了一个胸外科学习班，重点开展心脏外科学习，全国范围内有条件的医院的心脏外科医生都来研究瓣膜技术。

孙培吾参加了这个学习班，他的研究面临两个问题：第一个问题，这个生物瓣需要一个缝合架子才能够装到心脏里面去。于是，孙培吾找到内科医生伍汉超并与其合作。两个人到了北京，经过多方打听并努力争取，最终在第七机械工业部找到范春芳技师做了架子。第二个问题，要找到制作生物瓣膜的材料。他带上手术室的护士，联系好湖南省的屠宰场，采集猪的心脏瓣膜和牛心包，拿回来首先放在Hank溶液里面浸泡，去其可溶性蛋白，再以0.5%戊二醛固定，七天以后再裁剪，一针一线缝到瓣架上，每一片瓣膜都出自医生和护士灵巧的双手。

克服了一个个手术障碍，人工瓣膜终于做好了，接下来就可以找患者做手术。孙培吾记得有一个患者，是个19岁的年轻小伙子，他的心脏二尖瓣有问题，要换瓣膜。小伙子下决心尝试，但他手里的钱不足以支付手术费，孙培吾就自己补贴他，向他说明情况，没想到本来不被看好的手术成功了。此后，瓣膜手术打开了心脏手术的局面，各种不同形式的瓣膜也一代一代地更替。自 1979 年年底至 1985 年年初，孙培吾先后为 120 例患者完成了自制生物瓣置换，患者恢复得都不错，结果良好。有一个女孩子术后结婚、生育，随诊 20 年之久瓣膜仍然功能良好。

授人以渔，促科室发展

孙培吾当时工作的湘雅医学院最初由耶鲁大学开办。20 世纪 70 年代，中外医学交流逐渐增加。1981 年，耶鲁大学派了一个医学代表团来到中国，团长就是耶鲁大学胸外科的主任 A. E. Baue 教授。碰巧，团长提出要求，要看湘雅医学院心脏外科的手术，孙培吾就安排了一台二尖瓣置换的手术。对方很重视，提早到了手术室，全程仔细观看。手术结束，团长直接堵着孙培吾聊天，问他这个瓣膜哪里来的，孙培吾说这个瓣膜是自己做的，团长感到很惊讶。孙培吾又跟他说："瓣膜我们比你们做得好，但是在治疗先天性的心脏病方面，你们在国际上有优势，我想去学习。"一个月以后，经耶鲁大学医学代表团团长和卫生部、湘雅医学院领导的协商，通知真的来了，孙培吾要去进修的消息轰动了湘雅医学院。

到了耶鲁，A. E. Baue 教授把他引进美国耶鲁大学医学院纽黑文医院心外科，师从 Hillel Laks 教授，使他步入婴幼儿复杂先心病外科的领域。去学习的医生一般不能上台参与手术，但是特殊情况下可以上台做助手，孙培吾就这样学了很多先天性心脏病的治疗方法。Hillel Laks 教授送了孙培吾一套自己主编的书，书上写着"祝你工作顺利"，这套书孙培吾到现在还珍藏着。

1982 年，孙培吾从耶鲁大学进修回来以后，开始在全国范围内介绍美国心脏外科的情况。中山一院方大维老院长是胸外科出身，相中了他这个人才，就专门请孙培吾到广州来办学习班。学习班讲了 5 天后，方大维才说出邀请孙培吾到中山一院工作的心愿。后来，童萃文教授三次到卫生部做工作，要把孙培吾从湖南调到广州来。相熟的王泰来主任也劝孙培吾来接自己的班。经过 4 年各方面的努力，孙培吾终于被引进到中山一院工作。

1986 年，刚到中山一院，孙培吾就发现中山一院心胸外科的基础非常薄弱。图书馆里胸外科的教科书、杂志也没多少，心脏外科甚至连一个实验室也没有。改革开放后，中山一院的医生经常参加学术会议、出国交流,不断引进医学尖端人才,才逐渐打开了局面,大跨步发展。

孙培吾与王泰来教授合影

对孙培吾而言,他的目标不仅仅是来当个主任,而是要把从医多年的宝贵经验传下来,把严谨优良的传统建立起来。开展教学查房,他每看一个患者,就要讲这个疾病的解剖、病理生理、诊断、鉴别诊断等给学生听,这样学生就可以得到系统性的提高;平常工作中他发现学生在诊断治疗中不合适的地方,会毫不含糊地一一指出来,要求学生按照规范训练培养的做法加以修正。为了提高教学效果,每逢星期六,孙培吾还要来"小讲课",他要求学生提高积极性:"这个讲课不是我创造出来的,也不是湖南的传统,是我在耶鲁大学学来的国际通行做法。既然你们要我来当主任,请理解我并以这种模式和思维来做。"

孙培吾注重培养学生,是一位值得尊敬的老师,他影响了很多年轻人加入心脏外科事业中。他很重视与年轻人的交流和沟通。那时经济还没发展起来,物质生活比较贫乏,逢年过节孙培吾总是把留在医院的学生叫到家里一起吃饭聚餐,这个习惯一直保持到他退休之后,只是对象换成了科里最年轻的轮科或实习医生。碰到求知欲旺盛的学生,他不但赠送专业书籍,还会废寝忘食地给他开小灶,讲解工作中的重点难点,不止一位轮科的年轻医生被他的治学精神深深感染,选择从事心脏外科专业。"我很喜欢这个职业,我看到有学生来,我就说:'你们要学医了,学医还要学心脏外科。'我把心脏外科当成我的生命一样。"

就这样,孙培吾把不同的医学传统带到中山一院,丰富了中山一院心胸外科的底蕴，在交流中扎实促进了科室的进步。

孙培吾与苏廷宝医生、学生王治平探讨问题

伴随着心胸外科同期成长，60余载从医生涯，孙培吾亲身经历与见证了中华人民共和国成立以来我国心胸外科各个历史阶段的发展。他退而不休，直到2017年还坚持参与门诊、查房，开展日常医疗、教学工作，参加部分手术及外院会诊。2018年，他还在中山二院协助该院心外科华平教授进行完全性肺静脉异位引流（TAPVC）根治手术，经过7小时奋战，顺利完成手术。

攻坚克难，勇攀技术高峰

心脏外科是一门系统科学，和其他外科有些不同，分工比较多，风险相当高，孙培吾从一开始就非常重视心脏外科诊疗各个部分的发展与进步。

在建设扩大心脏外科ICU上，当时不要说重症医学，连SICU都尚未成立，由于心脏外科的特殊性，反而建立了全院第一个ICU病房。30多年前的ICU不像现在有那么便捷全面的监测设施，孙培吾和当时的ICU主任童萃文教授常常在ICU盯着患者，守在病床边，碰上患者病情比较重的时候，通宵达旦、夜以继日，甚至大年三十都能见到他们的身影。

心脏疾病的外科治疗，有先天性心脏病、瓣膜外科、冠心病等类别。

就发展的过程来讲,各地有各地不同的特点。在国内,南方的瓣膜患者就远比北方多,因此瓣膜外科开展得也比较早、比较多,相对而言,先天性心脏病的研究就开展得比较晚。尤其是复杂先天性心脏病,经常不只是一条动脉或静脉的问题,而是一个心脏里面可能同时存在 7 到 11 种畸形,要想办法一一去矫治。孙培吾喜欢搞这个研究,喜欢去攻克难题。

以前心胸外科做的最复杂的心脏手术就是四联症。学习归来以后,他开展了各种复杂先心病手术。自己科室发展了,他还到基层医院去打开局面。他带领团队到过广东省内的高州、清远、梅州、中山、揭阳,还去过省外的广西梧州等地的医院,去帮助他们开展心脏外科手术。用他的话来说,"无限风光在险峰",路总是要有人走的,麻烦的事一定是要有人去做的,走了,做了,总是能得到不一样的收获,大家都不做,那患者何以生存?医学如何进步?他把工作中遇到的复杂先天性心脏病的病例进行总结,提出了他自己的复杂先心病的命名规则,并在国际会议上宣读。

1996 年,孙培吾碰到一个左心发育不良的新生儿,他带领团队经过反复讨论和设计,为患儿做了亚洲第一例新生儿心脏移植手术。限于当时的条件,手术虽然成功,患儿后来却没能渡过排斥关,但手术还是获得了国内外的高度认可。

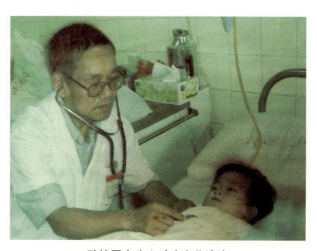

孙培吾在为心脏病患儿诊治

对心脏外科的执着投入,可以说是深深融入孙培吾的血液中,倾尽了他的毕生心血。他在全国复杂先心病外科治疗学术会议总结时的发言中说:"我热爱心脏外科,更热爱心脏。自生命体形成瞬间,它就自强不息地跳动。在人生旅途中,风风雨雨,即使它饱经沧桑,甚至停止跳动,但一旦复苏复跳,又会继续奋斗,迎接新的挑战,直至生命最后一息。"

(整理:李知真)

朱家恺：执着求索，奠基中国显微外科

【人物简介】朱家恺，男，中共党员，1931年1月出生，广东新会人。1952年毕业于中山大学医学院。曾任中山医科大学副校长、中山医科大学附属肿瘤医院院长，中山医科大学附属第一医院（即中山一院）副院长、骨科-显微外科教授、主任导师①、博士生导师。享受国务院政府特殊津贴。主要研究显微外科，尤其是周围神经外科。发表论文100多篇，其中多数是国内首次发表；主编学术专著《显微外科进展》（第一集、第二集）、《现代周围神经外科学》《显微外科学》等，参编《外科学》。指导硕士研究生18名、博士研究生17名、访问学者2名，获得科研成果奖22项，其中省部级5项。曾任《中华显微外科杂志》总编、《中国修复重建外科杂志》副总编、中华医学会显微外科学分会主任委员、中国康复医学会修复重建外科专业委员会副主任委员。荣获国家科技部、教育部"先进科技工作者""广东省先进工作者""广东省医学会突出贡献专家"称号，以及中国显微外科终身成就奖、中国康复医学会修复重建外科专业委员会终身成就奖。②

---

① 主任导师是当时医院设置的特殊职务，对著名或成就较高的科主任，在卸任主任职务后，被任命为主任导师，协助新任主任开展工作。

② 本文采写于2020年8月，朱家恺教授于2021年2月5日逝世。

治疗断指结缘显微外科

1931年，朱家恺出生于一个教师家庭。4岁时他就上了学，1947年高中毕业考入中山大学医学院，从此与医学结缘。

大学时，在同学的引导下，朱家恺阅读了不少进步书籍，了解了中国革命形势和前途，开始积极参加进步学生的活动，因此也成了被国民党当局注意的"左派分子"。1949年7月23日凌晨，国民党当局在广州石牌中山大学大举逮捕进步学生，跑出来的同学把消息告诉朱家恺，他早上赶紧离校来到了香港，果然上午10点军警就封锁了医学院。在香港，朱家恺在同学引导下继续参加进步活动，10月广州解放后，他乘第一班火车返回了学校。

1952年抗美援朝时，朱家恺被派到汕头执行反细菌战任务，开展爱国卫生、灭蝇灭鼠运动。同年，他所在的班级提前毕业，他被分配到中央师资班外科组，派到中山一院实习。一年内，在外科实习11个月，只有1个月到内科实习。因为外科的学习机会很多，朱家恺很早便学会了包皮环切术、甲状腺囊肿摘除术、阑尾切除手术等中小手术。

大学毕业后，朱家恺被分配到中山医学院第二医院外科当助教和住院医生。中山二院的管理制度与中山一院不同，当时的住院医生执行24小时负责制，收治的病人24小时内都由住院医生负责管理，值班医生只负责急诊。每个病区有45张床，只有1～2个住院医生管，上面有住院总医生统管病房、门诊、急诊、会诊等一切医疗与行政事务工作，包揽全院大大小小的手术。住院医生既要学业务，又要管好病人，还要做好准备随时被住院总医生提问，十分辛苦。

在这样严格的住院医生制度下，朱家恺精确地管理好自己的时间。每天6点起床，跑步、学俄文。7点吃早餐后就到病房去干活，更换伤口敷料，等待上级医生来查房和提问。查完房就去做手术，看管好麻醉。天天如此，从早上忙到中午，午餐后又回到病房写记录，还要时刻准备住院总医生来查房。晚餐后要回病房看书学习，晚巡视一次后才能回宿舍休息。晚上若有病人急诊住院的话，还得前来处理和做手术。星期天也要上半天班，只有下午休息半天，晚上又要回来干活，没有白天黑夜之分。

1956年，朱家恺被提为主治医生，并在系统外科教研组任教研组秘书。当时医疗、教学、科研都要一齐上马,医生既要管病房,还要负责门诊,常见外科病的教学有 36 学时,有大课、有实习,还有科研工作。外科当时有 4 个教研组,齐头并进。系统外科教研组本来是以普外和泌尿外科为主,但开胸、开颅清除硬膜外血肿、开腹切肝癌等手术也都做。

不久后进行教学改革,要建立专业组,人员与科室进行大调整。朱家恺调入中山一院,与徐锦森医生合作建立骨科,由邝公道教授直接领导。邝教授每周来一院查房、手术一次,其余时间便需要朱家恺和徐锦森独立解决医疗上的问题。当时骨科处理骨折以手法复位为主,手法复位失败后才进行开放复位,要学中医骨科小夹板固定骨折。所以,上肢骨折除了髁上骨折需要住院外,大多数是徒手复位、固定后门诊治疗。病房住院的大多数是下肢骨折做骨牵引,晚上要经常用床边 X 光机检查骨折对位情况,一天要从早忙到晚。朱家恺每周都要跟着邝教授到广东省中医院和佛山中医院向何竹林、李广海这些老中医学中医正骨,如中医手法复位、小夹板固定、摸脉、开中药处方等。

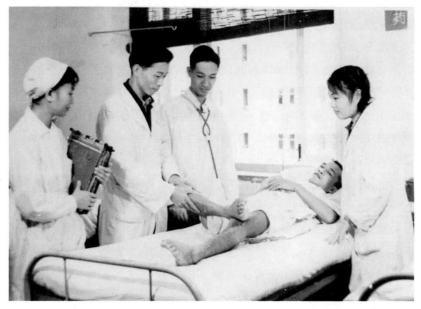

20 世纪 50 年代,朱家恺(左三)与徐锦森(左二)在骨科查房

1962 年,邝公道教授派朱家恺到天津参加中西医结合骨科学术座谈会。邝教授有意培养锻炼朱家恺,又带他去北京参加外科学术会议,要朱

家恺把骨折愈合组织化学实验研究的论文向大会报告。邝教授要求医生们参加学术会议前一定要认真总结自己的经验，组织稿件参加会议，会议时要细心听报告，做笔记，积极准备发言、交流经验和讨论，这才能真正学到技能，而这也使得朱家恺对学会组织和学术会议产生了浓厚兴趣。1964年，朱家恺被派到北京积水潭医院王澍寰教授处进修手外科。王澍寰教授1963年开始做显微外科研究，朱家恺从中学了不少吻合小血管的技术。

这时，中山医学院先后建立了眼科医院和肿瘤医院，也正准备建立骨科医院，计划分成创伤、骨肿瘤、小儿骨科、腰腿痛、手外科和运动医学6个专业。"文革"开始后，该计划被搁置，朱家恺到干校接受再教育。1969年6月，他回到中山一院外科，1970年才返回骨科工作。

当时要抓革命、促生产，向科学进军，朱家恺按上级的意见，断指再植用中药治疗，在医院的草地上种了三月泡等几种草药，有断指病人，就立即采药敷上去进行治疗，结果治疗了38例无一成功。工宣队师傅邓汝斌找朱家恺谈心，要他分析失败的原因，朱家恺不敢直说。邓师傅看出朱家恺的心事，愿意全力支持朱家恺重新用手术显微镜来做断指再植手术。于是，骨科开始新生，显微外科重整旗鼓。

1972年，中山一院召开断指再植经验交流会，骨科领导黄承达医生发动大家总结断肢、断指再植的经验，同时派朱家恺脱产开展毛冬青对肢体血管的扩张作用研究。其后，中山一院骨科共撰写了5篇文章参加断指再植经验交流会，强调用手术显微镜或放大镜和用中药毛冬青治疗断指，将治疗成功率提高到84.5%。

显微外科独立成科，开办杂志成立学会

朱家恺对周围神经外科的兴趣，缘起于1973年美国显微外科代表团来华访问时表演的动物周围神经吻合手术。此次观摩后，朱家恺开始收集有关周围神经的文献，在手术显微镜下做尺神经的神经纤维瘤切除手术、四肢神经缺损的束间神经移植手术。1974年9月18日，朱家恺做了第一例全臂丛探查手术，同时在工人连平师傅的协助下设计出一台对分辨运动与感觉神经束有帮助的电刺激器。

1974年2月，朱家恺开始做人工关节置换手术，其中有全髋关节置换术6例，全膝关节置换术4例，都是股骨颈骨折与股、胫骨巨细胞瘤作瘤

骨切除，长柄（10～15cm）全膝关节置换手术，手术效果较好。1977年结束下乡回到中山一院后，因为复查周围神经损伤束间吻合术的效果很好，朱家恺便撰文投稿到《中华外科杂志》，大力宣传了周围神经束间移植的效果。中山一院显微外科与周围神经外科的声誉，在他的不懈努力下慢慢建立了起来。

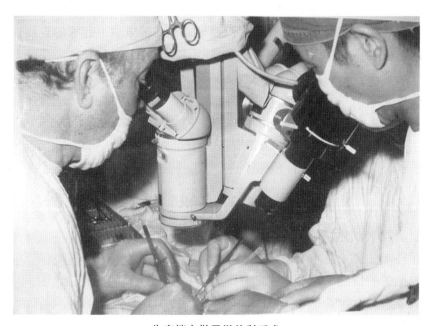

朱家恺在做显微外科手术

20世纪70年代末，中国正处在改革开放前夜、全民鼓足干劲奔"四化"的热潮中。由于在20世纪六七十年代，中山一院骨科成功完成了世界首例断腿再植，召开了全国第一届断肢（指）再植座谈会，也有以Harry J. Buncke和Horald E. Kleinert为首的美国显微外科代表团来访，再加上医院现代显微外科技术发展态势极好的局面，朱家恺与同道们萌生了成立专业性的显微外科临床科室、出版专业杂志的想法。

发展显微外科，要办杂志才能扩大影响，这就势必要把显微外科独立出来。1978年，朱家恺请示上级后，医院决定正式成立显微外科专科，骨科派朱家恺和刘均墀，连同从普外科调来的于国中、庞水发共4人做具体工作。

创科伊始，朱家恺、于国中、刘均墀、庞水发等医生认为，为了更好地发展专业、介绍显微外科和扩大影响,须及时学习、汇集相关国内外专业文献,于是从手工钢板刻印、油印开始,创办内部交流刊物《显微外科》。1978 年 8 月,《显微外科》季刊正式问世,免费分发到全国大专院校、省市医院和卫生机构,一时成为大家喜爱的显微外科参考读物。1985 年改名为《显微医学杂志》对外发行,1986 年又改名为《中华显微外科杂志》,杂志深受业界好评。"当时通常是白天上班,晚上读文献、写稿、刻钢板油印,大家忙得不亦乐乎。"回忆起当初那段白手起家的岁月,朱家恺感触很深。几十年来,《中华显微外科杂志》与中国显微外科事业共同成长,既汇聚了中山一院显微外科几代人的心血,也集聚了全国同行的厚爱与支持。

自显微外科建立以来,4 位医生齐心协力,一起学习和开展新手术。他们分头写文章和翻译杂志的文章,以应对每 3 个月出一期的《中华显微外科杂志》。既要撰写专业性文章,也要安排一些科普文章。在当时专业书籍比较缺乏的情况下,《中华显微外科杂志》起到了宣传、推广和介绍显微外科的重要作用。

1981 年,卫生部组织编写高等院校的教材,朱家恺参加编写骨科部分教材,共参加了 4 届编写工作。这时,朱家恺积极向裘法祖教授建议要把显微外科纳入教学大纲的总论里,裘教授同意并把写显微外科一节教材的任务交给朱家恺。此后,中山医学院就带头在外科总论建立了一节显微外科大课,并开设了显微外科的选修课,一直延续至今。

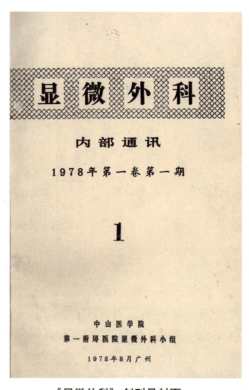

《显微外科》创刊号封面

当时,显微外科是一门新兴学科,随着医疗科研的发展进步,显微外科学术组织也相继筹划建立。1981 年北京积水潭医院程绪西医生主持的显微外科学术会议在青岛召开，会上，大家都很积极，同意筹备组织全国性显微外科学术组织，委托在北京和上海的同志到卫生部、科协、中华医学会等地方活动。1985 年，301 医院骨科朱盛修医生获得同意，成立中华医学会属下的显微外科学组。当年成立的显微外科学组筹备组，朱盛修担任组长，朱家恺任副组长。1986 年 6 月，长沙召开第一次全国显微外科学术会议暨显微外科学组成立大会，张涤生任顾问，陈中伟任名誉组长，朱盛修任组长，朱家恺、高学书任副组长。

会后，朱家恺先在广东开会转达全国显微外科学术会议精神，然后立即成立广东省显微外科学组，朱家恺当组长，钟世镇、余安定任副组长。1987 年 12 月，在三亚市（当时属广东省）召开全省第一届显微外科学术会议，正式成立广东省显微外科学组，制定了每个季度由各大单位轮流主持一次学术活动的制度，这个制度一直延续到现在。1989 年 10 月，在开平市正式成立广东省医学会显微外科学分会，产生了首届委员 27 名，选举朱家恺为主任委员，余安定、罗力生任副主任委员。1991 年 10 月，在中山市召开广东省第三届显微外科学术会议，确定今后坚持每季度召开一次学术活动的规定。

此外，朱家恺又筹办了全国性的皮瓣专题讨论会，于 1987 年 6 月在广东顺德（现为佛山市顺德区）召开全国显微外科皮瓣专题会议，讨论显微外科的定义、工作范围，以及皮瓣的命名、手术适应证等。这对促进显微外科的发展，规范皮瓣的应用起到了重要作用。会议期间还组织了全国性显微外科学习班，进一步宣传显微外科的优越性。此后，安徽、江西、河南、贵州、吉林等省纷纷响应，也先后成立显微外科学会，开展学术活动。显微外科学习班相继举办，专业书刊也相继出版，可以说显微外科在全国得以蓬勃发展。经过 3 年酝酿，全国显微外科学会于 1989 年 5 月 14 日至 16 日在江西九江庐山召开成立大会，选出张涤生为名誉顾问，朱盛修任主任委员，陈中伟、朱家恺、杨果凡任副主任委员，并确定 1990 年 10 月 10 日在杭州召开第二届全国显微外科学术会议。

身兼数职担重任，促进国际交流

改革开放后，朱家恺迎来了事业的上升期。1980 年 7 月，柯麟院长派朱家恺到澳门镜湖医院去协助开展显微外科工作。1982 年，中华医学基金会有留美的名额,选派朱家恺去美国。1982年5月,朱家恺乘机赴美,一年内,他主要在研究室做淋巴管静脉移植实验,并先后到纽约大学医院和纽约大学Belleoue医院观摩查房、参观Cabrini医学中心、在麻省总医院参观手术等,收获颇丰。1983年5月,朱家恺从美国返回香港,应香港大学医学院周肇平教授的邀请访问港大医学院骨科。

在朱家恺赴美期间,中山医学院委任他为附属第一医院副院长。1983年晋升教授,翌年又被任命为中山医学院副院长,他肩上的责任更加艰巨了。朱家恺白天仍在显微外科上班查房,管病人,做手术,但因为行政工作日益繁重,占了大部分时间,他少有时间开展显微外科业务工作,只能利用晚上抓紧时间看业务相关书籍。在中山医学院,朱家恺分管医疗业务,下设部门很多而且日益扩大,其中有医务部、几间医院,还有图书馆、临床学院和教学基地、护理系、护校、深圳医疗中心、医院外科教研组(任主任)、医疗事故鉴定中心等。凡是有教授病了,朱家恺都要过问,组织会诊,落实各项决定执行情况。"但凡现场有事,我都亲自到现场处理。我没有秘书,全靠一个笔记本,记下所有当天发生的事、汇报记录。"

1987年,学校领导决定建立肿瘤防治中心,由朱家恺当中心主任统一领导,兼任附属肿瘤医院院长和肿瘤研究所所长。其目的是要统筹肿瘤的研究与治疗的关系,改善院所的关系,促进肿瘤研究的大发展,同时还有筹建防癌大楼工作,任务相当繁重。朱家恺只能将勤补拙,天天到研究所各个科室做调查研究,经过和其他几位教授的共同努力最终圆满完成任务。

朱家恺担任中山医科大学副校长期间,组织开展了不少国际学术交流活动。1985年4月,由中山医科大学彭文伟校长领队,刘希正书记与朱家恺参加,应美国晓林大学(现译为维克森林大学)的邀请访问美国。之后转到纽约访问玛赫西国际大学,又到芝加哥、洛杉矶和三藩市访问,并签订了相互交流的合同。1986年1月,美国晓林大学的骨科教授Poehling在广州中山医科大学召开全国关节镜学习班,带来许多膝关节模型和器械进行现场示教。中山医科大学肿瘤研究所与晓林大学召开了三次学术交流会,又与国外知名医学院校合作召开国际临床肿瘤会议。彭文伟校长与杨子庄教授跟日本长崎大学签订了学术交流的合同,互派学者交流学术活动。朱家恺也应日本东京医科齿科大学骨科古屋光太郎的邀请,与袁浩主任一同前往日本访问,进行显微外科的学术交流,古屋光太郎教授也进行了回访。1990 年，朱家恺还邀请奥地利著名周围神经外科专家 Millesi 来中山医访问讲学，演示臂丛手术。所有这一切，对活跃中山医的学术气氛，带动国内外的学术交流氛围起到了积极的作用。

"解甲归田"，专心科研成果丰

1992 年 12 月，朱家恺正式卸任中山医科大学副校长职务，回到科室从事医教研业务工作，把大部分的精力集中到周围神经显微外科和神经再生的科研中，继续骨骼肌桥接周围神经缺损、雪旺细胞促神经再生的研究，并开始脊神经后根选择性切断治疗儿童脑瘫的手术。

此时，朱家恺依然活跃在显微外科学术界，积极参与各项学术会议，担任重要职务。1994 年，广东省第四次显微外科学术会议召开并举行换届选举，朱家恺继续担任主任委员。1990 年 5 月，张涤生教授在武汉组织成立中国康复医学会修复重建外科学会，朱家恺既是积极的参与者，也担任了学会副主委。此后，学会先后在青岛、武汉、大连、怀化、济南、昆明、黄山召开了学术会议，每届会议朱家恺都参加。

朱家恺在各大学术会议上汇报了自己的科研进展。1994 年 10 月 12—17 日在山东济南召开的第七次全国修复重建外科会议，朱家恺报告了周围神经损伤的基础研究。1995 年 11 月 8—12 日在昆明召开了第八次全国修复重建外科学术会议。2005 年 6 月 25—27 日，朱家恺参加了在暨南大学召开的第三届中韩生物材料与纳米技术研讨会，他在大会报告了题为 Reparation and Experiment of Tissue-engineered Nerve 的学术论文。

中国康复医学会修复重建外科学术会议是全国该领域学术交流的重要大会，朱家恺也在其中担任了不可或缺的重要角色。1993 年 3 月 20 日，在佛山市第二人民医院商议筹备全国修复重建外科会议，同时成立修复重建外科广东分会。1994 年 6 月 18 日，修复重建外科广东分会在佛山召开成立大会，朱家恺、陈之白、罗力生、余安定 4 位为顾问，余楠生担任主任委员，陈云赢、刘均墀、赵文杰任副主委。1995 年 3 月，在茂名召开第一届广东省修复重建外科会议。

1995 年 11 月，在昆明召开第八次中国修复重建外科学术会议时，会上有许多周围神经外科的临床与研究报告，但力量比较分散，因此很有必要将各方力量组织起来。9 位教授上书领导，要求在学会领导下成立周围神经外科学组。这一要求很快就得到了中国康复医学会刘秘书长和修复重建外科学会主任委员王炜教授的同意，当场决定成立周围神经学组，大家一致同意由朱家恺担任组长，罗永湘教授任副组长。

1996年3月，周围神经损伤座谈会在珠海召开，与会学者商议上书国家科委，要求今后能在国家自然科学基金立项，资助周围神经研究项目。该项目得到了珠海东大生物制药公司20万元资助，由学组支配，用于学组成员进行课题研究。2000年以后，大家都想再开一次周围神经学组的学术会议，但由于无法筹集足够的资金而不能实现。陈中伟院士和陈统一教授知道了学组的愿望，便建议他们在上海开会。最后，在2004年4月于上海中山医院召开了周围神经学组的周围神经损伤学术研讨会。除了学组成员外，会议还邀请了卢世璧院士、顾玉东院士和我国从事周围神经再生研究的科技工作者钟世镇院士、顾晓松教授、沈尊理主任等光临指导并分别做专题报告。这次学术讨论会检阅了我国当时周围神经外科的最高成就，与会学者都认为收获很大。

与会的专家一致认为，我国在周围神经基础研究和临床研究工作取得了很大成绩，有些项目已处于国际领先地位。对这些成果理应加以总结整理，乘这次学术讨论会的东风，由周围神经外科学组出面组织，主张编写一本水平比较高的专著。朱家恺和副组长罗永湘教授商议，先起草一份《现代周围神经外科学》目录，再多方面征求意见，修改补充了原来的目

朱家恺主持周围神经损伤基础与临床研讨会

录草案，最后邀请了 57 位国内专家、5 位外籍华人专家来写对应的专题稿。经过 2005 年一年的运作，他们用电子邮件的方式沟通交流书稿内容并审稿，终于在 2006 年 2 月完成了 170 万字的专著——《现代周围神经外科学》。

另外，朱家恺在生物组织工程学会的工作上也颇有建树。1999 年 9 月，广东省 7 家单位 20 余人参加了在上海召开的全国第一届组织工程学术交流会。大家体会到全国各地在组织工程学方面的研究工作相当蓬勃，但由于起步晚，在当时还停留在小而全的低水平重复研究阶段。组织工程学研究必须多学科交叉，互相渗透，上下游各个环节必须紧密结合，齐心合力，共同努力才能有突破。广东省、广州市已有不少单位从事着与组织工程相关的工作，无论是上游种子细胞和生物材料的制备，还是下游各种组织的培养，均有坚实基础。

有些项目如中山医的胚胎干细胞、人工角膜、人工皮、人工神经等方面的研究均有较高水平，中山大学、暨南大学、华南理工大学在研究生物材料方面都有很好的基础。凭着他们雄厚的实力，若能联合起来攻关，必将大大提高省内组织工程学研究的水平，完全有可能走在全国前列。因此，在上海开会期间，与会代表们当即集中商议，大家提出由中山医科大学牵头，组织全省工程学者成立广东省组织工程学筹备组，向广东省科学技术协会提出成立广东省组织工程学会的建议，同时积极筹备省内组织工程学的交流活动。经过多方努力，2001 年 9 月，广东省人体生物组织工程学会正式成立，在全国率先成立了人体组织工程学的学术团体，朱家恺担任首届理事长。学会坚持每个季度组织交叉学科的学术活动，一直没有间断，还组建了两个组织工程临床基地，准备开发组织工程产品，并开通网站方便交流信息和获取学习资料。这对于加快广东省人体生物组织工程从基础研究向临床研究开发迈进的步伐，意义深远。

作为中山一院显微外科的创始人之一，朱家恺对自己从事半辈子的事业饱含深情："显微外科的组建成立至今已 40 余年。40 年来几代人不忘初心，勤奋工作，业绩虽不至于惊天动地，但问心无愧。"教学上，科室培养的专业技术人才，包括硕士、博士研究生和临床医生、国内外访问学者不下千人，其中有不少成为国内外一流的专业人才；科研上，承担过几乎所有省部级以上的各种相关类型的重大科研项目，获得省部级科技奖项 3 次，出版专著 5 部，发表 SCI 论文超过百篇。更可喜的是，中山一院显微外科研发的神经修复材料——"神桥"已成功临床转化并推广应用，为广大患者带去了福音。

自1947年考入中山大学医学院，朱家恺至今从医73年、从教68年，无论在临床医疗、科研、教学方面，还是在学术组织建设方面，他都兢兢业业、热忱专注，凭着敢于开拓、执着求索的精神，攀登了一个又一个医学高峰。回顾一生，他自问"五颜六色"却"心清肚静"："两袖清风，没有害过任何人，一心跟共产党干革命，半夜敲门也不惊。"

（整理：杨清妃）

刘均墀：80岁生日当天，他以一台高难度手术宣布封刀

【人物简介】刘均墀，男，中共党员，1935年出生，主任医师，硕士生导师，1964年毕业于中山医学院。在显微外科、手外科方面的断指再植、吻合血管的皮瓣移植修复皮肤软组织缺损、组织器官移植、周围神经损伤的修复及手外伤后的功能重建等方面有丰富的经验。曾任中国康复医学会修复重建外科专业委员会委员、中国康复医学会修复重建外科专业委员会广东分会副主任委员、广东省医学会手外科学分会副主任委员、《中华显微外科杂志》编委、《中国修复重建外科杂志》编委。获广东省科学技术奖四等奖1次、广东省高教局科技成果一等奖1次、广东省高教局卫生厅科技进步二等奖3次。

"偶然"踏上学医路

1935年，刘均墀出生于广东顺德，1958年考入中山医学院医疗系。当问及为何会选择当一名医生，他笑着说："选择医生这个职业，也是很巧合的一件事。"读中学时，他的数学成绩不算太好，而当时的大学分为理工科、文科和医农科三大类，其中医农科是不需要考数学的。为了考上大学，刘均墀扬长避短报考了医农科。

当时广州医学院实行五年学制，中山医学院为了培养高级师资，将学制延长一年，采取六年制。彼时已经23岁的刘均墀考虑到自己入学已经比别人晚了几年，不论是多读一年书还是毕业做教师都不是他心仪的选择，于是将广州医学院作为第一志愿、中山医学院作为第二志愿填报。谁知录取通知书到手，他才发现自己被中山医学院录取了。就这样，他进入了中山医学院，正式推开了通往医学殿堂的大门。

在中山医学院就读的日子里，刘均墀渐渐对外科产生了浓厚的兴趣。在他看来，比起复杂的内科，外科工作的干脆利落更符合他爽朗直白的性格，正是他所需要的。1964年毕业后刘均墀参加下乡工作，在农村待了一年，次年回到广州，8月开始便作为住院医生留在中山一院，从事外科医疗工作。

刚进入医院时是不分科的，当时的外科只有泌尿科、脑外科、普通外科、小儿外科、肝胆外科、骨科和胸外科。刘均墀在每个区轮流待上几个月，还到麻醉科工作过。经过这样的轮转学习，他对外科每个科室都有了一定程度的了解，能比较全面地掌握外科里各个专科的技能。除胸外科和脑外科以外，所有的外科科室刘均墀都工作过，在这些科室里学习了许多手术的技巧和要领。

通过几年的轮科学习后，外科的教研组会给每个人定下专科。1970年，刘均墀被派到骨科工作。中山一院属于教

青年时期的刘均墀

学医院，在其中工作学习，让刘均墀强烈感受到自身努力的重要性。他回忆当时的情景时说道："主治医生查房时并不会讲很多，那些做不好的他会点一下该怎么做，我们只能够认真看，认真听，然后自己去学。手术的时候，你看主刀医生怎么做的，再加以思考，有没有需要改进的。"

做骨科手术"要精""要准"

跟普通外科医生相比，骨科医生的培养期更长。这是因为普通外科手术重复的方面比较多，更容易熟悉掌握，而骨科要应对的是颈椎以下的全身多个部位及各个关节，手术重复的方面就较少，没有五六年的临床经验都不能算是一个成熟的骨科医生。同时，一个关节又有多个切口，从不同位置切入就会有不同的情况，很难熟悉掌握，所以做一个成熟的骨科医生并不是一件简单的事情，需要在经年累月的经验积累中形成自己的判断。每次做完手术后，刘均墀都会把整个手术过程写下来，一是因为这个手术以前没做过，缺乏经验；二是要将这个手术术前、术中和术后的情况记录下来，以加深印象。他强调在学习时要自己积极思考，他说："看着老师（手术时）是怎么做的，每一步的步骤要怎么走，你就要边看边思考，不仅要反思自己的不足，还要观察老师的操作，处理得好就学习，处理得不好就改正。"

刘均墀还强调做骨科手术一要慢，二要准。他常常会去观察知名教授的手术过程，发现有的教授，如邝公道教授做手术的速度其实并不快，但手术时间却不长。这是因为邝教授刀刀都准确，每刀都不浪费，即使速度慢，手术的整体时间却可以缩短。要想达到这样的效果，必须对人体解剖十分熟悉，对正常组织等情况有准确判定的能力；如果对肌肉、神经、血管的位置不分辨明确的话，便很难做到刀刀准确。他说："做手术，下去一刀，要对组织结构有辨析：这个是不是神经，这个是不是血管，这一刀切到位了没有。有些人动起来很快，但是一刀下去，没有到位，又要重新开始。如果你下两三次刀才到位，而我一次就到位了，那我手术的时间就缩短了。"他强调手术时要做到锐性分离，和多次切割的钝性分离不同，锐性分离的每一刀都慢而准确，不下无用的刀。"外科手术技巧要点就是如此，有些人改变不了自己做手术的方法和习惯，那就不适合这个工作。我对年轻一代也是这样寄语的，要学会怎么去运用自己的技巧，灵活思考，把手术做好、做漂亮。"

把世界第一例"断腿再植"术拍成电影

20世纪60年代，全世界在断肢再植方面都是一张白纸。1963年1月2日，上海第六医院的陈中伟完成了全世界第一例断手再植手术，揭开了中国断肢再植的序章，中国成为世界上第一个成功接活断手的国家。1964年11月23日，中山一院黄承达、邝公道、黎秉衡为广州黄埔港务局船队工人梁锦开施行的"断腿再植"手术圆满成功，这是世界上第一例成功的断腿再植手术。凭借这次手术，中山一院骨科当即声名鹊起，不少国内外专家纷纷前往中山一院参观学习，很多需要进行断肢再植手术的病人也都被送到上海第六医院或中山一院来做手术。

1972年左右，刘均墀再次结束下乡回到科内工作。虽然经过几年的不断探索和学习，国内一些大城市的大医院已经具备完成断肢再植手术的条件，但能完成的医院仍然只是少数，市级医院中能做断肢再植手术的也寥寥无几，县医院就更加不会做了。人们对断肢再植愈发重视，从各地赶来中山一院参观交流的医生和从海外远赴而来的专家代表团络绎不绝。为了适应这种形势，中山一院骨科决定联系珠江电影制片厂（以下简称"珠影"），将第一例断腿再植病人的受伤情况、手术过程、术后恢复情况等拍摄成一部电影，以供交流学习。这一任务由刘均墀负责，他不仅要联系珠影的工作人员协助短片制作，完成剪辑、配音、放映、讲解等工作，还要在其他医院同行来参观时，播放影片给他们看，并带他们查看科内患者的情况。此外，刘均墀跟随黄承达教授去别的医院开办的断肢再植训练班讲学时，也会给那里的学生们播放这部短片，这样就能更直观地讲解断肢再植手术的基本情况和要点、难点等内容。

断腿再植手术成功后，中山一院骨科声名大振，不断有新的患者从全国各地赶来做手术。有一次，一位断指的工人半夜来到中山一院。原来，他在飞机零件制造厂工作，操作机器时发生事故，断了三根手指，工厂连忙用专机把他从宜昌载到广州做手术。刘均墀和同事们半夜起来给他做手术，最终接活了两根手指。还有一次，汕头一个工人的手被电锯锯断了，他马上坐飞机来中山一院做手术。做完手术以后，刘均墀担心患者的伤口在愈合过程中会出现组织与组织之间的粘连、手指活动不灵的情况，但过几个月后患者来复查,手部的功能恢复得特别好,完全不用做第二次手术,术后效果让患者连连称赞。

从显微外科到《中华显微外科杂志》

1978年以前,显微外科和骨科并未分科,显微外科的工作和手术都在骨科进行。1978年8月,外科抽调了骨科朱家恺和刘均墀、整形外科于国中和庞水发4名医生,加一名护士长、一名技术员,组成显微外科小组,分配4张床位,开始了显微整形外科工作。当时只有北京积水潭医院跟中山一院有显微外科,其他医院都是将显微外科的相关工作划分到骨科里。显微外科成立后,医院分配了10张床位,并让显微外科和脑外科在同一个病区。

显微外科不仅负责断肢再植、皮瓣修复和整形等手术,还与其他科室展开密切合作。1979年9月7日,由显微外科朱家恺、于国中、刘均墀等主持的国内第一例卵巢移植手术在医院获得成功,一位失去青春的女患者重获新生。该手术在妇科的密切配合下,千方百计找到了一位需要切除一侧卵巢、与患者血型相同、年龄相仿的女性。当天,两台手术同时进行,医生们没有选择经腹腔进行卵巢移植手术,而是选择经腹股沟。因为刘均墀缝合血管的经验比较丰富,便由他来为患者缝合主要血管。手术时间从早上9点持续至下午3点多,最终取得圆满成功。医生们又进一步做好了术后的抗排斥治疗,患者身体恢复良好,术后3个月出院,由此开始新的生活。

与此同时,1978年显微外科小组开始创办显微外科杂志,取名《显微外科》。《显微外科》杂志于1985年改名为《显微医学杂志》,1986年再次更名为《中华显微外科杂志》并沿用至今。1989年5月15日,中华医学会显微外科学分会在江西庐山成立,《中华显微外科杂志》即成为其机关刊物。《中华显微外科杂志》得到国内同道的高度认可,发行量以每年10%的速度递增,大大提高了中山一院显微外科在国内的学术地位和知名度,同时为国内同行提供了一个交流科研和展示临床成果的学术园地,更为学科的后续发展奠定了良好的基础。2019年,中华医学会杂志社分别赠予刘均墀等4位创办人一枚纪念玉盘,感谢他们对创办《中华显微外科杂志》做出的重大贡献。

亲手改良手术器械，用到耄耋封刀

1970年1月5日，云南峨山县发生7.7级大地震，当时尚在骨科工作的刘均墀是第一批半夜出发飞赴玉溪灾区为农村伤员做骨科手术的医生。在救援工作进行期间，当地还不断发生余震，情况十分危险，刘均墀回忆道："当时还经常有余震，人站在地上感受不大，但你看到对面的山头有沙石滚下来，就知道发生余震了。晚上看不见石头落，就看我们睡的棚子，如果棚子摇晃，那就是发生余震了。"一个月后，救治工作基本完成，救援队撤离，他还多留了一个月，在野战医院帮忙做手术。

中山一院显微外科刚开始发展时，并没有专门的手术器械，做手术的条件很艰苦。为了解决这个难题，刘均墀的恩师黄承达教授寻找到了其他科室的，但同样适用于显微操作的手术器械来完成手术，如眼科针、镊子、剪刀等；或是利用已有的器械，自己亲手进行改良，将它们改成适合显微外科手术使用的器械。没有合适的缝针，就用眼科针和尼龙线代替；需要小而尖锐的镊子，就把已有镊子的头磨尖。黄教授还利用牙科固定牙齿的钢丝制作了血管夹。当手术需要缝合血管时，血管不断流血，无法缝合，这时用血管夹将要缝合的血管夹住，就可以阻断血流，看清楚血管便于缝合。手术时碰到很小的血管，就用自制的血管扩张器将血管扩大，既方便手术时缝合，又能在手术后提高血管的通畅度。

刘均墀一边向老师学习，一边结合实际手术时遇到的情况，也改造出了很多实用的手术器械。因为手术时使用的缝针很细很小，如果使用一般的手外科镊子，针和线会卡在镊子的防滑齿里，操作不便。于是，他就把镊子磨尖，把内侧凹凸不平的部分磨平，这样镊子就能抓稳手术的针和线了。他还对黄教授制作的血管夹进行了改良，由于血管夹是钢丝弯成的，比较难拿稳，他便在血管夹上再加了一个钢丝绕成的小圆圈，使血管夹有更大的受力面积，手就能抓稳夹子了。有时血管容易滑出夹子，他就把血管夹的两片夹叶制成一长一短的形状，只要夹子里没有空隙，血管就很难脱离。血管夹的松紧程度也可以调节，既能防止太松夹不稳血管，又可以防止夹太紧导致血管受损。他还作了一个血管靠拢器，将需要缝合的血管用两个血管夹夹稳后，再用一个钢丝圈将两个血管夹串起来，有了钢丝的固定就能移动血管夹使血管逐渐靠拢，便于对准缝合。

在如今中山一院的院史馆内还专门收藏了一套比较齐全的显微手术器械，分大、中、小三套，上述设备基本都被收入其中，既有黄承达教授自己创作或修改的血管夹、眼科剪刀、尼龙线等，也有刘均墀在此基础上改进的版本。师生二人还一起做了关于小血管吻合的研究，使用气动持针器辅助手术，最细能缝合0.3毫米的血管。

显微手术中，放大镜可以说是必不可少的设备。当时没有医疗器械厂制作专门用于显微手术的放大镜，黄承达教授便联系了中山县（现为中山市）的一家眼镜店，让他们制作一个可以放大三倍的放大镜。黄承达教授考虑到自己需要佩戴老花镜，特意将放大镜嵌入一个钢丝架中，钢丝架可以架在平时戴的眼镜镜框上，实现"一副眼镜，三种功能"，既是放大镜，又是老花镜，还是平光镜。那时的显微外科在器械方面并不先进，也缺乏专业的设备，有了这些按手术需要定制的器械，实际操作起来就能更加得心应手。刘均墀做手术做到80岁，几十年里，他始终用自己做的器械来完成手术，这些精致而富有巧思的器械，在漫长的岁月中无声见证着他救死扶伤的行医道路。

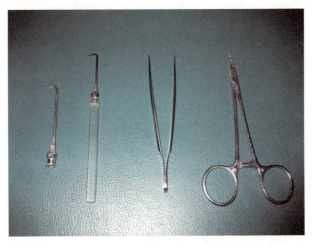

刘均墀使用过的手术器械

一颗仁心，挑战疑难

1974年，刘均墀作为医疗队的成员再次下乡，在一个农村的公社卫生院里当医生。有天晚上，一个手腕断了的患者，来到卫生院里找刘均墀救治。当时村里的卫生院医疗条件不好,手术风险很大,但村里交通不方便,如果不在村卫生院医治病人,时间一长,就会失去再植手术的机会。刘均墀再三考虑后,还是决定为患者实施手术。他用自制器械完成了这次手术,做完手术后,患者突然出现断肢再植反应性的胃出血,一直在吐血。一般而言,这种情况要给患者使用止血药,但是一旦使用止血药,刚接好的手又会因为药剂的作用导致血管阻塞而导致手术失败。刘均墀没有办法,只好再次铤而走险,决定不施加任何药物,看患者能不能扛过去。幸运的是,再植的手最终成功存活了下来,功能也得到了保留。

在显微外科工作数十年,一位患者让刘均墀印象深刻。他是中山大学的一位外语教授,早先接受了喉癌切除的手术,将喉、气管和一部分食道一起切除了,只能使用人工喉。放射治疗以后,患者病情复发需要做手术。这个手术难度很大,主要体现在两方面:一是这样的手术从来没做过,缺乏经验;二是既要修补食道,又要修补外面的皮肤,因为放射治疗以后皮肤疤痕的血液运行不好,切掉以后如果不补上,皮肤很难长好。最终,朱家恺和刘均墀选择用前臂的一个皮瓣来修复食道和外面的皮肤。他们在患者前臂处切了3厘米×7厘米的一块皮肤,然后将皮肤卷起来,缝在缺损的食道上,又将皮肤反折过来封闭食道外面的皮肤,用一块皮瓣就完成了既修复食道,又修复外面皮肤的任务。手术最后圆满完成,患者恢复得很好,还能继续给学生上课。在这之后,他们根据经验又做了好几例类似的手术。

1980年任主治医生后,刘均墀开展了小器官移植、小血管吻合实验研究及吻合血管的显微外科手术临床研究,并先后在《中华显微外科杂志》发表《第二足趾移植再造拇(食)指》《用于血液透析的动静脉内瘘50例报告》《淋巴管静脉吻合治疗淋巴管疾病100例报告》等论文。他于1982年任外科讲师,1989年聘任为副教授,1994年任主任医师,在此期间进一步开展显微外科疑难手术的研究,如断指再植及周围神经损伤的临床研究和治疗、肾移植手术、头颈部肿瘤切除术后组织缺损的修复等。他不仅对待工作一丝不苟,更具备医者仁心,对于一些在经济上有困难的患者,他都会精心制定手术方案,尽量一次性完成手术,不需要进行第二次手术,既为患者减轻痛苦,又减少了治疗所需要的费用。

言传身教，诲人不倦

中山一院显微外科于 1978 年成立，由小组规模转变为专科建制，1986 年更名为显微整形外科。朱家恺教授是第一任科室主任，第二任则是刘均墀。当时的显微外科虽然已经以小组的形式发展了数年，但对于一个新科室来说，人数还是比较少的。科室成立后逐渐开展招收研究生的工作，也开办了不少进修课程，吸引了全国各地的进修生前来学习。

刘均墀担任显微外科主任时，科内开办了一个显微外科的选修班，预备购置 15 部双人双目的台式显微镜用以教学。一开始科内没有显微镜，医院里只有一架单人双目手术显微镜。但是，单人双目的显微镜无法满足手术要求，因为手术时主刀和助手需要密切配合，如果只有一个人能使用显微镜，就没办法做到很好的协作。为了改变这一状况，刘均墀先联系了学院科研厂，将寄生虫学用的一台解剖放大镜与单人双目显微镜焊接在一起，变成双人双目的镜子，这样就能做到两个人同时使用了，又联系到镇江一个制作瞄准镜的工厂制作显微镜。当时，国内钢材很紧张，甚至可以说是部分工业产业的"硬通货"，如果想买工厂制作出来的显微镜，需要用钢材来换购。工厂已制作出了第一型显微镜，计划制作第二型，邀请刘均墀到厂里做第二型显微镜的鉴定。刘均墀趁此机会到现场和工厂里的负责人商量购买显微镜的事宜，坦言实在没有足够的钢材，能否通融。最终，厂商还是决定卖一台显微镜给他，显微外科这才有了第一台双人双目的显微镜。

显微外科日常工作还包括对研究生和进修生的指导。科室内开办了学生选修课，每年从医学院招收 30 名学生，指导手术操作。一开始先学习如何缝胶管，再用小白鼠做实验，练习缝血管，课程时间大致为半个月。选修班从五年级的学生里选，两人一组，使用双人双目的显微镜来完成一系列手术操作的练习，15 台双人双目显微镜便是为此准备的。此外，科内还办了一些面向广东省内或其他省市医生的学习班，为中国显微外科的事业培养了不少人才，刘均墀亦参与其中。

除了投身科内的教育工作，他也撰写了许多临床和科研文章，发表《前臂皮瓣移植修复喉癌全喉切除术后咽食道及软组织缺损》《游离皮瓣移植修复口腔颌面组织缺损 32 例临床分析》等论文，为显微外科的发展和教育工作做出了很大贡献。他还和中山大学附属肿瘤医院的教授们一起编写了《头颈肿瘤外科手术术式与技巧》一书，其中《头颈部肿瘤切除后组织缺损的修复以及临床应用》一章由他主编，主要讲述头颈部肿瘤的切除与修复，详细记载了许多头颈部肿瘤切除后缺损部位修复的方法和应用的实例，还研究使用游离皮瓣修复头颅颌面部肿瘤切除后的组织缺损，使肿瘤切除更彻底。

70岁时，刘均墀以硕士生导师的身份退休，随后被医院返聘，继续工作了10年，直到2015年，在80岁生日当天，他做完最后一台高难度手术，才宣布封刀。退休后，他还常常回到医院看看科室的情况，每年举办师生聚会时，科室也会邀请他来参加。他喜欢科室里团结融洽的氛围："我们显微外科很好，年轻的主任对我们几个退休的老同志都很尊重，所以我们现在都不错，整个团队也比较团结。"

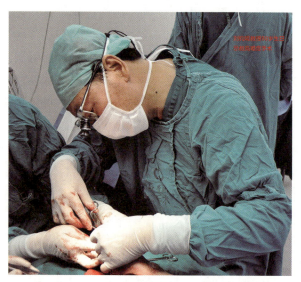

80岁生日当天，刘均墀完成一台高难度手术

50多年从医从教生涯中，刘均墀完成了上万例手术，为无数患者和家庭带去了新的希望。回顾过往岁月，制作的每一枚血管夹、完成的每一次手术、撰写的每一篇论文，都是他不辞辛劳创造出来的成绩，亦是显微外科的宝贵财富。

（整理：林晓宁）

李佛保：足球小子当医生，情牵骨科、心系患者

【人物简介】李佛保，男，中共党员，生于1940年，广东五华人。1958年考入中山医学院，1964年毕业后进入中山一院工作，担任外科医师。1973年成为主治医师，1993年任骨科主任，1999年担任骨科-显微外科医学部主任，2000年担任中山医科大学黄埔医院院长，2005年卸任院长及医学部主任。从事临床医学工作和研究近60年，擅长骨科专业，尤其对断指（肢）再植、颈椎病、脊柱侧弯及驼背、腰椎滑脱、骨肿瘤等的手术治疗具有专长。曾任中山一院骨科-显微外科医学部首席专家、中华医学会骨科学分会常委、广东省医学会骨科学分会主委、第六届中华医学会骨科学分会骨肿瘤学组组长、《中国脊柱脊髓杂志》副主编、《中国骨肿瘤病杂志》副主编。

放下足球，结缘骨科

20世纪四五十年代的中国新旧更迭，百废待兴，生长于广东省客家山区五华县的李佛保是这场变迁的经历者。李佛保少年的记忆，除了有足球，还有一些零碎的片段，比如外婆为生病的他使用的中草药，比如穷苦人家因贫穷无法得到医治而高高隆起的肿包。

1958年以前，对于少年李佛保来说，学医不是上选，踢球才是。身为一名热血的足球少年，李佛保浸润在中国足球之乡——广东梅州五华县足球运动的热情中。客家山区踢足球的氛围浓郁，他总会参与各种踢球活动，以踢球为乐，以练球为日常，向往今后能踢进职业赛。升入高中，他成为五华县足球代表队的一员，他一心扎进球场，为此牺牲了更多坐在教室里学习的时光。但受限于身体素质，他与职业足球生涯失之交臂，最终选择了学医。

1958年，对于升入大学的少年李佛保来说，学医是课业日常，踢球是课后社团实践，他二者兼顾。学医生涯从中山医学院开始，六年本科学习，他接受了中、西医不同模式的学习，广博的专业学习除了让他有了医学知识的储备，还让他具有了全科医生的医学素养。在繁重课业之余，他仍记挂着心爱的足球，一进入大学，他就加入了中山医学院的足球校队，还连续5年担任校队队长。从1958年到1964年，他带领球队连续5年蝉联广州市高校足球联赛冠军，并进入全国业界赛，球场战绩不断。1964年，他被推荐进入中山一院工作，从此，"足球小子"李佛保成了一名医生。

1964年下半年开始，对于初入医院的年轻医生李佛保来说，行医是日常，他收起足球，换上白大褂，拿起

球场上的李佛保

手术刀,开始跟着中山一院的前辈行医坐诊。按照医院规定,年轻医生须轮转科室进行学习,李佛保相继进入内科、普通外科、脑外科、心外科、泌尿外科等科室学习,最后进入骨科工作。

20世纪50年代末至60年代初,由邝公道、黄承达、朱家恺、徐锦森、黎秉衡、欧阳孝携手创办的中山一院骨科设于外科之下。在仅有40张病床的艰苦环境中,刚刚进入骨科的李佛保对前辈们的诸多课题及世界首创手术有所了解。在跟着前辈们学习的时光里,他总是站在前辈们身后,观摩着他们如何行医、如何坐诊、如何进行手术。他跟着说话简练、表达清晰的邝公道,接受来自中山一院骨科优良传统的熏陶;跟着来自武汉医学院、骨科基本功扎实的徐锦森,学习骨科基本功以及骨科技术;跟着科研头脑发达的黄承达,训练自己的科研思维;跟着读书万卷的朱家恺,学习理论知识。前辈们的专长各有千秋,年轻医生李佛保对骨科有了新的认识。让他印象最深的是,前辈教授们做腰椎间盘手术,总是从高处切到最低处,开口大而清晰。这种传统骨科强调的不拿切口大小衡量技术先进的观点,甚至成为他后来做手术的"信条"之一——手术暴露清晰,损伤小,才是先进。

中山一院断肢再植小组成员,左起:李佛保、陈以慈、朱家恺、黄承达

学海无涯,医学属于经验学科,李佛保将整所医院视为新的学习之所,同行亦是他的良师益友。沉浸在十年如一日的学习问诊中,"把患者治好"成了他朴实又真诚的行医任务。同时,他也获得了许多访学、培训的机会,与立于教授身侧观摩手术的学习体验不同,访学、培训使他获得

的不仅是骨科专业领域的深入学习，而且不同医院的学科设计与发展、不同地区的行医氛围，都充实了他的认知，开阔了他的眼界。

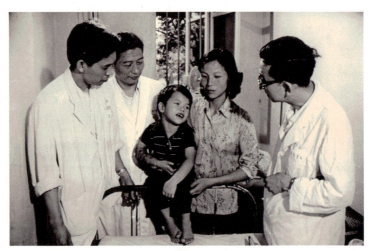

20 世纪 60 年代，为断臂患儿成功实施手术（左一：李佛保；左二：徐锦森；右一：黄承达）

1973 年至 1974 年，李佛保刚刚成为主治医师，便进入武汉协和医院学习，学习中西医结合治疗骨折。此次求学让他更加认可中医治疗骨折，通过前辈们的指导，他也学会了用中医治疗骨折的方法，运用小夹板，结合手法复位，提升了闭合性骨折的治疗效果。这次学习让他进一步认识到中医临床应用的成效，结合在中山一院半年的中医学习和幼时依靠草药治病的记忆，他从中西医结合的角度辩证思考，认为中医不应被过分夸大，既要看到中医对疾病的调理功效，也要意识到中医的局限性——中药经过化学成分提取后才能将效用发挥到极致。

穿上白大褂，李佛保遇到的困难不仅是专业的医学问题，英语也成为他学医、从医以来遭遇的一个重要难题。因为高中时学习的是俄语，进入中山医学院后，阅读教科书、上课听讲都需要有英语基础，为此，他非常苦恼。1984 年前往香港大学访学成为他重拾英语的契机，观摩了医院查房、病例讨论的英语应用情景，经历了英国、美国、印度等多国的文化用英语交流的场景之后，他下定决心要学好英语。回医院以后，他开始边工作边学英语，前往医院的英文培训中心学习英文和练习口语，他自谦说："达到勉强能够对话的水平。"经过系统训练，他在 1989 年前往美国学习，住在斯坦福大学的校区，跟随美国医生观摩学习，之后又前往洛杉矶参观，与当地中医合作，给华人医生讲课，丰富了自己的游学经历。

意气风发，开拓新篇

1978 年，李佛保来到北京积水潭医院进修。他对积水潭医院最深刻的印象是其细致的分科布局。如何划分病床？如何让病人选择骨科？正值青壮年的他意气风发，无数的想法盘旋在他的脑海中，渐渐生出"南方积水潭医院"蓝图的雏形，亟待他一展抱负。

当时，中山一院外科已经将显微外科技术应用于骨科、整形科，取得了较好的成果。在此基础上，医院先组建显微外科小组，后来又成立了显微外科专科，与骨科分立。与此同时，骨科也扩大了业务范围，病床增至50 张。部分医生转向显微外科方向，李佛保则继续留在骨科。

1993 年李佛保接任骨科主任，他更加关注骨科的分科细化问题。积水潭医院的进修经验告诉他，分科越细，业务越精准；前往韩国访问，韩国医院骨科、康复科的合并建设也激发了他成立医学部的兴致。为铺就蓝图，他希望成立骨科、康复科、显微外科三科结合的医学部，让三科相互补充。以腰痛为例，按照三科结合的设想，先让病人进入康复科进行理疗，效果不好再做骨科检查和手术；显微外科配合骨科手术，术后再回到康复科治疗。三科合并转为一个科室，能够让各科各司其职，更利于提升治疗水平。1998 年，医院围绕学校重点学科建设"用 5 年左右的时间建设一批国内领先的重点学科、重点实验室，使学校进入国内一流医科大学行列"的目标，在充分论证和评估的基础上，对部分学科进行了整合重组。1999 年，骨科－显微外科医学部成立，李佛保担任医学部主任。他重新审视重组的医学部，看到了显微外科患者来源的限制，看到了机器操作逐渐取代人工操作的未来发展方向，也看到了后起基层医院的奋勇直追，压缩了中山一院手术技术的红利空间。在这样的前提下，骨科－显微外科医学部要如何协作？如何分科？借着建设中山医科大学黄埔医院（即今中山一院东院）的东风，医学部步入新的发展阶段。李佛保参与了中山一院与黄埔区人民医院整合医疗资源的尝试。

20 世纪 90 年代，广州市黄埔区的医疗资源稀缺，以黄埔区人民医院为代表的区医院医疗水平比较低，运营状况欠佳。1999 年 11 月 18 日，黄埔区政府与中山医科大学签订了合作建设黄埔区人民医院30年的协议，采取所有权与经营权分离的改革管理模式，将黄埔区人民医院移交给中山医科大学，同时委托中山医科大学附属第一医院管理，中山医科大学校务会议研究决定聘任李佛保为中山医科大学黄埔医院院长。从骨科主任到黄埔医院院长，李佛保将他的医院发展图景扩大铺陈，将中山一院与黄埔医院相联系，筚路蓝缕开新篇。

黄埔医院初建时，中山一院派出七八十名骨干医护人员，将中山一院的先进医疗技术带往黄埔区医院，逐渐建成了五大基础学科——麻醉手术中心、影像中心、检验中心、病理中心和康复中心，骨科、内科、外科、妇科、儿科等10多个临床学科也相继组建完成。解决了人员、科室建设问题，李佛保又遇到了设备落后、医疗质量低等困难。他跟踪医疗质量建设情况，强调要时刻把握医疗质量，减少医患纠纷事件的发生；要求行政工作人员上午到各个科室参加交班，听取医生意见，在现场高效解决问题。黄埔院区就在这样高效率的工作环境中，逐步提升医疗质量。黄埔院区并入中山一院后，在担任黄埔院区院长的同时，李佛保依旧兼任中山一院的骨科主任、骨科-显微外科医学部主任以及大外科副主任。1999年，骨科-显微外科医学部进入医院建设三级学科梯队之一。2001年，原中山大学与中山医科大学合并；2002年，黄埔院区与中山大学附属第一医院正式合作，更名为中山大学附属第一医院黄埔院区，其中确定骨科-显微医学部全面扩编扩容计划。

这与李佛保的建设理想不谋而合，他打算将骨科-显微外科医学部整体迁至黄埔院区。同时，李佛保留意到骨科分科不清晰的矛盾之处，为此他将黄埔院区骨科分为脊柱外科、上肢骨科、下肢骨科，共120张病床。其中，上肢骨科包含显微创伤、手外科，下肢骨科包含关节、创伤。清晰的分科能够有效解决科室间矛盾，促进医生临床实践能力与技术水平的提升。2005年，医学部之下正式分设脊柱外科、关节外科、骨肿瘤科、显微创伤外科四个专科，增加病床至160张。

2005年，李佛保卸任医学部主任，黄埔院区骨科也进入了发展的新阶段。他自豪地认为，中山一院骨科整体实力已多年处于华南地区前列，其中脊柱侧弯手术数量、难度在全国名列前茅。

工作中的李佛保

注重质量，关心病患

卸任行政职务的李佛保仍在中山一院骨科坐诊，多年风雨无阻的行医生涯仍在继续。他带学生、看病人、指导手术，桃李满园。

行医数十年，他一直关心着患者。他认为身为医生，必须有扎实的基本功，学会与患者沟通，"对患者要有同情心，沟通要有策略"。在跟文化水平比较低的患者讲述关节炎时，他会舍弃较难理解的医学术语，通俗地讲解病症，比如解释"退行性变"的病状，他比喻说"骨头老了，就像皮肤旧了，头发白了"。他关注医患关系，担任黄埔院区院长时，他总是要求医院的行政人员必须完成每日"KPI"，要求医护人员要与患者沟通，倾听患者心声，满足患者之需。他任职期间，无一例医疗投诉。

面对学生，他要求严格。他认为研究生写文章不易，五年乃至十年的临床观察更需要"沉下去"。不浮躁，不仅是他对自己行医的要求，也是对学生的真切教诲。对年轻医生来说，扎实的基本功是基础，经常训练更不可少。要求严格，观察细致，导师李佛保十分关注年轻医生的细节学习。在查房时，他会与学生、护士讲述患者的病理、护理情况，能否起床，如何进食，手术情况如何，根据不同患者进行不同的讲解。他特别强调病理的重要性，患者的发病原因是什么，如何对症下药，他都慷慨讲述。同病不同症状，同症状不同病的诸多情况，都需要分析。他常告诫年轻医生不要过度检查治疗，认为治疗要"原生态"，诊断应优先采用便宜的、简单的方法，治疗以最小的创伤、受最少的痛苦、花最少的钱为宗旨。他在行业论坛中推广"原生态疗法"的概念，主张能不开刀就不开刀，一定要开刀，就尽量选择创伤小的开刀方法；用药方面，应该选用最经济、最实惠的药，不随便开高价药，不滥用药。李佛保遇到片子反映严重而临床表现很轻的患者，他主张用保守方法帮助患者渡过难关，最终治愈了慢性病。在数次骨科学术会议上，他强调过度检查、过度治疗与医患纠纷的关联。他希望医生是知识分子，也是哲学家，更是道德家，"医学知识是基础，学完后，能将医学理论进行融会贯通，进行哲学思考，再加上拥有崇高的治病救人的道德，才是一个真正意义上的医生"。从教几十年，他培养了大批学生，可谓桃李满天下。

行医多年，李佛保在学生的心中留下"做手术从未失手"的传奇印象。李佛保说，他只是在手术过程中善于应变，术后亦善于反思总结罢了。

李佛保用"野草蚂蚁"比喻自己的从医生涯。"我像野草上的蚂蚁，艰难地扩建蚁窝，又传承前辈没有高科技的'天气预报'，也能及时预告下雨，让世代避开灾难。"他带着信念投入骨科医学事业：拿起手术刀，他追求直接高效，让复杂变简单，让困难变容易，让危险变安全；穿上白大褂，他关注患者之需，让患者花钱少、身体好；用仁德医术、医者仁心营造医患之间和谐关系。蚂蚁之辛劳，亦如李佛保的半生从医经历。他继承前辈的仁心医术，开拓骨科的发展坦途，让患者获得医治，为百姓谋得福祉。

年少的足球梦已经远去，李佛保将自己的人生奉献给医学数十年。成为医生，需要起早贪黑，风雨无阻，他会感叹行医的辛劳，却无言付出，不求回报。少年驰骋绿茵场，悬壶济世六十载，共同组成了他的精彩人生。

（整理：唐嘉璇）

第四章 妇产科与儿科

孔秋英：此生无悔入妇产，用爱温暖无数人

【人物简介】孔秋英，女，中共党员，1938年9月出生，广东五华人。1957年考入中山医学院，毕业后留校在附属第一医院从事妇产科临床工作。1966年前往连南县人民医院支援山区医疗；1971年回到广州市东山区人民医院工作；1977年回到中山一院妇产科工作；1984年起分别担任党委办公室主任、党委副书记、纪委书记；1994年任中山一院妇产科主任及妇产科教研室主任，教授。享受国务院政府特殊津贴。曾任广东省医学会超声医学分会副主任委员、广东省超声医学工程学会副会长。在国内率先组建妇产科专业超声，开展介入超声及多普勒超声的应用，在妇科疾病超声诊断和胎儿畸形产前诊断方面做出突出贡献。在重要的超声和影像类期刊发表多篇论文，主编由人民卫生出版社出版的专著《妇产科影像诊断及介入治疗学》，并参与撰写多本相关专著。①

---

① 本文采写于2020年8月，孔秋英教授于2021年9月20日逝世。

孔秋英出生于梅州市五华县的贫下中农家庭，父母不识字，家里很穷，常常吃不饱饭。虽然是个女娃娃，但孔秋英从小做事麻利，干活勤劳，是村里的干活"好把式"。犁田、插秧、割草、养牛、挤牛奶等什么都做，她养的牛比村里专人养的还要肥壮。

田野乡间的活计很多，却没能阻挡得了孔秋英学习的热情。"我一边上工，忙完工了马上洗脚上学，就这样半工半读，利用各种点滴时间来学习。"中学期间，孔秋英还是个体育特长生，最突出的是高低杠、平衡木等体操项目。她还曾经代表粤东专区参加1956年在广州市举行的广东省第一届运动会，参加体操及田径比赛。1957年，孔秋英从五华中学考入中山医学院。全年级200多人，考上大学的仅32人。而考上大学的女同学，只有孔秋英一个"独苗苗"。

在偏远的农村，医疗条件落后，孔秋英或目睹或听闻了不少妇女因生小孩难产而死的例子。当时她便暗暗立誓，自己能读医就要去妇产科。"在妇产科能救很多妇女，特别是农村的妇女。"孔秋英怀揣着这样的想法，在中山医学院认认真真地完成了5年的专业学习。大学毕业后，孔秋英很想到农村去，但学校让她留下来，传染病科、儿科、妇产科都希望她能去工作。妇产科首先选中了她，科主任称赞孔秋英"手脚很灵"，要她留下来做妇产科医生。妇产科本来就是孔秋英的初心所在，她几乎没有犹豫，便一口答应了下来。

韧：点滴进步稳基础，先立事业后成家

"重视基础"是孔秋英在中山医学院读书期间，柯麟院长反复强调的一个词。进入了妇产科以后，科主任林剑鹏教授也向住院医生提了同样的要求："凡事打好基础，切忌好高骛远。"妇产科打基础，就是要先多看一些正常的病例，熟悉了正常的情况，异常的就很容易发现了。产科要从正常分娩的手术开始做起，不能一开始马上就做剖宫产、钳产等难产手术。在产房接顺产300例以后，才做难产手术。打基础的训练，可以多做一些产前检查，熟悉胎儿的正常位置。妇科同理，多做一些正常的妇科检查，一遇到异常状况，就能够很快分辨出来。

产科难产手术，如下产钳，操作不复杂，但摸清胎头的具体位置很重要。若胎儿面部在孕妇盆壁的左和右侧，下产钳就会伤害胎儿面部，故此

手术操作需要先准确定好胎儿头部的位置，这是基础。

妇产科的工作辛苦，要求也高，主治医生以下的医生要在妇科、产科轮转。医生们值班时更辛苦，常常超过24小时连续工作，中午在产房值急诊班，下午5点半后又到产房值班，处理急诊及全科病人。有一次孔秋英值班时连续做了五六台手术，有宫外孕、剖宫产、臀牵引等，还抢救了产后大出血的患者，最后因劳累过度昏了过去。但她处理的患者都得救了，她感觉既值得又欣慰。

在中山医求学期间，孔秋英就一直积极争取入党，是党组织培养的对象。到了妇产科后，身为党员的科主任林剑鹏教授专门找她谈了一次话，他让孔秋英更加严格地要求自己，做什么事都要在住院医生中起带头作用。当时医院要恢复24小时住院医生负责制，要求医生全天24小时待在医院里，星期天大家轮流休息。而且只能在饭堂、宿舍、图书馆、病房这四个地方待，不能走到其他地方去，要求非常严格。林主任还说，孔秋英你要带头，"先立业，后成家"。妇产科多数医生是在工作5年后升为主治医师才结婚的，林剑鹏主任也是如此。当时的孔秋英还没谈恋爱、没结婚。她便毅然舍弃小家的经营，认真干着自己热爱的事业，不怕苦与累，不断提升自身的专业技能。

敢：当机立断救两命，百炼成钢添荣誉

住院医生阶段，孔秋英的工作指导思想就是要严格要求自己，积极争取一年后转为正式党员，所以她很注意对自己专业性的要求，她也在这个时期为自己的妇科、产科业务打下了良好的基础。

1965年，孔秋英参加农村医疗卫生工作，作为指导员，带队到了中山县沙溪公社。当时要跟农民同吃、同住、同劳动。孔秋英在这期间医治了不少危重患者。"那时候没有老师，只有拿书本做老师啦！"孔秋英回忆起那段时光，颇有感慨。农村妇女难产手术类型繁多，很多状况是孔秋英在住院医师时期没有遇到过的。但由于前期基础打得扎实，所以即使是第一次面对陌生的病情，孔秋英也能沉着冷静地回忆课本知识、模拟书上的手法，顺利解决横在眼前的一道道手术难关。"像有个产妇的胎儿胎位是横位，临产时胎儿的一只手掉下来，怎么办？现在是剖宫产处理，那时我们不这样，我们施行内倒转手术，就是医生把胎儿手消毒好塞回子宫腔里

面去,再拉出胎儿脚,做臀位牵引术,这样就避免了开刀剖腹。"

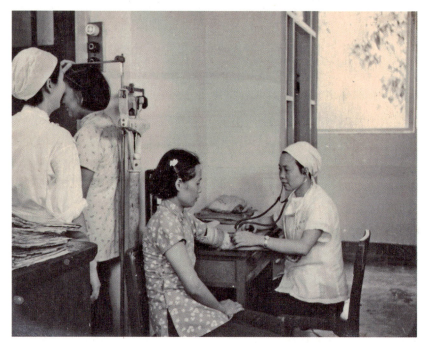

孔秋英下乡参加农村医疗卫生工作,为妇女看病

在沙溪公社时抢救一位前置胎盘大出血孕妇的经历,让孔秋英印象深刻。当时情况紧急,孕妇大出血休克被送到卫生院,卫生院没有血库,而且在穷乡僻壤间,救护车根本无法按时到达。"如果等待救护车来,产妇一定是死。"孔秋英迅速做出决定,要在有限的生死时间内抢救孕妇。孔秋英的血型和孕妇的刚好合适,于是马上给患者输血,输完之后紧接着主刀手术。孕妇的胎盘是前置的,一定要剖宫产,不然止不了血。当时剖宫产有几种手术方式,最简单、最快的叫古典式剖宫产术,孔秋英果断用古典式剖宫产术迅速取出了胎儿、胎盘。流血止住了,母子得以平安。

"做妇产科医生,要当机立断。不当机立断,两条命就没有了。"孔秋英判断精准、决定快速、动作灵活,当初才被科主任一眼相中。有一次,中山一院麻醉科的一位同事怀孕 9 个月,早上在孔秋英处检查胎儿的情况。同事定了下午回南京的机票,如无意外,上午查完,下午就会飞往南京了。孔秋英一检查,发现两个问题:羊水少、胎盘钙化三度。胎盘钙化三度,胎儿吸收的营养就减少了,会有严重危险。孔秋英果断劝同事快点

1996年,中山医医疗工作队到连南瑶族自治县为少数民族群众服务(前排左二为孔秋英)

采取剖宫产,这位同事说:"那我的飞机票岂不是要作废?"孔秋英反驳道:"飞机票重要还是你的孩子重要?下午上飞机,胎儿更缺氧,会有生命危险!"于是,同事退了票,马上做了剖宫产,胎儿出生时已有轻度窒息,幸好手术及时,大人小孩都平安无事了。后来,这位同事每次见到孔秋英,都说:"我的小孩是你救回来的。"

随着行医年限越来越长,孔秋英对妇产科医生一定要具备"果断"这一特质的认识愈加深刻。选妇产科年轻医生时,孔秋英很注意看他们回答问题时的反应敏捷度,反应差的就不要。

1966年,医院组织了十多支医疗工作队分配在广东省内各基层公社卫生院,孔秋英带了一支含内科、外科、妇产科的医生和两名护士、一名行政人员的医疗队,前往连南县三排公社卫生院。连南县是瑶族同胞聚居地,生产条件比较落后。医疗队驻扎在山上,每天要下山挑水,吃玉米等粗粮,没有大米饭吃。瑶族群众一般不愿到卫生院看病,医生便登门出诊,翻山越岭,医治患者。孔秋英所带的医疗队不仅要在卫生院工作,还要支援连南县人民医院的一些紧急危重病例。医疗队的到来深受当地人民欢迎。

1996年，孔秋英获得国家计生委和卫生部授予的"计划生育万例手术无事故先进个人"称号，并获奖金500元。当被问到做手术既快速又高质量，有何秘诀时，她说："就是要把小手术当成大手术，认真负责才不会出事。做得多才熟练，技术就容易过关，还要不断总结成功的经验。"

孔秋英在连南县三排公社卫生院

闯：目光如炬识先进，筚路蓝缕启山林

孔秋英回到中山一院后，起初，科主任让她做妇科肿瘤的临床工作。那时孔秋英和区护士长唐拉吉两人合作筹建新病区——妇科二区（肿瘤区），孔秋英担任医生区长。妇科肿瘤手术通常较大，手术时间长了，孔秋英经常头晕，有次竟晕倒在手术台上。这是孔秋英曾经在骑单车出诊时摔倒，脑震荡有后遗症的缘故。妇产科主任考虑到孔秋英的身体原因，就让她组建一个妇产超声检查室。这也是孔秋英与妇产科超声结缘的开始。

1980年，中山一院引进了第一部B型超声仪，曾兰珍做腹部超声，周令仪、陆堃做心脏超声，孔秋英则负责研究妇产科超声应用。随着临床应用的开发，超声对妇产科临床越来越不可或缺，患者越来越多，一部机器根本不够用，于是孔秋英不断积极向上级反映，最后在医院的支持下，由卫生部拨下了专款购买了一台妇产科超声专用仪器。仪器一到，孔秋英就到处找地方作检查室，后来在工字楼二楼西边找到一间约5平方米的杂物间，她便把这个小房间清空作为检查室。

妇产超声在当时是新学科，没有任何培训教材。开始时，孔秋英对着书上的图像学习，先熟悉正常妇科、产科的超声图像，打好基础。当时北京妇产医院、上海市第六人民医院也是同期全国最早开设妇产超声专科的医院。为了更好更快地提高技术，孔秋英争取到去北京、上海短期参观访问的机会，她做好前期准备，带着问题去参观学习，收获颇丰。

起步阶段，各方面资源、设备条件都比较差，孔秋英尽力申请到一部较好的照相机，拍摄了大量超声图像，如手术后或引产后胎儿畸形的大体标本，为教学、科研积累了丰富的资料。学校的电教中心科研组吴志澄主任将这些资料制成了整套幻灯片，以供教学使用及前来进修的医生学习。

"这些都是我照的，有些是我在B超室照的，有些是产后在产房照的。"孔秋英翻开她编著的那本《妇产科影像诊断与介入治疗学》，指着一些图像解释道："这个是大头畸形、这个是无脑儿，这些都是畸形胎儿。我通过超声就看得清清楚楚。我判断哪个胎儿发育好，便建议留下来；我判断哪个胎儿有严重畸形，就判他'死刑'，要引产。有个胎儿是脐膨出，但我没判他'死刑'（引产），为什么？因为有些畸形，生出来以后是可以做手术治愈的。""所以到后来，他们都说我是'BB法院'的院长。"孔秋英笑着调侃道。

当时很多人认为，超声是辅助学科，不如临床受欢迎。而孔秋英一接触到超声，就充分认识到了这个学科对妇产科临床诊断的重要性。超声在妇产科临床上的应用，能够及时发现病症，早期诊断、早期治疗，不用拖延到中晚期，给广大患者带来了福音。还有一次，孔秋英同学的女儿宫外孕，前来寻求她的帮助。孔秋英通过超声检查发现患者的孕囊恰好着床在子宫和输卵管交界的地方。患者不想做开腹手术，于是孔秋英便在超声引导下，将吸管放在子宫角处，"唰"地一声就吸出了孕囊，避免了开腹创伤。一旁的护士连连惊呼："真厉害！"孔秋英使用超声检测后，不仅能够更准确地进行诊断，为患者做针对性手术或治疗也如虎添翼。

孔秋英在广东省内率先建立了妇产超声专科。广东省超声学会经常组织学习班，孔秋英也常被邀请前往授课，如上岗考试前的辅导课程、妇产超声的专题课程，均深受欢迎，孔秋英的超声课程在整个广东省都颇具影响力。中央电视台、广东电视台曾经专门采访孔秋英对超声诊断胎儿早期安全性问题及超声在妇产科应用的看法，播出后引起了很大反响。

当时国内少见综合叙述妇产科各种影像学诊断的专著，人民卫生出版社社长郭有声得知孔秋英在这方面有丰富经验，特约其编写相关专著。2001年，孔秋英与谢红宁主编出版了《妇产科影像诊断与介入治疗学》。

1987年9月，孔秋英在悉尼大学妇产科做访问学者，交流超声技术在妇产科的应用

该专著从临床出发，精选了大量图片资料，全面系统地叙述了影像技术对妇产科疾病的诊断和介入治疗的作用，具有内容全面、实用性强的特点，得到人民卫生出版社社长郭有声高度评价："此稿质量上乘，当我拜读书稿时，已经体会到主编和全体作者所付出的心血和汗水。……我认为这部书是我国第一部具有中国特色和具有系统性、实用性、指导性的妇产科影像诊断与介入治疗领域的专著，必将成为传世之作。"专著出版后，孔秋英名气更大了，找她会诊的患者也越来越多。

信：从不后悔进入妇产科，一辈子对患者尽心尽力

孔秋英回忆起幼时在农村亲眼看见自己的堂姐、堂嫂难产而死的经历，不免伤心。这些情况其实是可以抢救的，奈何当时没有条件。这些由于医疗条件落后导致的悲剧，深深刺痛了她，做妇产科医生的信念也慢慢在她的心中生下根，发了芽。

刚毕业的时候，孔秋英在产房遇到了一个脐带脱垂的产妇。胎头压到脐带，胎儿血液供应不足，就会有生命危险。这种病很罕见，需要及时抢救，晚十几分钟，胎儿就会有生命危险。当时带孔秋英的上级医生让她赶

紧消毒洗手，把胎头顶上去，别让胎头和脐带压在一起。接着医生也准备好，马上进行了剖宫产手术。手术结束，大人小孩都平安无事。这个孕妇原本有不孕症，能怀上孩子实属不易。手术成功后，产妇的家人欣喜不已，又拜又跪地感谢妇产科的医生和护士们，并为孩子取名叫"白炼"，意为"白衣战士炼出来的小孩"。

"其实这个手术很简单，但这个小孩对不孕症的患者来说很难得。"孔秋英感触道："很多不孕症的患者，要么是男的精子有问题，要么是女的排卵和输卵管有问题。如果这些问题解决了，多数能怀孕。做妇产科医生会遇到很多喜事，我们真成了'送子观音'。"

孔秋英热爱着妇产科专业，一生走在从医路上，甜酸苦辣都尝过。她坚持全心全意为患者服务，以拯救受苦难的广大妇女为工作宗旨，对事业尽心尽力，有责任心、有担当，多次被评为先进工作者。由于长期劳累，积劳成疾，退休后做过四次全麻大手术，长期与疾病做斗争，但孔秋英仍坚强面对。此生无悔入妇产，深知此事须躬行。这位老人用她顽强的毅力、拼搏进取的心态，书写了温暖而有力量的一生。

（整理：杨清妃）

李大慈：淡泊名利，做一个实实在在的医生

【人物简介】李大慈，男，1931 年 2 月出生，广东中山人。1950 年考入光华医学院，毕业后留中山医学院任教并在附属第一医院从事妇产科临床工作。1985 年任中山一院工会主席，1988 年任中山一院妇产科教研室主任、妇产科主任、教授。享受国务院政府特殊津贴。1985 年外派前往澳门镜湖医院工作。为广东省围产医学发展做出了突出贡献，多次参加市内及省内产科危重病人的抢救。对妊娠期高血压综合征、羊水栓塞、弥散性血管内凝血（DIC）引发产后出血、妊娠合并心脏病的疾病的防治有较深造诣，在广东省首先应用胎儿电子监护仪，并指导市内及省内医院开展此项新技术。主编专著《现代产科治疗学》，在《中华妇产科杂志》等国内重要期刊上发表论文 20 余篇。退休后担任广州妇女儿童专家委员会副主任、围产专家委员会主任委员、广东省医学会围产学分会委员、《实用妇产科杂志》编委等职务。

偶入妇产，得遇良师

李大慈从小就成长在一个医学氛围浓厚的家庭中。他的伯父李廷安是广东省人民医院的前身广州中央医院的院长，父亲和母亲虽然不是医生，但都在广州中央医院内工作，爷爷是一名西医。他的叔叔和婶婶都是从中山医学院毕业的，一位在广州市第一人民医院担任胸科主任，一位在广州市第一人民医院普通外科工作，姑父和三位姑姑也都在中山医学院附属医院工作。李大慈在高中时因为有较好的声音条件，经常为文艺表演献唱，校长建议他毕业后报考上海音乐学院，但在家庭的影响下，他最终还是选择了从医的道路。

1955年，李大慈从中山医学院毕业后，填写分配志愿时他的首选地是北京，科室是外科。但最终他被分配到中山一院，并被安排进了妇产科。分配的结果与他的志愿大相径庭，但身为共青团员的他依旧欣然地接受了组织上的安排，投入到为妇女服务的事业中去。在当时的时代背景下，医生讲究要多科学习，不能只掌握自己所在科室的专业知识。因此，李大慈被调去外科，做了3年的外科医生，这也在某种程度上满足了他当初的心愿。

李大慈进入妇产科之初，时任妇产科主任是林剑鹏教授。林剑鹏教授曾在20世纪40年代末担任广州中央医院妇产科主任、岭南大学医学院妇产科教授、博济医院（现中山二院）妇产科主任。他还曾有在北京协和医院工作的经验，所以他将协和医院的一些先进的管理模式，如住院总医生培训的制度等引入了中山一院妇产科，妇产科是中山一院全院最早实行住院总医生培训制度的科室。林教授十分重视贯彻柯麟院长"三基三严"的管理理念，他对教学查房非常严格。他要求医师在准备讨论病例之前，要了解国内外最新的医学动态以及一些新的医学概念。查房时，住院医生要熟悉患者病情，报告时不能看病历，患者情况须自己讲得出来。他会一层一层提问与病历相关的问题：主要诊断是什么、鉴别诊断如何、治疗方法有哪些等。他首先提问实习医生，其次是住院医生，再到主治医生，最后总结。同时，林教授还十分重视新来医生的基础培养，会抓他们的基本理论，比如要熟悉女性的解剖特征，了解心率衰竭、肾功能衰竭休克、酸中毒等疾病的诊治办法。林教授的教学查房以及对基础的严格要求让当时的李大慈获益良多。

林剑鹏教授手术技巧精湛，尤擅长阴道的手术，他做手术的时候常常有很多人过来观摩学习。他精通英文和法文，手术中不时会冒出一两个英文单词。李大慈回忆起有一次林教授担任主刀、他做助手时的场景。当时他们正在进行经阴道子宫切除手术，在手术过程中林教授用一把钳子钳住一条线，说"off the clamp"（意思是把钳子松开），当时英语基础不是很好的李大慈没有理解林教授的指示，以为他的意思是"holding the clamp"（握住钳子不放手）。当下林剑鹏教授就非常恼火，他自己放开钳子，很生气地把钳子丢到了地上。手术现场有很多人在围观，李大慈的脸一下子就红了，心里感到非常羞愧。这段难忘的经历促使李大慈在外语学习上开始下苦功：他每天会抽空背单词、读英语书，并去听英语课。李大慈青年时期对英语的重视与锻炼为他日后了解国外医学前沿技术、展开国际交流并用英语授课打下了坚实的基础。1982年，他被妇产科学教研组批准去中山医学院英文班授课。想要拿到英文班授课的讲课资格十分不容易，候选人首先要在一个小组里面向教授、讲师讲一次英文课。讲完后，他们提出意见，修改了，候选人才能获批到英文班上课。从连"off"都不知道是什么意思到获批去英文班上课，时隔多年后，李大慈仍觉得"这是一个进步"。

1956年华南医学院妇产科人员合影。前排：李大慈（左二）、郑惠国（左四）、叶锡荣（左五）、林剑鹏（右四）、余国静（右三）

林教授对细节也要求严格。李大慈担任住院医生的时候,有一次遗漏了一个病历住院号,林教授毫不留情地批评了他。自此以后,李大慈再也没有遗漏过任何一个病历住院号。多年过去了,他仍然十分感激当年林教授对他的严格要求。

"英美派""德日派"和谐共处

在当时,妇产科共有4位教授,从学术上看,4位教授分成两个学派——一个学派是讲英文的两位"英美派"教授,分别是林剑鹏教授和孙明教授,他们都是从北京协和医院过来的;另一个学派是讲德语的"德日派",分别是郑惠国教授和叶锡荣教授。他们在某些临床处理方法上存在分歧,比如说生产的"第二产程"指的是从宫口开全到胎儿娩出的这段时间。"英美派"认为这段时间不能超过2小时,在2小时之内要把胎儿娩出来。但是"德日派"却觉得,胎儿如果没有危险的话,可以在2小时之后娩出。所以,妇产科医生们值班的时候也随当天不同派别的值班教授而选择不同的处理方式:如果遇到"英美派"教授当值,就需要在2小时内将胎儿娩出;假如"德日派"教授当值的话,就可以超过2小时将胎儿娩出。李大慈认为:"你说2个小时内,我说2个小时以后,表面上看是双

1993年,李大慈(右)在澳大利亚悉尼参加国际围产医学学术会议

方闹意见，其实是学术上的讨论。"妇产科党支部书记叶淦平看到这个情况，他安排科内每个人交一块钱，到北园酒家聚会吃饭。在饭局上，"英美派"和"德日派"的教授握手，气氛就缓和了。这种不同学派之间，虽然存在学术意见上的分歧，但仍能和谐共处的局面，时至今日仍为李大慈所怀念。

中山一院妇产科享誉国内外，其发展与成就离不开以林剑鹏教授为代表的老一辈专家们在临床、教学、科研方面做的大量工作，他们也为妇产科培养了一批高质量的医生，李大慈就是其中之一。老一辈教授们重视基础与外语、关注细节的作风品格对李大慈产生了重大的影响，也得到了业内的高度肯定。1963年，北京协和医院的林巧稚教授来中山一院妇产科参观，给予了科室很高的评价，她说："你们的年轻医生不错。"

爱才惜才，提携后人

李大慈十分注重对年轻医生的培养，不放过任何一个细节，包括医生的仪表和所写的病历。他说："医生的仪表非常重要。作为一个医生，头发、手指、衣服都要干净整洁，这是对患者的尊重。"妇产科的服务对象主要为女性，所以妇产科男医生更要注重自己的个人形象。曾经有一位医生因为仪表问题受到了李大慈严厉的批评。后来有一次，他从美国回来后专程去探望李大慈，对李大慈对他的教导表示感谢。他提到，如今自己在美国开了诊所，每天诊所开诊之前，他都要在镜子面前收拾整理好仪容仪表，再去开诊。

平时，只要有空，李大慈就会花很多时间检查整个科室的病历，在病历中夹杂很多小纸条，这些小纸条上清晰地写明他提出的意见，当其他医生收到这些病历之后可以根据他的意见来进行修改。李大慈认

李大慈在广州围产医学学术讲座上授课

为对年轻医生的严格要求和批评是对他们的爱护，是有助于他们成长的。

李大慈爱惜人才，力所能及地帮助他们，将他们送到更广阔的舞台。中山一院的晋升制度不仅对医生的临床科研以及教学有所要求，对外语也有考核的标准。1985年，妇产科内有四五位主治医生申请晋升副主任医师和副教授，他们在临床科研与教学方面都表现出色，对患者的态度也很好，但是英语水平一般。李大慈觉得，假如因为英语不过关而让他们丧失了晋升的机会就十分可惜，于是帮助他们补习英语，让他们顺利通过了考试，这几位医生最终成功晋升。他们一直十分感谢李大慈，在他退休之后还经常去探望他。

一生淡泊，做实在医生

退休后，李大慈走遍了珠三角地区的15间医院，他每个月都有一两天会去查房、讲课。李大慈在广州天河妇幼保健院工作了十多年，2017年7月离职前夕，妇幼保健院院长和产科的医生及护士在欢送会上为李大慈送别，大家情谊深厚，因不舍而流泪。李大慈先后担任广东省高级职称评审委员会委员、中山医学院高级职称评审委员会委员、广东省医疗鉴定委员会委员、广州市围产专家医疗委员会主任委员、广州高危孕产妇抢救组组长。即使不在中山一院，他也继续发挥余热，为中山一院争光。

李大慈（前排左三）与深圳妇儿医院同事合影

对于如何对待"名利"二字，李大慈有深刻的体会："只有淡泊名利，才能做一个实实在在的医生。"虽然已经 90 岁了，但他仍然精神矍铄，思维清晰。他说，想要做到健康长寿，一方面要无愧于心，待人真诚坦率，坚持为人民服务，视钱财为身外物，一生清白；另一方面，保持良好心态和长寿也有很重要的关系。耄耋之年，李大慈仍乐观向上，积极地过好每一天。"Enjoy every day."他以这句话作结，赠予年轻的后辈。而乐观的人生态度，也正是这位淡泊名利、兢兢业业的妇产科医生的人生底色。

（整理：潘可欣、杨清妃）

沈皆平：在激流中磨砺，在奋斗中成长

【人物简介】 沈皆平，男，1934年7月出生。1956年毕业于华南医学院，并进入附属第一医院工作，1962年于中山医学院儿科研究生毕业。1969年被下放至海南岛东方县感城公社卫生院当医生，1973年调至海南医专，任儿科教研组组长、儿科主治医生。1976年，调至广州市六二六医科大学任儿科教研组长兼讲师。1978年至1982年，参加广州市儿童医院病毒室对小儿呼吸道病毒感染病原学调查研究工作。1982年，调回中山一院儿科工作。1985年至1987年，赴美国加州大学洛杉矶分校儿科进修，从事有关艾滋病毒及单纯疱疹病毒临床病毒实验研究。1992年晋升主任医师，历任中山一院儿科主任、儿科教研室主任，硕士研究生导师。曾任中山医科大学学术委员会委员、中国医学基金会国际医学互联网络委员会全国会诊专家、中华医学会儿科学分会委员、儿科学会专科会员、中华医学会广东省儿科学分会主任委员、1996年度卫生部直属单位临床学科重点建设项目评审委员会委员、1998年度卫生部医药卫生科技进步奖评审委员会委员、2002年度中华医学会中华医学科技奖和中华医学青年奖评审委员会委员。多次获广州市科委及广州市卫生局科研奖励。

"哎呀，我考上中大了！"

沈皆平走上从医道路是偶然的。1951年，沈皆平高中毕业，从家乡高州来到广州找工作。当时家里已经没有钱支持他上大学了，所以他一心只想工作。正好那时国家需要干部，广州市人民政府行政干部学校面向社会招收高中毕业生。符合报考条件的沈皆平本以为自己以后会成为一位国家干部，没想到招生考试他才考了上午一场，就因为午睡睡过了头，错过了下午的考试，也失去了成为一名国家干部的机会。时值八月，还没有找到工作的沈皆平在街上闲逛，恰好看到报纸上中山大学医学院放榜的消息。顺着名单一个个看过去，只见名单中赫然写着"沈皆平"三个字。"哎呀，我考上中大了！"带着从朋友那儿借来的十块钱报名费和用作身份证明的高考准考证，沈皆平进入了中山大学医学院，踏上了漫漫70载的从医路，结下了与中山医的一生情缘。

1951年，入学的第一个学期，沈皆平在忙碌的工读生活中度过。医学院的讲义都是教授们自己编写好再拿去印的，由于擅长写字，还掌握了刻蜡版的"独门绝技"，沈皆平学习之余，挤时间刻蜡版送去印刷厂印上课的讲义，以赚取学习生活的费用，一个月赚十块钱已经差不多够伙食费了。到了第二学期，全国大学生的学费、伙食费都改由国家供给。可以免费读书，不用再为填饱肚子忧愁，沈皆平再无后顾之忧，也就能静下心来读书，安安稳稳度过了五年大学生活。

中山大学医学院有许多教授专家是从德国聘请来的，医学院毕业的学生也会经考试和推荐去德国的医学院留学或进修再回国工作，所以德文成为教学和医疗的常用语言。中华人民共和国成立以后，教授们授课虽然不用德语了，但是许多医学名词也是用德文讲的，到1951年沈皆平入学时，也还没有统一的教材，医学院自己编印的中文讲义也夹杂着好多德文名词术语，所以学习德文就很有必要了。但学生们以前在中学只学过英文，讲义是中文的，讲课用的多是广州话或者客家话，所以大家学德文都要从零开始，从字母发音学起。学生们的学习兴趣本就不高，再加上当时整个社会风气都不重视外语，因此大家都把精力放在学习其他功课上，学德文也只是为了应付考试，及格了事。

1952年，全国范围内的院系大调整开始了，1953年，中山大学医学院、岭南大学医学院和光华医学院合并成为华南医学院。彼时，华南医学院汇聚了当时国内众多一级教授，如闻名全国医学界的谢志光、梁伯强、林树模、陈耀真、陈心陶、秦光煜、周寿恺、钟世藩教授等都曾亲自教导过学生们。三

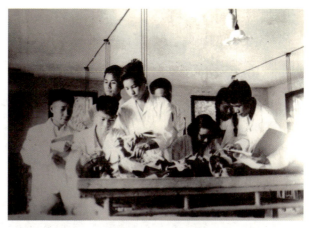

学生时代，上人体解剖实习课（前排左一为沈皆平）

校合并后，来自三所医学院的队伍因背景不同，在医学教育理念、方法、作风上存在差异和分歧，但在柯麟院长的领导下，三所医学院之间的隔阂逐渐消除，一批有学术造诣、教学经验、医疗专长的人才能够团结合作，充分发挥卓越才学和高尚医德，言传身教，为国家培养了一大批高素质的教师和学生。

"快找沈皆平来打针！"

1956年秋季，沈皆平以优异的成绩毕业。适逢当时全国高等学校发展，需要充实师资，中山医在1955届和1956届的同学中选择一部分成绩优异的学生留校，沈皆平因此留在母校，分配在附属第一医院小儿科工作。

刚开始担任儿科住院医生的沈皆平工作非常忙碌，那时候病人很多，医生却很少。虽然一道被分配到儿科的人不止一个，但由于同伴一个个因调动、病倒而离开工作岗位，值班任务由一开始的三天值一次班，到隔天值一次班。虽然常常忙得不可开交，但应接不暇的沉重任务也使沈皆平受到磨炼，收获良多。正是因为病人多而医生少，所以初出茅庐的年轻医生就能获得更多独立处理事情、磨炼基本功的机会。正是在忙碌的工作中，沈皆平炼成了一门普通但又不平凡的技术——静脉注射。小孩子的血管很细，治疗时对静脉注射的技术要求也高。虽然很忙，但天天做同一件事，熟能生巧，沈皆平也因此练出了熟练精湛的静脉注射技术。后来沈皆平甚

至还成了护士们的"好老师"。打针一般都是护士的工作,但沈皆平的技术居然比护士们还好,护士们打不好时都来找他帮忙,要他教大家怎么在细小的静脉注射,头皮静脉注射就是在那个年代开始用上的。那几年,沈皆平在病房和门诊的工作都十分出色,静脉注射这门技术似乎也成了他的"独门绝技"。不时有人喊:"快找沈皆平来打针!"甚至外科请儿科会诊时也会叫他去帮忙打针。打针不过是一位从医者应该掌握的最普通、最基础的技术之一,但年轻的沈皆平仍愿意在繁忙之中静心动脑磨炼基本功,这项小技术也为沈皆平处理患者节省了大量时间,帮了很大的忙。

1959年,中山一院儿科庆祝中华人民共和国成立十周年合影(前排右三为沈皆平)

到最前线去

1958年春夏之交，广州市突然暴发麻疹，门诊患者众多，但麻疹又是传染性很强的呼吸道传染病，不能收到病房里留医治疗。一般患麻疹的患儿，如果生活在城市里，生活条件好，疾病的发展都是平稳的，一两个星期便可以痊愈，并获得持久的免疫。但那一年流行的小儿麻疹，不但在广州城区流行，在广州郊区也一样流行。不但患儿多，而且病情来势汹汹，十分凶险。根据老百姓的习惯，患儿的住处要避风、门窗紧闭，患儿要戒口，忌食鱼和肉之类的"荤腥"食物，这就导致了平时营养条件较差、民间处理方式较不科学的广州郊区患儿合并肺炎的发生率尤其高。这些患儿一旦合并肺炎，病情最重的几天便会死亡。而麻疹合并肺炎患儿又因有传染性而不宜收住病房，重症患儿也只能留在急诊室的一两张临时观察床位吸氧补液观察。鉴于众多麻疹合并肺炎患儿伴发心力衰竭，患儿病死率高的严峻形势，中山一院为遏止疾病蔓延及抢救危重患儿，成立了一个抢救麻疹合并肺炎患者的临时病区：有30多张简易病床，安排了一批医护员工日夜进行抢救。彼时，沈皆平只是一位只有一年多临床经验的低年资住院医生，但是因为年轻，身体好，肯苦干，又有许多经验丰富的上级医生指导，他在急诊和麻疹病区参加抢救工作，抢救了许多危重患儿。两个月后，麻疹疫情得以遏止，这个临时病区才撤销。疫情结束后，中山一院在大礼堂召开了一个总结表彰儿科医护人员积极参加麻疹合并肺炎治疗的全院大会，沈皆平也作为积极参加抢救麻疹合并肺炎患者的代表之一，在会上发言谈了自己的心得体会。后来他才知道，那次在全国多地暴发的麻疹大流行之所以有这么多合并肺炎的病例，是因为麻疹合并感染了一种叫腺病毒的呼吸道病毒，这两种病毒感染都没有特效药物治疗。

经历了这场和麻疹合并肺炎的生死搏斗，沈皆平积累了许多在书本中学不到的知识和经验，在历练中成长了许多，也得到了群众和领导的好评。是年秋天，他因被评为中山医学院先进工作者，获得了参加广州市第一次高校先进工作者会议的机会。每位参会代表除了在会议结束时领到一张奖状和一条极为普通的白色毛巾，就再也没什么其他物质奖励了。尽管如此，这对一位初出茅庐的年轻医生来说还是莫大的光荣。那条极其普通又十分珍贵的白色毛巾，沈皆平一直舍不得用，保留至今。几十年过去了，这条见证历史的毛巾已经发黄，但上面印着的"广州市高等学校先进工作者"几个红色大字仍清晰可见。

从医 70 载难忘师恩

70 载从医经历，沈皆平始终不能忘怀的，是他的老师钟世藩教授。在钟教授的指引下，沈皆平不仅在临床上收获良多，还走上了病毒学研究的道路，成为少有的既具备丰富临床实践经验，又具备病毒性疾病实验诊断知识和熟练技能的儿科医生。

1959 年，沈皆平经考试被录取为中山医学院儿科研究生，成为钟教授招收的第一批研究生。当时的钟教授是合校后华南医学院儿科教研组的主任，领导附一院、附二院的儿科医疗、教学和科研工作，是当时华南地区经验最为丰富和德高望重的儿科医生。除了每周参加附一院、附二院的疑难病例讨论之外，钟教授还每月定期参加广东省人民医院儿科及广州市第二人民医院儿科的疑难病例讨论。身为钟教授的研究生，沈皆平能常常跟随钟教授到这些医院会诊，钟教授的博闻强识给他留下了十分深刻的印象。在 1956 年参加的一次广东省人民医院的儿科疑难病例讨论中，在听完病历报告、看过患者、各级医生发言分析病例后，钟教授做总结。在总结中，钟教授指出，他同意刚才一位医生的分析意见，认为患者符合神经母细胞瘤的诊断。接着，他请广东省人民医院的医生拿出《尼尔森儿科学》一书，翻到某一页，把这个病的诊断要点读出来。在念完之后，大家都觉得患者的表现真的很符合书上的诊断，一例疑难病就这样确诊了。大家都佩服钟教授的博学多才、博闻强记，也学习认识了这个少见病症。要知道，《尼尔森儿科学》是英文的儿科权威教科书，是一本厚厚的"枕头书"，钟教授来查房前并不知道要会诊的是什么病例，如果不是平时读得烂熟，牢记于心，怎能一下子连页数都记得？

在考上研究生之前，沈皆平便开始利用下班时间帮钟教授喂养小白鼠。钟教授细心地教他喂养小白鼠的方法，还特意吩咐要把怀孕的小白鼠隔开，因为钟教授的实验动物是小白鼠的胎鼠。成为研究生后，钟教授对他说："除了儿科临床工作，你还要来实验室负责饲养、观察小白鼠和跟着我做实验。"于是，除了做儿科医生，沈皆平开始投入病毒实验中。把乙型脑炎病毒接种到小白鼠胎鼠身上是一门很精细的技术，因为一只胎鼠只能接种 0.03 毫升含有病毒的混悬液，既要把这些液体接种到胎内，又要母鼠不发生流产（否则会导致实验失败），这个技术比起儿科的头皮静脉注射困难大多了。但沈皆平在钟教授手把手地指导下，经过一段时间的苦练，很快就掌握了给小白鼠胎鼠接种病毒的技术。为了弄清楚病毒在小白鼠胎鼠的生长繁殖是只限于胎鼠脑内还是适应于整个胚胎，在钟教授的指导下，沈皆平分别用接种了乙脑病毒的小白鼠胎鼠的头和躯干两部分做半数致死量滴定，证实病毒滴度不仅在胎鼠头部高，在胎鼠躯干组织也同样非常之高。这是具有独创性的实验，证明了利用小白鼠接种病毒整个胚胎组织都能很好地支持乙脑病毒的生长繁殖。至此，钟教授在科学实验的基础上，从理论上证明了小白鼠胎鼠接种病毒可以作为一种病毒分离的新手段，但在实践中是否可行还需要进一步验证。随后，钟教授计划利用胎鼠继续分离临床疑似病毒性疾病的其他病原体，于是，常见的疱疹性结膜角膜炎及在广东多发的鼻咽癌进入了他的视野。他亲自联系病理尸解，一些鼻咽癌组织以及眼科门诊中疱疹性角膜结膜炎患者眼部的冲洗液都先后被收集到钟教授的病毒实验室中。钟教授毕生孜孜不倦地探索对病毒性疾病的病原体分离，是因为预见到病毒感染疾病将会是人类生存的一大威胁。直到现在，进入了 21 世纪，病毒感染性疾病仍然肆虐全球，证实了他的远见卓识。

  1962 年，沈皆平研究生毕业后，继续留在实验室，成为钟教授的科研助手，进行利用鼠胚做病毒分离的实验。20 世纪 50 年代中后期，单层细胞组织培养技术的发明，使麻疹病毒、呼吸道合胞病毒、腺病毒等一大批病毒能通过组织培养的方法被分离，以前许多被怀疑为病毒感染的人类疾病，也能用实验的手段证实病毒病原体。不但如此，由于实验室能大量培养病毒，预防病毒疾病的疫苗也被制造出来了。最明显的例子就是 20 世纪 60 年代麻疹病毒疫苗及脊髓灰质炎病毒（即引起小儿麻痹症的病毒）疫苗的诞生，使尤其是小儿人群的疫症得到有效的预防控制。到 20 世纪 60 年代初，钟教授的儿科病毒实验室除得到柯麟院长的支持之外，还得到中山一院副院长伍汉邦的积极支持，添置了许多设备，还配备了 3 位技术员，并招收培养了 4 名研究生。在钟教授的引领下，沈皆平作为研究生也在实验室开展了单层细胞的组织培养工作，并成功用小白鼠胚胎培养出单层纤维细胞，有时还能在培养试管中看到有少量心肌组织小块，在显微镜观察下呈现出有节律的收缩动作。这种会在试管中呈节律性收缩的心肌组织块，也引起了钟教授浓厚的兴趣，并在实验室一连追踪观察了许多天。

遗憾的是，正当儿科病毒实验室一步步扩充发展，准备进一步结合临床疾病开展病毒病原诊断研究的时候，由于种种原因，耗费钟教授一生心血组建的实验室被迫解散，这间全国高校唯一的一间临床病毒实验室从此不复存在。实验室人员被安置到其他科室工作，而沈皆平也被调到一千多公里外的海南岛黎族苗族自治州东方县感城公社卫生院，成为一名农村医生。

1961年，沈皆平在中山一院儿科病毒实验室

在海南岛工作一年半后的一天，沈皆平突然收到从西安外文书店寄来的一个邮包。拆开一看，是一本英文期刊 Pediatric Clinics of North America，这是当时国内能看到的最新美国儿科期刊之一，十分实用。他欣喜若狂，在工作之余反复仔细阅读，晚上常常点着煤油灯看到深更半夜。在这个举目无亲，生活极度单调枯燥的农村，读英文期刊使他找到一种极大的精神安慰。那时中山医很难看到英文期刊，沈皆平在心中隐隐猜测，这种价格不菲的影印期刊，能为他订阅且每季定期寄来的，不会是别人，一定是恩师钟世藩教授。但当时，他也不便写信去问，直到休探亲假回到广州问候恩师时，他才得到钟教授肯定的回复。在当时的情况下，钟教授为学生订阅美国医学期刊是极其困难的。但是，他深知培养人才不容易，将来祖国的建设发展不可能不吸收国外先进技术。为了国家人才的培养，钟教授不顾自己的个人得失，这是多么博大的胸怀。在感城公社卫生院工作的4年里，沈皆平远离各种纷争，在困境中得到磨炼，增长了知识，英文水平也大大提高。他读了很多书，救治了许多患者，成为当地农民及干部极为信任的一名医生，充实的知识和良好的群众关系使他对工作及前途充满信心。

首创分离呼吸道合胞病毒方法

1976年，大学的科研工作逐渐恢复。因考虑到夫妻团聚，沈皆平得以从海南岛调回广州市工作。当时广州市卫生局正创办一间名为"六二六医科大学"的医学院校，因缺乏教学师资，就把沈皆平留下来担任儿科教师及医生，教学实践地点在广州市第一人民医院及广州市儿童医院。当时，广州市儿童医院病毒室正开展一项小儿呼吸道感染的病毒病原调研，分离小儿呼吸道一种重要的病毒——呼吸道合胞病毒，但一直未能取得成功。由于沈皆平曾经是钟世藩教授培养的研究生并有长期在病毒实验室工作的经历，因此被邀请参加这项研究工作。在和病毒室负责人常汝虚医生的共同努力下，沈皆平改进了患者标本的采集方法，把患者的呼吸道分泌物采集后立即接种到单层细胞组织培养管，终于在1978年年底成功分离出华南地区的第一株呼吸道合胞病毒，其成果在《微生物学报》上发表。而由沈皆平首先创造的分离呼吸道合胞病毒的方法，广州市儿童医院病毒室一直沿用至今。

1982年，沈皆平从广州市六二六医科大学调回中山医学院工作，除了承担儿科的医疗教学工作外，仍然作为钟教授的助手帮助他做小部分科研工作。此时的儿科病毒室已经破败不堪，贵重设备已经差不多都被损坏，人员也都流失了，不能再继续做单层细胞组织培养的实验，钟教授晚年关于磁场对病毒感染有影响的设想也因实验设备的不足未能证实。1985年，经钟教授从中联系，沈皆平获得了去美国加州大学洛杉矶分校儿科学习的机会，但当他于1987年年底回国时，钟教授已经去世。从此，那位终生孜孜不倦探求科学真理、一直关心爱护学生的引路人再也不在了，中山医儿科也再无病毒实验室，再不能进行有关病毒的实验研究了。沈皆平只能离开他热爱的病毒实验，投入临床和教学工作中去。

时至今日，沈皆平家中还完整地保留了他在海南岛与美国期间同钟世藩教授联系的每一封信，一张张略微泛黄但被细心保存的信纸，是师生分隔两地沟通交流的一座座桥梁，承载着一段沉甸甸的岁月和一份无比深厚的师生情谊。"我知道他身体很差，但他临走前一个月，还写信给我……"说到这里，这位耄耋老人已经难掩哽咽，眼含泪光。

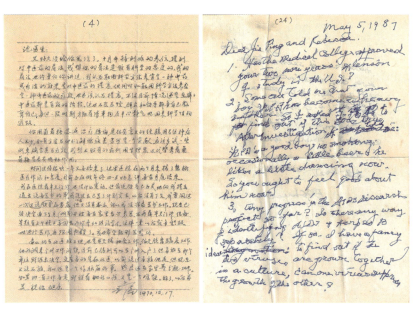

沈皆平在海南和美国期间,钟世藩教授的来信

曾经的小患者长大后还找他看病

从 1956 年毕业开始工作,到 1999 年正式退休,沈皆平一直兢兢业业,整整工作了 43 年。除了病毒实验研究之外,沈皆平也参加儿科临床的医疗及教学工作。他的临床专业方向是感染及呼吸,在儿科专业中有一定的威信。他是医生中少有的既具有病毒性疾病实验诊断知识和熟练技能,又具备丰富临床实践经验的儿科医生。在他的记忆中,这 43 年来,他从没有请过一天病假。相反,加班是他年轻时的"家常便饭"。他工作细致认真,责任心强,因此是儿科患者及其家长喜爱的医生。退休后,沈皆平也并没有马上赋闲在家,而是继续在特诊门诊出诊至 2015 年,继续做些有益于社会的工作。2019 年 11 月,沈皆平获评"广东省儿科杰出贡献奖"。

退休后,沈皆平在闲暇之余喜欢写科普文章。他总结了自己从医数十年的临床经验,在《家庭医生》杂志上连载了《医生拍案惊奇》,用生动的笔触描述了自己碰到的一个个特殊的病例,希望无论是专业医护人员还是普通患者都能从中获得启发,进而警醒。除此之外,他还在小儿科退休教授门诊继续工作,一个星期开诊三个半天,来找他看诊的患者不少,有时甚至要超时下班。在他眼中,能不能帮助到患者是他最关心的事。给患者看诊结束后,他还常常留下电话号码,方便患者们随时向他咨询。他也留下患者的电话,对某些患者还会主动打电话追踪,问问他们是否需要他的帮助。沈皆平欣慰地发现,患者对他的信任,比未退休时还要高。沈皆平认为自己留下电话是负责任的举动。"你看了病,就要有对他人负责的责任心,不能随随便便看完病就算了。"他留下联系方式、与患者保持长期联系的举措,也在不少紧急情况中挽救了一些患儿的生命。

沈皆平总能设身处地为患者着想,富有同情心。他认为,"医生首先要有医德,对患者有同情心"。沈皆平从来不开大处方。他开的药都很便宜,一位患者曾向他描述:"沈医生,我拿了处方去医院药房取药,药房发药的人一看那份处方就说:'又是沈皆平!'"正是这份体贴、实在,有不少患者从小就找他看病,长大成人后,都不能挂儿科号了,还要求找他看病,他看过的患者甚至有祖孙三代都找他看病的。

从1951年走进医学院的大门开始,70载岁月已悄然过去。沈皆平用"激流一代"来概括自己这一代人。他是在苦难中成长的人:幼年时经历抗日战争的颠沛流离,少年时代在内战烽火的动荡中度过,工作之后在社会各种

沈皆平代表广东儿科学会到基层讲课

激流冲击中奋斗成长。风雨荏苒数十载,沈皆平说自己"是幸运的"。他是中山医变革、新生与腾飞的参与者和见证者,同时又有幸接受导师钟世藩与众多名师的教诲,在名校名医的栽培下成长。

"能有更多的本领为国家、为人民服务,是我最大的幸运。"沈皆平说。

(整理:陈煜旻)

刘唐彬：做一个好医生，对患者要有"三心"

【人物简介】 刘唐彬，女，中共党员，1936年1月出生于广西博白县，1959年毕业于广州中山医学院。1959年任中山医学院附属第一医院外科住院医生、助教，1965年担任外科住院总医师，1967年起专业定向小儿外科，1984年至1994年任小儿外科主任。重点研究围产期小儿外科与小儿实体瘤。她所撰写的《出生前泌尿系统畸形早期诊断及围产期监护的系列研究中》一文获广东省科技进步三等奖；"提高儿童恶性实体瘤的早期诊断和治疗"的系列研究，获得的5项成果属国际先进、4项属国内领先。1994年获国务院政府特殊津贴。曾任中华医学会广东小儿外科学分会第二届副主任委员，中华医学会小儿外科学分会委员，广东省小儿外科学会主任委员，中国抗癌协会儿童专业委员会委员。1990年至2003年担任《中华小儿外科杂志》《临床小儿外科杂志》《实用儿童肿瘤临床杂志》《结直肠肛门外科杂志》《现代外科临床杂志》5本专业医学杂志的编委。

感恩党的培养，全身心投入医学路

1952年的夏天，新中国百业待兴，刘唐彬正在广西博白县中学读初中二年级。一天，校长在大会动员道："现在国家急需培养一批中级技术专科人才，欢迎初中二年级的同学报名，响应党的号召！"在电工、农业、护士、医士、师范等专业中，刘唐彬立即报名了护理专业。1952年8月，她如愿进入广西梧州卫生学校学习。入学后，学费全免，生活上也被照顾得十分周到，刘唐彬真切地感受到党对青年的爱护与培养。她深知这样的学习条件来之不易，怀揣着对党的感激之情，她潜心学习，每门功课都能拿到好成绩。到了要去医院实习的时候，刘唐彬已经爱上了这个专业。在老师的带领下，还不到18岁的她到医院照顾病重或临终患者，却一点也不觉得害怕。因为她热爱学习，热爱这个专业，工作上也不怕苦不怕累，所以常常受到学校和老师的褒奖。

1954年年初，也就是刘唐彬来到梧州卫生学校的第二学年期末，学校通知大家：党和政府要抽调一批中级技术在职人员及中专护士、医士班学生深造，参加社会主义建设。正好广西壮族自治区卫生厅来到学校，动员和选拔一批中级在职技术人员参加高考，择优选派人员参加全国调干生培养训练并到各大专科院校深造。因各方面表现优异，刘唐彬得到了参加"全国南方五省考区高考"的资格。这种高考比较特殊，这批考生都没有读过高中，他们都是从当年的医士和护士班学生、转业退伍军人和基层卫生院的医生们中选拔出来的。作为广西的学生代表，刘唐彬幸运地通过了考试，被录取到中山医学院医疗系，从此踏上了学医路。

到中山医学院报到时，柯麟院长在新生接待会上说："你们1959届学生，是我院特殊的学生，是我们院的第一个干部班。你们是来自全国各地基层卫生单位的中级技术人员、应届的中专医士和护士班学生、转业复员军人，甚至还有一些同学都没读过初中。"他勉励道："你们是响应党的号召而来的，希望你们迎着困难而上，努力攻克难关，争取用优秀的成绩向党汇报，成为一个全心全意为人民服务的白求恩式的白衣战士，做人民的好医生！"柯院长的一席话深深打动了刘唐彬，使她至今记忆犹新。就是从这样的一个训示出发，刘唐彬怀揣着要迎难而上为人民服务的心，开始了她5年的求学生涯。

对于刘唐彬这批中专生以及一些工农兵学员来说，课程难度实在太大了。哪怕他们都没上过高中，高教部也并没有因为这些特殊原因而降低教学的要求，教学大纲还是按本科的正常要求和进度进行。大家迎难而上，千方百计攻克难关。刘唐彬住的集体宿舍是晚上十点熄灯的，于是，在宿舍熄灯后，她与这批特殊的学员便发挥小组学习的作用，三五成群地来到学校马路的灯下集体学习，讨论对他们而言尤其困难的数理化难题，解决不了的便第二天白天再询问老师。正是学习上的这种专心和坚持，刘唐彬每年都能拿到满分成绩。学习虽然紧张，但她并没有忘记要全面发展。课余时间，她经常参加学校的勤工俭学活动，还是学校体操代表队的队员，在广州各大学活动中表演。

大学时的刘唐彬

面对小患者的哭声，也曾手足无措

1959年7月，刘唐彬从医疗系本科毕业，因成绩优异得以留校，在中山医学院附属第一医院外科教研组任外科住院医生、助教。进入外科教研组后，刘唐彬被分配到了小儿外科专业。当时实行的是导师制，她的导师是赖炳耀教授。

与其他专科不同，小儿外科有其独特之处：病史说不清楚，病情的转变很急，年龄越小，病情变化便越大，还可能有急转直下的情况，尤其是3岁以下的婴幼儿，情况更加复杂。小儿外科病很多都与遗传学、儿科学、产科学相关，比如有些在胎儿时期就已经得病的病例，就与妇产科有关系。因此，作为小儿外科医生，不仅要有外科医生手术的技巧，还应成为一位熟知小儿内科知识的小儿内科医生，懂得咳嗽、肺炎、消化不良等疾病应怎样处理。除此之外，小儿外科医生还需要掌握胚胎发育成长的产科知识与遗传医学的相关知识，才不至于处处求助其他科进行会诊。

教研秘书罗伯诚教授宣布了培训计划后，刘唐彬第一个月就跟随导师赖炳耀教授到小儿外科上班，跟着导师踏踏实实学习。当时，医院规定非危重患者是不能让家属陪护的。22岁的刘唐彬刚接触患儿，面对没有家长陪护愈加不合作的孩子，她不能打骂他们，只觉得既害怕又不知所措。赖教授看出了她内心的真实想法，就在查房时反复对她说："我们不仅仅是医生，所谓'医者父母心'，就要求我们首先要对患者有爱心，痛孩子之所痛，急患儿父母之所急，你才能得到孩子之所亲和孩子家长的信任。"刘唐彬从导师点点滴滴的教诲中，慢慢体会到这句话的要义。比如，当小孩得急腹症时感到肚子痛，她把手伸到孩子肚子上时，孩子就哇哇大哭，什么腹肌紧张都无法感觉到了。但是当赖教授检查的时候，他会一边温和地安慰孩子，详细耐心地询问他们，一边静静地把手放到他们肚子上检查，孩子们不哭不闹，他也能顺利查体。刘唐彬慢慢体会到，做一个好医生，首先是要具备对患者的爱心与同情心。赖教授对患儿无微不至的关心与同情一点点打动了刘唐彬，在导师潜移默化的影响下，她慢慢地爱上了小儿外科。

医院对年轻医生的培养是专业定向的，4年基础培训后，第五年还要经历24小时负责制的一年住院总医师培训，各科综合考试合格之后才能进入专科开展医教研工作。外科24小时总住院医师培训那年是艰苦的一年，也是一个外科医生掌握外科基础知识极其关键的一年。当时，医师不管在病房还是急诊室，24小时都要随叫随到，真可谓是"以医院为家"了。但正是要适应这样的状态，才能为今后开展医教研工作奠定基石。当时外科教研组下设各专业组，比如普外科（含胃肠外科）、肝胆外科（含乳腺、甲状腺外科）、脑外科、心胸外科、骨科、泌尿外科、小儿外科、烧伤科等。在住院总医师的培训中，医师们都必须掌握每一个专科最基本的知识，完成每个专科教授们的要求。当然，他们不是做专科的第一主刀，虽然只是做助手，但大家都是全心全意认认真真地投入工作。当时的工作安排是两个人负责一层楼两个病区的所有患者，与刘唐彬同期的共有4名外科医生，工作满一年后，其中3名同事都病倒了，她是唯一一位能坚持到最后进入专科工作的外科医生。

1965年，经过6年外科住院总医师的培养，刘唐彬顺利成为外科住院总医师并进入小儿外科。从一开始对小孩子哭哭啼啼的不知所措，到后来一听到小孩子哭声，她已经能及时反应，主动巡查并做出处理，她的能力与心境都得到了蜕变。

"彬叔"带学科：要发展必自强

1984年至1997年，刘唐彬任小儿外科主任，同期还兼任中华医学会小儿外科学分会委员和广东省小儿外科学会主任委员的职务。宣布担任主任的第二天，刘唐彬回到病房，赖教授突然开始称呼她为"刘主任"。过去在小儿外科，无论老老少少都称她为"彬叔"，突然听到赖教授的这一声"刘主任"，刘唐彬愕然，便当场冷静地对赖教授说："教授，您一日为我师，终生为我父。"这件事提醒了她，她永远应该是同志们心中的那个"彬叔"，她下定决心，必须团结全科搞好工作。

既然当了科室主任，中山一院小儿外科发展的重担就落在了刘唐彬肩上。她认为，中山一院小儿外科，不仅要做好本科室的工作，还要为整个广东省的小儿外科普及教育工作做出贡献。因此，为了扩大中山一院小儿外科的影响力，她开展的第一项工作就是扩展了每年小儿外科医生的进修名额。从全省各地招收的进修医生经过培训，自身医教研能力得到提高，回到自己的城市之后就能继续进行扩展教育工作了。为了培训这些扩招的进修生，刘唐彬要求科室内讲师以上职称的医生轮流上课，这也提高了每位医生的读书能力和手术指导能力。因为要轮班为他人上课，医生们就要备课；要备课，就要多读书多钻研，只有自强，才有能力教授他人。这也让大家明白了一个道理：要发展就必须自强。

除了对外普及教育，内部自身建设更为重要。小儿外科的工作要求医生不能仅仅只满足于做一位普通小儿外科医生，其他不管病人患的什么病，只要归你负责，都必须好好看病。刘唐彬担任主任后，为了鼓励大家继续钻研，往精深方向发展，她开展的第二项工作就是进行专业分组。1988年，为了能各取所长，发挥集体力量，刘唐彬在征得谢家伦、赖炳耀、李桂生教授的意见后，根据各个副教授、讲师的兴趣分了四个专业方向小组：谢家伦教授带头的小儿泌尿组、李桂生教授带头的小儿普外肝胆组、莫家聪博士带头的新生儿普外肛肠组，以及她带领的小儿实体瘤及围产期小儿外科研究组，其他年轻医生和进修生要轮组。这样根据各医生的兴趣报名分工的专业小组，治疗效果普遍提高，大家的专业发展方向也更加明确，达到了既分工又共享的效果。

她开展的第三项工作是申请在本科医学生中开展小儿外科选修课。刘唐彬刚毕业就进入小儿外科工作，她深知懵懂无知者初入行时的手足无措。作为一位在医疗系统工作了近 20 年的资深医生，她深深体会到一名医学院的学生必须全面发展。1988 年，刘唐彬提出要在医疗系里申请小儿外科选修课，但当时却没有一门专科突出的小儿外科学可供学习。提出小儿外科选修课申请时，刘唐彬给出的理由是要培养适合广大农村需要的乡村医生。学校教育处同意了这项申请，批准了在本科四年级的课程中增加小儿外科选修课 20 个学时，由学生自己选择是否选修。经过宣传后，一个年级里有超过 200 位学生选修这门课，年级选课率达到 60%。因小儿外科学尚无完整的教科书，刘唐彬决定组织科室自编自印。她给每位具备讲师资格的医生分配讲课任务，实行集体备课预讲，补充完善教材，既培养了全体小儿外科医生的教学能力，又动员了群众，形成了一心为科室、人人争贡献的团结气氛。在刘唐彬的领导下，当时的小儿外科学术气氛很浓厚，每年年会都有具备讲师资格的医生的论文参加报告，全国会议中入选的文章的数量也居国内前列。

70 多人共同完成一场"冒险"

刘唐彬还组织科室开展了不少新手术。1987 年 1 月，刘唐彬与谢家伦教授得知了一个消息：据《广州日报》报道，一个连体婴被遗弃在广州市儿童福利院门口。刘唐彬与谢家伦教授便自行赶到福利院，要求为这个两人三足的连体弃婴做分体手术。在把这个世界罕见的先天性三足畸形连体儿接回医院后，他们向医院申请入院经费，并开始组织手术。这是世界上第八例先天性三足畸形连体儿，当时在国内还是首例，大家都没有经验，风险很大，这次行动可谓是一场冒险。因为连体婴的泌尿生殖系统、肝、结直肠肛门及骨盆相连，这就涉及一个

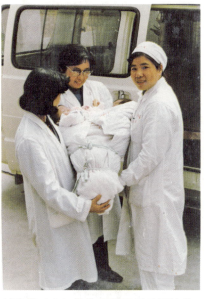

刘唐彬（中）将先天性三足畸形连体儿接回医院治疗

多学科大课题。在院长和王成恩教授的总领导下，泌尿外科梅骅、骨科黄承达、消化科赖炳耀、麻醉科陈秉学等专家以及手术室和其他相关科室，包括小儿外科全体科组成员组成70多人的诊治小组，刘唐彬负责做国内外文献综述报告。经过18个小时的手术，成功完成婴儿分体。

1993年4月，黄洁夫与刘唐彬共同完成了一例糖原累积症患儿的肝移植手术，这是全国第一例小儿肝移植。该病例的治疗过程基本由黄洁夫教授指导组织，肝切除手术由刘唐彬完成，肝移植手术则由黄洁夫主刀，刘唐彬做一助。

如何预知新生儿要做的手术？

"产前诊断"这一概念，是刘唐彬在美国圣地亚哥儿童医学中心接触到的，当时国内还缺乏这样的认识。1991年，按照中山一院小儿外科与美国小儿外科学会合作的培训计划，刘唐彬前往圣地亚哥儿童医学中心跟随导师戴维·柯林斯每天巡查病房、做手术。导师经常会通知刘唐彬第二天有什么手术，这让她十分费解：为什么能预知新生儿要做什么手术呢？跟随导师学习了半年之后，刘唐彬前往旧金山医学中心胎儿外科参观。在这里，刘唐彬的疑问得到解答：原来是通过产前诊断发现胎儿的病症的。

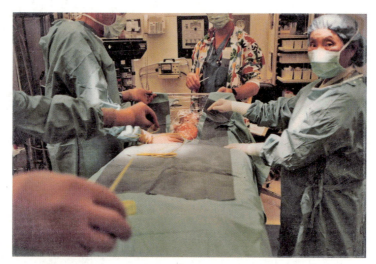

1991年12月，刘唐彬（右一）在圣地亚哥儿童医学中心和戴维·柯林斯教授一起做膈疝急诊手术

虽然这里的胎儿外科不同意提供相关的文字与影像资料，但刘唐彬经过观摩学习，从他们的胎儿产前诊断得到了启发。她暗下决心，回国后要与 B 超、产科、妇科合作，进行相关的研究。开展围产期产前诊断小儿外科研究，可以在早期发现病变，然后由小儿外科进行干预，对提高先天性畸形疾病的早期诊断、早期筛选有很大帮助，将会提高治愈率和生存率。从政策层面衡量，这也积极地响应了我国优生优育的号召。在国内，中山一院是最早提出围产期小儿外科研究的。

1992 年，刘唐彬正式在中山一院开展产前诊断。这一技术在肝、腹部疾病方面运用广泛，在先天性泌尿系统疾病方面更常用，如先天性肾积水，过去小儿常因反复脓尿、发烧腹胀就诊，影像学显示巨大肾积水、肾皮质萎缩，肾功能受损，被迫进行二期手术，先行肾造瘘改善病情，再行肾盂 - 输尿管成形术。在小儿外科泌尿系统方面开展产前诊断，如果发现先天性的肾积水、输尿管畸形等疾病，小儿外科将要求在患儿出生 7 到 14 天进行手术。美国的胎儿外科是在胎儿 30 周前后给孕妇进行剖宫手术，用导管将胎儿肾积水引导到子宫腔内然后关宫，减轻胎儿肾盂的压力，等小孩出生后再做手术。在当时的技术基础上，刘唐彬团队开展围产期先天性肾积水患儿手术，做到了零死亡、零感染、零并发症。

中山一院小儿外科的这一尝试得到全国好评，获得广东省科技进步奖，这是全国最早开展产前诊断小儿外科研究成功的例子，表明开展围产期小儿外科研究是有价值的，这进一步鼓舞着刘唐彬继续将研究深入和推广。

1993 年，刘唐彬作为小儿外科主任，领导科室在产前准确诊断的基础上进行了一例先天性腹裂修补手术，这是在产后两小时内完成的。在产前诊断中，团队通过 B 超发现胎儿腹部中间的肌肉裂开，内脏外翻，建议病人到中山一院分娩，以便尽快进行手术。然而，患者抱有怀疑态度，产期到了还没有出现在医院。刘唐彬决定亲自跟踪，和李穗生医生到患者家里宣教，让她到医院分娩。假如通过产前诊断发现胎儿有先天畸变的患者到外地分娩，又没有相应的小儿外科手术水平的话，新生儿内脏外翻只能用布包起来送到有条件的医院。运送过程中新生儿腹压增加，内脏膨出会更严重，最后会有感染诱发腹膜炎的风险，手术也很难修补。中山一院进行产前诊断，多个科室通力合作，产科在第一个手术台进行剖宫产；麻醉科、检验科（准备验血型、输血），还有手术室的护士、小儿外科医护人员组成团队,在第二个手术台待命。产科以剖宫产取出小孩,小儿外科医生马上接手,两个小时以内就完成了这个先天性腹裂的修补手术,避免了长途转送导致内脏膨出、感染。这也是全国第一例成功的先天性腹裂修补手术。

做一个好医生,对患者要有"三心"

刘唐彬始终看重小儿外科的人才培养与素质提升。在研究生的培养方面,刘唐彬共培养了7名研究生,分别从事小儿下尿路梗阻的尿流动力学与外科治疗、小儿实体瘤的临床研究以及围产期方面的研究,指导的多名研究生都成为医疗骨干。

在教学过程中,刘唐彬继承并发扬了小儿外科的优良传统,在导师的影响与实际的教学中形成了自己的要求与心得。

1999年,刘唐彬主持广东省小儿恶性实体瘤诊治新进展学习班

首先,她要求自己和学生要对患者怀有爱心,急病人所急,痛病人所痛。小儿外科面对的患者是一群懵懂又直率的孩子,他们不善于描述自己的病症,有时又非常情绪化。作为医生,必须时时用爱心温暖孩子,赢得他们的信任和配合,同时要细心地观察、问诊,才能得到直观且准确的反馈。刚开始进入小儿外科,刘唐彬也曾经面对大哭大闹的患儿不知所措,导师赖炳耀教授总是一边耐心地安慰孩子,一边轻轻把手放到孩子的身体上检查,这给年轻的刘唐彬留下了深远的影响。在近50年的从医生涯中,刘唐彬为后辈树立榜样,始终践行一条准则:做一个好医生,首先是要学会对患者有"三心"——爱心、耐心、同情心。

其次，刘唐彬培养研究生的过程也是自己工作和实践的过程，学生每次实验或者检查，如下尿路检测、尿道膀胱测压、肾盂输尿管返流的同位素试验，产前诊断的 B 超随诊，神经母细胞瘤肿瘤细胞的培养 – CD44 的试验，等等，她都会亲自参加。如果需要随诊，刘唐彬则严格把关，要求拿到随诊的真实材料，不容忍任何一个不可靠、不真实的数字。在刘唐彬眼中，这是作为一个科学工作者应有的素质，是为人师表应该具备的条件，也是学生必须严格遵守的要求。

总结自己的医教研经验，刘唐彬认为，一名优秀的小儿外科医生"不仅要有小儿外科的当机立断、机灵手巧的手术技能，还要有小儿内科的普及知识、胚胎发育以及与遗传学相关的胚胎学、肿瘤学基础"。执教多年以来，她要求自己和学生朝着这一目标去展望、去进步。同时，她建议年轻的医疗工作者们应关注基层、走向基层。"中国基层的医疗卫生条件还是很差，很多人还是要往城市里面挤，所以培养医生应该要到农村去、到基层去，到祖国最需要的地方，立志做人民的好医生。"

2004 年 10 月刘唐彬正式退休。她笑称，退休后的时光是"放下手术刀，拿起菜刀"，盛载荣誉的职业生涯落下帷幕，回到柴米油盐酱醋茶。"我平时就看看中央台新闻、名著小说，照顾我身体不好的女儿，陪我的孙子听听小学生的英语卡通片。"

刚退休时，其他医院邀请刘唐彬前去指导，但是在陌生的环境中，没有熟悉的小儿外科麻醉师、手术护士、小儿外科专业护理团队，没有手术台上的默契配合，也没有手术后的坚实后盾。她想：要是自己做完手术就回家了，患者情况有变甚至死亡了怎么办？没有团队的支撑，她深感个人力量的单薄。于是，她把邀请全部推掉，彻底放下手术刀，享受着退休以后的简单日子。

从医以来，每当面对工作与科研，她身披盔甲，以党员身份严格要求自己，团结科室攻坚克难，挑战一个又一个医疗技术高地；面对患者与同事，她时时怀有一颗爱心，被患者亲切地称为"医生婆婆"，温暖关怀，亲如一家。退休多年，刘唐彬对中山一院小儿外科仍怀有深厚的感情，心系学科未来的发展，期待着今天的小儿外科保持坚毅与赤诚，充分发挥自身的能力与优势，大步向前。

（整理：陈煜旻、麦少泳）

庄广伦：执着探索的开拓者，助人乐己的"试管婴儿之父"

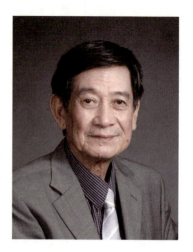

【人物简介】庄广伦，男，1936年7月生，广东深圳人。1960年毕业于中山医学院医疗系，毕业后在中山医学院附属第一医院从事妇产科临床医疗工作。1992年晋升为教授、硕士生导师，1994年任妇产科副主任、教授、博士生导师。中山大学附属第一医院生殖医学中心创始人，我国杰出的妇产科与生殖医学专家。在国内首次应用赠卵人工周期帮助卵巢早衰患者获得妊娠分娩、首次运用单精子卵细胞质内注射技术成功治疗男性不育症以及首次应用植入前胚胎遗传学检测技术成功分娩健康试管婴儿，被称为"中国试管婴儿之父"。曾任中华医学会计划生育学分会第三届常委、中华医学会广东分会妇产科学分会分第七届常委、中华医学会妇产科学分会妇科内分泌学组顾问、第17届欧洲生殖医学年会（IFFIS）观察员。发表论文300多篇，主编《现代辅助生育技术》、参编《不育症治疗》、翻译《近代妇产科学》等多本专著，培养近40名博士研究生。主持开展多个国家及广东省科技项目，先后获得各级科技成果奖6项。其中，"复方18甲长效口服避孕药远期安全性研究"在1987年获国家科技进步二等奖，"辅助生育技术系列研究"在1999年获卫生部科技进步二等奖、广东省科技进步一等奖。1987年被卫生部评为"有突出贡献的中青年专家"，2000年获"广东省劳动模范"称号，2002年被推选为首届全球华人生殖医学协会主席。①

---

① 本文采写于2020年8月，庄广伦教授于2021年7月25日逝世。

放弃美术专长，走上医学道路

庄广伦读初中时，家中的经济支柱——伯父过世了，他便失去了支持他继续读书的经济来源。然而，当时的他并没有放弃读书，而是依靠着微薄的助学金继续在广州市第二中学学习。艰苦的条件没有让他颓废，反而造就了他坚韧的品质。

高中毕业后，庄广伦考上了中南美术学院和华南医学院，如果按照兴趣和专长，他或许会选择美术学校，但他最后还是放弃了美术，选择到医学院读书。他说："我也说不清是为什么，大概因为一直以来，我的家人都身体瘦弱。小时候看到家人生病，我就觉得当一个医生可以给家人治病。"一个简单的想法要发展为执着的追求需要一个过程。从童年到青少年时期，他一直有种模糊的想法，要当医生去救治身边的人，这些想法也许没有成为一个明确的目标，但最终还是促使他走上了医学之路。

尸体解剖是每个立志从医的学生不容回避、必须面对的第一关。吃饭时想起解剖台上的情景就会呕吐，很多人刚开始都适应不了。庄广伦也不免会遐想，如果此时自己在田野写生，一定比解剖尸体要惬意得多。除了要克服心理关，解剖学的术语、用来开处方的拉丁语等学习内容，也非常枯燥难记。可一想到自己有一天可以给人看病，解除人们的疾苦，他便觉得还是应当坚持把知识学好弄透。在显微镜下看青蛙蹼的血管、观察各种不同的细胞，对他来说倒是很新鲜，慢慢地，他也开始喜欢上了医学。"我来中山医念书的时候，真是感觉中国缺医少药，这个问题很严重。特别是流行病一暴发，农村更是遭殃，所以我在念医学院的时候，就立志要做一个好医生。"

1959年，中山医学院的同学们在老师的带领下，兵分几路下乡见习。庄广伦和同年级另一位同学一道前往广东高要白土人民公社，挨家挨户宣传麻疹的防治知识。农村医疗条件差，缺医少药，村民因疾病带来的痛苦，让他的内心产生更多的感慨。他暗想，患者如此痛苦，有什么办法可以让患者少受煎熬尽快康复呢？一位一起下乡的越南留学生说："解决患者痛苦最好的办法，就是让他们具有抵抗疾病的免疫力。"研制免疫抗体的念头在庄广伦脑海里浮现，他开始苦苦思索与大胆尝试。

大学五年级，庄广伦被安排到中山医学院附属第一医院轮科实习。在妇产科实习时，他时常看到林剑鹏教授在很认真地埋头写写画画。一天，他走过去好奇地问："林教授，请问您在写什么啊？""哦，我在编一本书，有关女同志子宫脱垂的防治。"林教授头也没抬，仍然很认真地写写画画。只见林教授画了改，改了画，显得很吃力，于是，庄广伦诚恳地说："我会画，您要画什么，我帮您画。"听完林教授的想法，他略加思索，一幅栩栩如生的手术图便跃然纸上。林教授喜笑颜开，连连称赞。这之后，庄广伦利用空余时间，为林剑鹏教授的书稿画了三十多张手术图。

下乡"游击"手术，一年做了上百例

1960年，庄广伦从中山医学院毕业，分配到中山医学院附属一院妇产科工作。一开始他有些担心，毕竟妇产科的工作是要治疗妇女们最隐私的病症，但是报到之后，他发现科里有三分之一的医生是男医生，这让他安心了许多。如今回头再看，庄广伦教授对男女医生在妇产科的不同优势有着深刻的认识：男性体力更好，妇产科的许多工作其实是体力活，这一点男医生更占优势；女医生因为自己有切身的体会，更能理解患者的一些病症。

科室轮转是对新来的医生进行基础理论、基本知识、基本技能"三基"的培训过程，每个病区都要轮。庄广伦发现科室里每个主治医生都有自己很鲜明的特点，病例讨论时分析最深刻、最精辟的当属李大慈医生，开刀技术稳、准、快的张秀俊医生是大家学习的楷模。每个医生都是他的老师，每当一个科轮完后，每个病区病种的特点他都可以总结出一整套非常完整的妇产科临床实践与理论。中山一院的分科很细，比如妇产科手术时发生输尿管损伤，若是妇产科医生不熟悉泌尿科手术，就得请泌尿外科医生参与手术。为了解决这个问题，科里派庄广伦到泌尿外科去学习，指导他的是梅骅医生。在庄广伦眼里，梅骅是位治学严谨、敢想敢做、非常有创新精神的医生，对他的从医生涯有着重大影响，是他一生的良师益友。在一年的学习中，庄广伦跟梅骅学了很多外科手术知识，为后来下乡组建"补瘘小分队"做膀胱阴道补瘘手术打下了很好的基础。

1965年，毛主席号召知识分子要"与工农相结合""上山下乡"，庄广伦和同事以及一些学生一起从广州徒步去粤北山区，跟当地的村民同吃、同住、同劳动。下乡前他们接到指示，不能暴露医生身份，以免有人上门诊病,耽误了劳动。当地条件十分艰苦,庄广伦回忆说:"当时的居住环境很差,床上先铺上干草然后再铺上席子,床下都长出草了。而尿缸就放在床头,上面仅仅扣着一顶帽子。"不过没过多久,庄广伦等人的"秘密"还是被泄露了。有些农民突然生病,大家不忍袖手旁观,只得上手医治,几次之后,大家都知道他们是医生,于是生产队便安排他们去公社卫生院为村民看病。

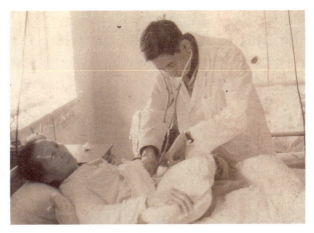

青年庄广伦为病人做检查

　　在看病的过程中,大家发现影响农村妇女劳动的主要疾病有两个:一个是子宫下垂,一个是尿瘘。庄广伦同麻醉科的谢家伦以及从其他公社调来的妇产科医生谭丽君一起组成了一个"补瘘小分队",像游击队一样活跃在惠阳地区的山区,今天在一个地方做两三台手术,明天又去另外一个地方,他们尽量想办法用简陋的设备医治患者。手术后庄广伦会认真查看每一个患者的尿管是否通畅,谭丽君医生开玩笑说:"庄医生,我看你是'老虎唔怕至怕瘘'啊。"一年多时间,"补瘘小分队"做了上百例手术。

　　下乡回来,1973年左右,中山医学院组织编写《农村常见病防治手册》,庄广伦作为教材编写组成员参与编写,这本书也成为中山医学院复课后最早使用的教材。

　　庄广伦始终觉得人工流产对妇女的身体有很大伤害。抱着这样的想法,加上"文革"结束后控制人口增长成为基本国策之一,他便开始研究长效避孕药。20世纪70年代末,国家计划生育研究所所长肖碧莲教授致函庄广伦,邀请他到北京参加全国长效口服避孕药攻关项目。对庄广伦来说,从临床到实验室,是一个较新的领域,需要重新学习女性生殖内分泌理论、放射免疫学等。他开始奔走于北京国家计划生育研究所、天津中心医院的实验室和中山一院之间,迫切希望研制出一种临床上副作用少、安全简便、让广大人民群众放心使用的新型长效口服避孕药。经过几年的潜心研究和反复改进，复方18甲长效口服避孕药研制成功，这种避孕药每月只需服一片即可见效。1987年，这项成果荣获国家科学技术进步二等奖，庄广伦也被卫生部授予"有突出贡献的中青年专家"。

"中国不是不可以做试管婴儿"

1978年改革开放，国家不仅鼓励学外语，还力促科研领域与世界接轨，庄广伦早期以学习俄语为主，所以并不擅长英语。在科室主任梁贵尚教授的支持下，庄广伦通过各种渠道苦学英语，只要有外籍教师到医学院，他便主动承担接待工作。当时已经40岁的庄广伦，并不在学习语言的黄金年龄，但在不懈努力之下，他甚至可以给全英班的学生讲课了。

庄广伦接诊过不少无法生育的夫妇，他们渴盼孩子的愿望那么强烈，但作为妇产科医生的他却束手无策。庄广伦的老师李大慈教授通过观看英国广播公司的纪录片了解到试管婴儿这项新技术并告知庄广伦，他们了解到Steptoe和Edwards两位学者在1978年成功完成了世界上第一例试管婴儿，创造出"体外授精和胚胎移植"（IVF-ET）技术。1986年，庄广伦获得世界卫生组织资助的出国学习机会，经过多方联系，他申请前往澳大利亚悉尼大学妇产科学系进修，从事生殖内分泌的临床、实验和研究。导师Ian Fraser教授让庄广伦做"大大"分子催乳素的研究，而庄广伦一直想着找机会接触"试管婴儿"技术。第一次步入实验室参观时，一些从未见过的精子冷冻、胚胎液氮保存、配子输卵管移植和体外受精等设备和技术让他感觉新奇异常，学习欲望更加强烈。当听到别人说起"Tube Baby"（试管婴儿）这个词，他感觉自己的血直往脑门儿冲撞。现在，这门技术近在眼前，这就是他梦寐以求想学、想做的事情！

澳大利亚的试管婴儿技术在世界上居于领先地位，如果能学习他们的科技再带回国内那该多好，庄广伦心想。更何况，在控制人口数量的同时，提高人口质量，本来就符合国家计划生育政策，更是人类优生优育的发展方向。

他将这一念头告诉了导师Ian Fraser教授，然而导师认为试管婴儿是一项昂贵的技术，中国的经济条件不适合，不鼓励他去做。庄广伦始终坚持自己的想法，他对Ian Fraser教授说："那么，能让我看看吗？"他的执着打动了导师，Ian Fraser 教授便联系负责试管婴儿研究的另一位教授，得到"看看可以，但不能动手"的允诺。从此，庄广伦把一半时间花在钻研试管婴儿技术上。除了阅读文献，他还将观察所得的人工取卵、实验室受精等第一代试管婴儿的核心技术过程，像连环画一样绘成图谱。渐渐地，他开始把试管婴儿技术作为主攻方向，他自信地说："中国不是不可以做试管婴儿！"澳洲同事做试管婴儿手术的时候，会把一些工具摆在外面，庄广伦就会问他们要一些小工具，放在行李里面，每次拿一点，带回去研究。他还会回收一些如取卵针之类的器材。"手术用的取卵针是一次性的，他们用完就扔了，我让他们不要扔，拿回来之后用水冲洗干净，然后用氧气吹干，再去消毒。一根针反复使用，用到它不能用为止。"

有一天，负责试管婴儿研究的教授见庄广伦每一次取卵手术都不错过，求学之心甚笃，取卵时便把住了他的手，让他有机会参与手术。那一天夜里，庄广伦异常兴奋，第二天便向中山医学院领导发出长信，请求开展试管婴儿研究。

是什么支撑着他在如此艰难的情况下坚持研究试管婴儿技术？庄教授笑着说："是兴趣！做事情，成不成功取决于你有没有兴趣，假如你没有兴趣，怎么强迫你做，你都不会做。你有兴趣的话，没有条件你都会去创造。兴趣是最关键的动力。"

1986 年，庄广伦在悉尼大学学习冷冻精子技术

"中国试管婴儿之父"

1987年，近两年的海外研修结束后，庄广伦带上沉甸甸的医学资料和用心收集的一些临床器械，登上回国的班机。

经过一年的筹备，中山一院妇产科实验室于1988年开始运行。那是一个6平方米的小屋，只配备了一名技术员，随后才增加了一名年轻医生周灿权和一名护士邓明芬。同年，中国第一例试管婴儿在北京医科大学第三附属医院（今北京大学第三医院）成功出生。但此时的庄广伦依然面对着资料缺乏、信息不灵、资金短缺等诸多困难。即便有钱，国内也无处买仪器，一切都必须从零开始。除了从澳洲带回的零星器械，实验室一无所有，庄广伦只能向香港中文大学的朋友讨点耗材补缺，好几次都是深圳老家的亲戚帮他去香港要器械和试剂。因为对试管婴儿技术不了解，医院内部也有一些质疑的声音。在那段艰难的日子里，时任中山一院院长张秀俊教授是庄广伦少有的"铁杆支持者"，他鼓励庄广伦："一定要顶住压力。你们会成功的，而且一定要成功。"张院长批准给新成立的实验室购买了一台价值十几万元的B超诊断仪。

1990年，经过20多次的失败后，终于从这间小小的实验室中传出试管婴儿成功的喜讯。那是一对来自澳门的夫妇，女方输卵管堵塞导致多年不孕。庄广伦悉心对待那位愿意尝试新技术的妇女，给她在医院附近租了房，每天去看望她两次，还给她煲汤调剂营养，嘱咐她一定要在中山一院生孩子。转眼到了1991年春节，这名妇女突然不见了，庄广伦和同事们心急如焚。第二天接到澳门镜湖医院的电话，才知道她已顺利生下两男一女。原来，她匆忙离开，是因为在广州生孩子得不到澳门的出生证。几天后，澳门报纸报道：本澳首胎试管婴儿诞生。

1993年，中山一院妇产科实验室在试管婴儿技术上与国际先进水平接轨，临床妊娠率达到20%。1994年11月，在温州召开的全国不育症研讨会上，庄广伦以题为《中山医科大学开展试管婴儿的回顾》的报告公布了令人振奋的消息：中山一院自1990年以来已有78例试管婴儿诞生，临床妊娠成功率逐年上升，1994年为25%，达到国内与国际先进水平。这一年，这个6平方米的小屋竟然成为全国诞生试管婴儿数量最多的生殖医学中心。

尽管常规试管婴儿技术可以解决一部分不孕问题，但是庄广伦却远远不满足。有一对来自东莞的不孕症夫妇，女方闭经，诊断为卵巢早衰。由于女患者失去排卵功能且没有规律月经，庄广伦和学生李洁借助健康妇女捐赠的卵

庄广伦正在做胚胎移植

子与她丈夫的精子体外受精，然后采用人工激素模拟正常月经周期并将胚胎移植回女患者子宫内。这例国内首例卵巢早衰闭经患者通过赠卵及人工周期受孕的宝宝于1994年1月14日成功诞生。

有一对夫妇不育的原因是男方严重少精弱精，庄广伦很想帮助这对夫妇，却因为技术达不到只能无奈拒绝。1992年，世界第一例单精子卵细胞质内注射技术的试管婴儿（俗称"第二代试管婴儿"）在比利时获得成功。这项超越正常受精机制，将单个精子通过显微注射技术进入卵子再进行受精的先进技术让庄广伦跃跃欲试，他看到了一条解决男性不育问题的道路。他指导学生李蓉开展单精子卵细胞质内注射技术的研究，1996年，中国第一例单精子卵细胞质内注射技术的试管婴儿在中山一院出生，解决了男性不育问题，也把中国试管婴儿技术与世界的差距从常规IVF-ET技术（俗称"第一代试管婴儿"）的10年，缩短到了4年。

单精子卵细胞质内注射技术成功后，在社会各界取得了巨大反响，而庄广伦已经开始对华南地区的特发病——地中海贫血以及其他各种基因遗传病患者的优生问题展开了攻坚。庄广伦设立新的目标：期望实现"除了能生，更要优生"。1990年，世界上首例植入前胚胎遗传学诊断技术成功运用，其方法是首先在试管中培育出若干个胚胎，然后从胚胎中取出数个细胞并按照遗传学原理对这些细胞做出诊断，选择最符合优生条件的胚胎植入母体，为有遗传病的未来父母提供生育健康后代的机会。庄广伦安排了研究生李晓红进行α-地中海贫血基因的遗传学诊断技术的研究，自己同时与研究生徐艳文选择了一名携带血友病基因的妇女，第一次做植入前

胚胎遗传学诊断后未获妊娠，第二次从 7 个优质胚胎中选择了 2 个女性胚胎进行移植，最终成功获得了一个单胎妊娠，并于 2000 年 4 月成功分娩。这一例的成功意味着我国诞生了首例植入前胚胎遗传学诊断的试管婴儿（俗称"第三代试管婴儿"），在社会上引起了轰动，媒体争相报道。同年 7 月，世界首例采用植入前胚胎遗传学诊断技术治疗的 α‒地中海贫血基因携带夫妇也成功分娩健康婴儿。

接二连三的创新成果让庄广伦创立的生殖医学中心一跃成为引领全国、与世界先进水平接轨的研究中心，他也被人们称为"中国试管婴儿之父"。

庄广伦（右二）被人们称为"中国试管婴儿之父"

"开放改革路线"

在庄广伦看来，自己被称为"中国试管婴儿之父"，不是因为个人成就，而是他愿意毫不保留地在全国推广这项技术。为此，庄广伦于 1994 年在广州举办了"首届全国辅助生殖技术学习班"，他的团队向前来学习的各地医生全面开放技术，同时还派出技术小分队到全国各地指导建立辅助生殖中心，并在此过程中不断优化适合中国国情的辅助生殖技术体系。即使是试管婴儿技术中风险较高的"减胎术"，他也在1993年5月国内首例成功后不久就毫无保留地传授给同行。

对外开放技术，既可解除更多不育患者的痛苦，也可引来外来人才进行临床经验交流，进而把现有技术改革得更简捷、实用，降低试管婴儿的成本，他称之为"开放改革路线"，认为这是中山一院生殖医学中心之所以快速发展，直至今天仍保持国内领先地位的根本原因。对于学生，庄广伦也鼓励他们到各地去传播和改进技术。现在，他的学生遍布各地乃至海外，大多成为当地试管婴儿领域的学术带头人。

试管婴儿技术需要建立良好的医患关系。有人说庄广伦医术高超，是"送子观音"，在他的办公室里，摆着一尊观音像，那是一位试管婴儿的家人送的。不过，这并不意味着可以不讲原则地"送子"。曾有一对感情极好的年轻夫妇遇到不幸，男方遭遇车祸生命垂危，他的父母请求庄广伦在儿子临终前提取精子冷冻起来，再让儿媳妇通过试管婴儿技术受孕，为他家"留香火"。虽然庄广伦很理解这对父母的心情，但他说服那家人打消了这个念头。"这女子还年轻，将来还要再成家，最好替人家想想，不要给她的未来增加负担。"

65岁退休后，庄广伦被医院返聘继续工作。2004年，他被诊断为同时患鼻咽癌和肺癌，需要进行右侧两叶肺切除手术和鼻咽部放疗。抱着既来之则安之的心态，经过一段时间系统治疗，他终于战胜了病魔。他的良师益友梅骅教授说："在医学上我是他的老师，在生活上他是我的老师，他执着、坚强、乐观，是值得我们每一个人学习的榜样。"其后，庄广伦每年仍然参加一两次国内高峰论坛，常常到科室走走看看，继续为中山一院奉献余热，支持辅助生殖医学领域的事业发展。

"不要有太多个人的私欲，作为医生，应该时刻以患者健康为宗旨。"谈起一名医生应该具有的品质时，庄广伦这样说。这是他对学生的要求，也是他从医60多年来从未改变的初心。他奉献给医学的一生，一如他所写的那首诗："白衣助人责在心，满载桃李乐胸怀。甘愿春蚕丝方尽，迎来繁荣齐欢笑。"

（整理：陆开成、孙铭毅）

第五章 放射科、麻醉科与口腔科

肖官惠：乘前浪舟济医海，拓远道船行万里

【人物简介】肖官惠，男，中共党员，1930年11月出生，广东中山人。教授，硕士生导师。1955年毕业于华南医学院，毕业后留校工作。1960年调入中山医学院附属第一医院放射科工作，1984年任放射科主任，1987年至1994年任中山一院院长。曾任中华医学会放射学分会骨组委员、广东放射学会常委，曾获评为"广东省医院优秀院长"，是国内著名的骨关节放射诊断专家。从事放射诊断工作45年，专长于骨、关节疾患的影像学诊断，对骨肿瘤的放射诊断有较深的造诣，特别是对骨肿瘤X线征象的病理学基础有较深的研究。"慢性职业性氟中毒诊断标准的研究"获1982年广东省高等教育局科技成果三等奖。"骨肿瘤影像学征象的病理学基础系列研究"获1996年卫生部科技进步三等奖、广东省科学技术委员会科技进步三等奖、广东省卫生厅高教局科技进步二等奖。享受国务院政府特殊津贴。在国内一级期刊发表论文数十篇，参加编写《骨、关节病理学》。曾担任《中华放射学杂志》《临床放射学杂志》等多份专业性杂志的编委。

立志学医，幸运得遇良师

1950年，20岁的肖官惠怀着对理想的憧憬，敲开了华南医学院的大门，迈出了他在漫长从医之路上的第一步。当时的他，尚不知自己的未来将去向何方，亦不知自己将在医学这一领域倾注将近70年的光阴和心血。因幼时体弱，时常生病，医生对肖官惠来说并不是一个陌生的角色。医生于他而言是一个崇高的职业，悬壶济世、救死扶伤，"医者有仁心，慈悲济世人"。彼时他高中毕业，当时的社会局势混乱，人民生活困难。肖官惠认为，医生这份职业既对百姓有益，工作又相对稳定，可谓是当时的不二之选。

根据学校的规定，学生们需要在毕业之前选定专业。肖官惠在学习临床基础课的时候了解到，当时的临床诊断主要依靠听诊器和三大常规（血常规、尿常规、便常规）这几项手段，而放射科则会运用较高级的设备来辅助病情诊断。在他看来，放射科是一个前途无量的学科——它既可以观察人体内部、解剖生理结构，同时又可以直接观察疾病的变化，从而有利于疾病的诊治。于是，肖官惠选择了放射科专业，在毕业后前往医院实习时，他有半年时间待在放射科。这段实习经历进一步加深了他对放射科发展前景的认识，更坚定了他从事放射科领域研究的理想。

1955年至1960年，肖官惠按照组织安排在学校教务处的生产实习科工作，负责生产实习管理，同时每天用大约一半的时间回放射科工作。1960年，他结束学校的行政工作回到放射科，并将全部时间都投入放射科的工作当中。当时医院内一些著名的教授都配有专门的助手，这个位置并不是公开招聘的。时任中山医学院院长的柯麟教授指定肖官惠担任谢志光教授的助手，并交代他"回去以后不单要做好自己的业务工作，还要协助谢志光教授做一切工作，不管是业务上的也好，其他的也好，你都应该作为一个学生跟助手来协助他做好工作"。肖官惠将此牢记于心。

谢教授的言传身教对肖官惠的从医生涯产生了极大的影响，同时他也将肖官惠带入了骨肿瘤研究的领域。起初，肖官惠对放射科胃肠系统方面的研究抱有较大的兴趣，因为当时其他的检查一般只通过透视照片来诊断病情，而胃肠系统方面的诊断还需要注意检查方法。若检查方法到位，对病变的检测就更全面，可以有效提高诊断的准确率。而当时谢教授正投入骨肿瘤"三结合"（临床、病理、影像相结合）诊治的研究工作中，谢教授希望肖官惠能协助他做骨肿瘤方面的研究，肖官惠便根据谢教授的建议更改了研究的方向。即便谢教授提议他可以在进行骨肿瘤研究之外继续做胃肠系统的相关研究，他还是将全部精力都投注在骨肿瘤研究方面，这一转变也使骨肿瘤研究成为他终生研究的课题。谢教授对肖官惠关怀备至，常带着他参加各种会议，希望他能得到更多历练，提升各方面的能力，同时还把他介绍给学界的前辈认识。肖官惠就是经谢志光教授的介绍认识了北京协和医院的放射科主任胡懋华教授、上海第一医学院的荣独山教授和北京大学医学部的汪绍训教授，这些前辈们都十分关照他。谢志光教授对肖官惠的指导和栽培，使他在年纪尚轻时便在专业领域和学术活动中占有一席之地，对此他十分感恩。提及谢教授，他的语气之中难掩感激之情："我觉得在专业工作上，如果说我尚有一定成就的话，那都是谢志光教授培养的结果，我永远怀念他。"

谢志光教授是肖官惠在学术和科研道路上的恩师，而柯麟院长则被他称作是自己"政治上的一个引路人"。1951年柯麟担任中山医学院院长，彼时肖官惠考入中山医学院已过一年，正在共青团工作。由于需要定期向柯院长汇报工作情况、听取指示，二人在工作联系上十分密切。柯麟院长十分支持、爱护青年和青年干部，他给肖官惠提供了许多锻炼的机会。20世纪50年代，当时医学院组织学生去越秀山开展纪念斯大林逝世活动，提前两天柯院长便安排肖官惠以医学院团总支书记的名义前往苏联驻

青年时期的肖官惠

广州领事馆参与哀悼活动，并对他说："越秀山的活动是群众性质的，今天是省直机关领导前往悼念，你应该去。"在苏联驻广州领事馆现场，肖官惠满怀着激动的心情，第一次在对外文件上签下了自己的名字——"中国中山医学院共青团总支书记肖官惠"。时至今日，他仍忘不了当时的情景。

1964年,中山医学院放射进修班师生合影(前排左五为肖官惠、左六为谢志光)

仁心仁术,科研育人两手抓

自1960年回到放射科以后,肖官惠就正式开启了漫长的放射诊断生涯。他于1960年任主治医师,1978年任讲师,1983年任副教授,1987年任教授。从医多年,肖官惠在医疗与科研工作中兢兢业业,在行医救人时专业负责,在授业传道中诲人不倦。他不但让患者放心,也对中山一院放射科以及整体放射学科的长足发展做出了不少贡献。

所谓"医者父母心",肖官惠从医以来一直以救人为最大宗旨,秉承专业精神,想患者之所想,急患者之所急,对每一个患者都认真负责,力求做出正确诊断。在肖官惠进入放射科初期,当时的设备条件不是很好。据肖官惠回忆,那时候最先进的设备就是一台500毫安的X射线诊断机。在他们多次向卫生部申请后,才买到了第一台西门子1000毫安的X射线诊断机,且配有一台快速换片机。即使在这样的条件下,中山一院放射科的骨关节诊断和胃肠诊断系统都在省内保持着较为领先的水平,心血管诊断水平也在快速提升,多次诊断出各种疑难杂症,甚至纠正了其他医院的误诊,使患者避免了致残的痛苦。

肖官惠记忆中最深刻的一个病例,就是一名女中学生差点因被误诊为软骨肉瘤而被截肢。这名女中学生在体育课后察觉一侧肩部不适,经父母陪同到省内某大医院拍片检查,被诊断为软骨肉瘤,需要进行上肢切除手术。幸运的是,手术当天,手术室突然漏水,手术因此顺延。女孩的父母听说中山一院放射科在骨肿瘤诊断方面很有经验,就把X光片送到放射科找肖官惠诊断。肖官惠看过片子后，发现女孩的肱骨骨骺和干骺端均被破坏，但无法判断该破坏的出现顺序。再对比女孩早期的 X 光片发现，首先是骨骺出现破坏，随后干骺端再出现破坏。因此，肖官惠判断该病例情况特殊，因为从前几乎没有恶性肿瘤首先破坏骨骺的案例。首先损害骨骺的骨肿瘤，最常见的是良性的软骨母细胞瘤，而且最常见的发生位置正是在肱骨。于是，肖官惠决定让女孩的父母第二天把全部资料带来，中山一院给她进行"三结合"诊断。经诊断后，临床医生认为局部没有明显的恶性体征，既然放射科判断一开始是骨骺被破坏，应该先考虑是软骨母细胞瘤的可能性，至于它是否恶变则需要进行细胞学检查。随后，骨科为女孩做了骨穿检查，最后病理诊断是软骨母细胞瘤。由于肱骨破坏较为严重，骨科决定进行局部切除，后用病人的腓骨接上，形成一个代替的肱骨上端，使女孩的上肢得以保存，保证了她此后能正常地生活、学习和工作。女孩一直对肖官惠感激不尽，后来即使毕业出国仍与肖官惠保持书信联系，回国时也会专程拜访肖官惠。女孩常对他说："你拯救了我的人生，如果我这个胳膊没有了，我的人生就会截然不同！"

还有一次，在肖官惠担任放射科主任期间，某部队医院曾向中山一院寻求放射科的协助。一个战士出完操后突然膝关节疼痛，照 X 光片发现在胫骨近端关节面下出现一个直径大概一厘米多的圆形破坏区，边界清楚，附近软组织没有什么改变。当时该部队医院放射科诊断为骨脓肿，临床根据诊断给患者做了病灶刮除术。病灶刮除后送到病理科进行检验，结果病理诊断为骨肉瘤。临床为争取疗效，准备尽早给患者进行截肢手术。但由于放射科和病理科诊断结果相差较大，医院想参考在骨肿瘤诊断方面经验颇丰的中山一院放射科的意见。

肖官惠在看了部队医院提供的片子后，认为如果光凭 X 光片本身，完全可以理解原先放射诊断为骨脓肿或者是骨样骨瘤的情况。他敏锐地指出，如果病理诊断为骨肉瘤，则需要考虑得更加全面。结合相关 X 光片的情况，他提出了骨母细胞瘤的可能性，并建议暂停该手术。翌日，中山一院举行骨肿瘤"三结合"会诊，骨科诊断结果认为局部在临床上确实没有恶性体征。病理科则分为两派意见：一派认为可以考虑为骨母细胞瘤，但不能排除骨肉瘤；另外一派则坚定判断为骨肉瘤，两方意见无法统一。随后，全市组织了一次病理会诊，又把资料发给几个专长于骨肿瘤的医院和研究所会诊，会诊上意见仍分成了两派：骨母细胞瘤、骨肉瘤。又过了一段时间，患者情况保持良好，经 X 光复查，发现破坏区周边出现新生骨，破坏区也在缩小。继续观察一段时间后，该破坏区越来越小，甚至基本消失、修复。后来，几个医院和研究所根据这个情况，一致同意诊断结果为骨母细胞瘤，该战士的下肢因此得以保存。谈及这

肖官惠用遥控 X 线机为患者进行放射诊断

个病例的时候，肖官惠不无骄傲地说："该病例的最终结果在整个广东省，特别是军区部队医院引起轰动。"经此一"役"，中山一院骨肿瘤"三结合"诊疗小组的名声愈发响亮，这其中，肖官惠功不可没。

在行医救人的同时，肖官惠治学严谨，在自己的专业领域潜心钻研，辛勤耕耘，建树颇丰。他专长于骨、关节疾患的影像学诊断，在骨关节影像学诊断上的造诣较深，对骨肿瘤影像学诊断及病理基础和骨关节松毛虫病等的研究有许多独到之处。20 世纪八九十年代，肖官惠在国内一级杂志连续发表了十余篇骨肿瘤领域的专业论文。其中，《骨肿瘤影像学征象的病理学基础系列研究》在国内首次提出 Ewing's 瘤（尤文氏瘤）的新生骨性质为肿瘤的间质成骨，否定国外骨膜新生骨的偏见，得到广泛肯定与好评。现在中山一院医学影像科的学科带头人孟悛非教授提起肖官惠教授时，对他写论文时条理清晰、表达明确、速度快、质量高的特点表达了敬佩与赞赏之情。他认为，肖官惠当时发表的论文中的一些观点，即使到现在，仍然被他甚至全国医学影像专业人员沿用。

对肖官惠而言，作为师长，教导学生、提携后辈，是他义不容辞的责任。从医几十年来，他通过各种方式将毕生所学和积累的宝贵经验无私传授给后辈，给他们提供锻炼机会，悉心教导、培养，使他们快速成长为独当一面的骨干医生。

"读片会"是中山一院放射科一贯以来坚守的传统。晚上的值班医生会把当天一些有难度的、比较复杂的、有教学意义的病例的片子挑选出来，第二天早上交由全科室的医生一起阅片并分析讨论，最后由一些较有经验的医生来讲解并做出诊断。读片会既是年长医生将宝贵经验传授给年

轻医生的课堂,又是年轻医生提升诊断水平、思维和能力的一次绝佳锻炼机会。肖官惠数十年如一日坚持参加读片会,从坐在下面的年轻医生逐渐成长为做讲解和诊断的富有经验的医生。进修生和年轻医生都十分喜欢听他的讲解,因为他条理清晰、表述明确,大家很快就能听懂,也听得心里有底。

身为硕士生导师,他通过临床工作培养学生。他要求年轻医生凡是碰到疑难病例,一定要亲自了解清楚患者的临床症状和体征,再结合X光检查结果来做出诊断。阅片如果遇到病变的情况,也不能孤立地只看影像就凭经验做出诊断,一定要联系病理的大体标本情况,结合临床跟病理的所见进行最后诊断。即使是一些来学习、培训的医生,他也一视同仁,悉心教导,不吝提携。

如今医学影像科的副主任、硕士生导师陈伟曾是肖官惠的硕士生。他与肖官惠合作著有《骨神经源性肿瘤(附14例分析)》《骨韧带状纤维瘤影像学分析》《原发性甲状旁腺功能亢进的骨骼X线分析》等多篇论著,并在恶性肿瘤介入治疗及血管性疾病的介入治疗领域深耕,传承着肖官惠的研究精神与专业素养。

孟悛非教授经常想起自己作为住院医生来中山一院放射科学习时,专

20世纪90年代初,柯麟院长回中山医视察,肖官惠(前排左五)与同事前往探望

门去听肖官惠讲课的场景。他认为肖官惠讲课讲得非常好，直到现在他仍然记得课程的内容。就连他后来给学生上的一些课程，只要有相关的内容，都是在肖官惠讲课内容的基础上发展而来的。"很多东西都是肖官惠教授教给我的。"孟教授说。在同一个科室共事时他们有友好的私下交往，肖官惠还曾经为他争取了两次海外进修的机会，他一直感激肖官惠对他学习成长的关心与帮助。

在肖官惠担任中山一院院长后，每个星期仍然会抽出两个上午的时间，继续回科室参加读片会。同时，他还继续坚持负责研究生与进修生的课程。

争创三甲，倡导以患者为先

1987年至1994年，肖官惠担任中山一院院长，这期间，医院响应改革开放号召，继续探索医疗领域的改革。据肖官惠介绍，当时由于设备水平不高、防护能力不足，放射科的工作量难以满足临床实际需要，同时因工作中设备的射线对医生身体状况会有影响，放射科工作量的增幅受限。当时预约胃肠影像检查的患者、需要做X线检查的患者，往往候诊时间很长，因此，放射科采取发胃肠票、X光片票等检查票的方式，将放射科能力范围内的工作量转化成票据，平均分配给临床科室，大科多发一些，小科少发一些，临床门诊医生根据病情的缓急程度再发给患者。但患者拿票来到放射科后，仍然需要轮候较长的时间才能进行检查，放射科检查供需矛盾明显。肖官惠认为，在放射、临床、病理"三结合"的一贯理念下，放射科不是一个孤立的科室，它与临床基础学科，特别是病理学科有着密切的联系，放射科的检查工作极大地影响了诊治效率。

1988年，肖官惠带领中山一院开展中山一院内部的医疗改革，改革将"以患者为中心"作为主旨，秉承"医病医身医心，救人救国救世"的医训，通过开展多种措施尽可能满足患者需要，而放射科的改革新措施就是这些措施当中比较重要的部分。为了在保护放射科医生身体健康的前提下尽可能地增加工作量，满足患者的需求，肖官惠院长首先强调要加强放射科的防护工作：每位医生身上都携带一个射线剂量计，以检测医生在工作时吸收了多少射线，通过密切监测将射线吸收量控制在国际安全标准之下；同时，还配备更好的防护椅和铅板，以减少射线对人体的影响。肖官惠与放射科科室人员商量，在增强防护能力、保证医生在星期天隔期轮值的前提下，通过适当增加工作量和增设星期天上午半天的胃肠检查，以增加放射科的工作总量。增加的工作部分按照当时广东省对超额受奖占比的政策要求和医院月收入情况，给各科室的医生们发放奖金，使得在激励医生增加工作量、提高患者就诊效率的同时，医生的实际收入有所增加，但同时又不会给医院造成经济上过大的压力。

除了通过内部改革产生效益，肖官惠在任期也带领医院争取到邱德根捐助的200万元、曾宪梓捐助的500万元、何善衡慈善基金会捐助的2860万元三笔社会捐赠，这些捐赠使得医院不依赖卫生部拨款而自行解决了建设资金缺口问题，极大地改善了医院内部的硬件设施条件。邱德根的捐助是肖官惠带领医院争取到的第一笔社会捐助。当时中山一院肾移植手术水平在内地乃至港澳地区、东南亚都处于领先地位，于是邱德根主动联系中山一院进行手术。肖官惠同医院上下十分重视，从病房紧急改装到其他准备工作一一就绪，手术后也指派肾内科纪玉莲医生与另一位护士长跟随邱德根一起回到香港观察术后情况，最终手术结果和恢复情况都很理想。邱德根对中山一院的医疗技术和医护人员的高尚医德印象深刻，决定在100万元捐款的基础上再追加100万元。邱德根捐助的这200万元成为医院建设、采购设备、改善医疗条件的一笔重要经费。

1993年，肖官惠（左一）与邱德根先生合影

在肖官惠连任院长期间，中山一院"创三甲"是比较重大的一项工作。医院分级管理是医院管理体制的一项重大改革，通过医院评审，可促

进医院管理的科学化、规范化，促进医、教、研工作得到充分合理的发展，促进医德医风建设，提高职工的政治和业务素质。中山一院于1991年开展了创建三级甲等医院（分级管理达标上等）的筹备工作，至1993年10月评审结束，11月医院被评为三级甲等医院。当时"创三甲"经历三个阶段：一是组织动员；二是达标建设；三是申报评审。肖官惠认为，当时"创三甲"主要问题在于健全和强化基础医疗、基础护理与基础管理的工作。在科研工作、医疗水平上，中山一院远高于评分要求，但一些基础资料、章程并不完整。1992年1月15日，肖官惠在全院职工大会上做医院分级管理达标动员报告，号召医院全部科室全体职工投身"创三甲"改革当中，强调"一切要以患者为优先"，要求各科室将过往的医疗服务经验系统化，使将来的工作开展有章可循。通过加强宣传学习、对照标准自查不足、建立健全各种规章制度、制定"三基三严"考核、加强医德医风教育以及科室模拟考核等方式，医院医疗、教学、科研和管理等工作都迈上了新台阶。"创三甲"不仅是医院发展历史上的一个里程碑，更是中山一院在肖官惠的领导下贯彻落实"一切以患者为优先"医者精神最好的体现。

"我想做的事还有很多"

如今年逾90岁的肖官惠在过往工作过的医院兼有多重身份：曾是学海泛舟、不忘师长教诲的学子，是悬壶济世、承先人之志为医学影像学开疆拓土的医生、学者，是躬身教学、指引后辈的师长，亦曾是改革创新、以人为本的医院管理者。退休后，他选择继续为医院、为科室服务，一如时任中山一院医学影像科主任孟悛非回忆肖官惠退休后所言——"我想做的事还有很多"。

1997年肖教授从医学影像科退休后，仍心系科室。他定期在科室出现，一星期参加两次读片会，讲授一些技术课程，他仍是那躬身教学的师长、传递薪火的医学影像从业者；搬入新楼后，他渐渐放下授课等业务活动，仅每周三上午回科室坐诊，接受管理工作、病例问题的咨询，他将其视为对后辈的信任，亦视为对后辈将来独立挑梁的激励。

见信如面，纸短情长，这种友好和谐的氛围一直为科室共有，又与肖官惠等前辈密不可分。科室的文化活动中也少不了他的身影——2009年科室为肖官惠教授举行 80 岁庆祝活动。身为医学影像科主任医师的杨建勇曾言:"通过为老教授庆生的方式来联系科室感情,提升凝聚力。"孟悛非亦对此表示认同:"科室聚会邀请退休职工,为后辈与前辈搭建相识的平台,正是科室凝聚力的最好体现。"

肖教授如今虽减少了在医院和医学影像科的活动次数,却仍心向医院,他曾告白医院:"附一院是我成长的摇篮,我也见证了医院的成长。我总感觉她有一种独特的气质,在召唤着我们,鼓励着我们不断前行。"对于医院的整体发展,他不忘先辈所留"医病医身医心,救人救国救世"之医训,认为应将患者放在首位,强调医德之重要性,"以德为先,以德为本","为患者全身心地投入,做到医病、医身、医心"。

如今,面对放射科升级为医学影像科的红火前景,肖官惠展望医学影像科之未来,他信心十足,借其恩师谢志光教授当年所言"X 线诊断的发展,必然会派生出其他学科,医学影像科的发展前途无量"。他对医学影像学寄予厚望,认为医学影像学已经综合了诊断以及一定程度的治疗,未来将在医学领域愈发重要。身为综合医院的中山一院拥有多样且丰富的病例、先进的检验科和病理科,能够为医学研究提供有益帮助的中心实验室,这些优良的设备、充足的病例资源、良好的资料存储系统都为医学影像科的发展提供了坚实的基础。从谢志光到肖官惠,再到孟悛非、杨建勇,中山一院的医学影像科在一代又一代人的努力下实现了薪火相传,好似盘虬卧龙的树正向下扎根,向上伸展,向外蔓延。

肖官惠教授伴随着中山一院及放射科走过了风雨兼程的 70 余年,见证着中国医学影像学科和中山一院的继往开来。他转换多重身份,曾是学生,亦是教师;曾是科室主任,亦曾是医院院长;是学者,亦是医者。他为中国医学影像学和中山一院开拓出一片蓝海,并期望着后人继承先师之志,在这片蓝海乘风破浪,扬帆远航。

(整理:潘可欣、林晓宁、李莉、唐嘉璇、贺映雪)

方昆豪：大爱援疆廿八载，自认平凡实不凡

【人物简介】方昆豪，男，中共党员，1928年生于广东揭阳，原籍广东普宁。1954年毕业于华南医学院。从医从教数十载，曾在新疆工作28年，1983年获中国科协和民族事务委员会授予荣誉证书。1984年调回中山一院放射科，任教授、主任医师、硕士研究生导师，曾任教研室主任并创办影像专业班。1992年起获国务院政府特殊津贴。专长于神经放射学和泌尿放射学，在新旧影像学交替时代较早从事CT及MRI诊断。与同道合作发表论文数十篇，其中有三篇参加过国际交流，并较早被接纳为北美放射协会（RSNA）国外会员。主编影像学论著4部，包括《泌尿外科X线诊断学》《包虫病X线诊断图谱》《简明CT诊断学》《泌尿生殖系统疾病影像诊断图谱》，参编《胆道外科的理论与实践》《临床神经病学》《肾脏病诊断与治疗学》。在国内首次结合动物模型研究了反流性肾病的影像学发现及发病机制，获卫生部科技进步三等奖和广东省科技进步三等奖。曾任中华医学会放射学分会委员及神经放射学领导小组成员、广东省放射学会主任委员、中国医学影像技术研究会理事、广东省医学会理事。曾任《中华放射学杂志》《临床放射学杂志》《国外医学临床放射学分册》等杂志编委，以及中山大学主办的《影像诊断与介入放射学杂志》首任总编辑。1995年在福州纪念伦琴发现X线100周年学术会议上被评为全国58位长期从事放射工作有重要贡献专家之一，2017年广东省医学会百年纪念会上被评为特殊贡献专家。

风雨求学路，缘定放射学

1938年，揭阳正被日寇的铁蹄无情地践踏。和其他生于战乱年代的孩子一样，方昆豪没能度过一个安稳的童年，他不得不经常逃往乡下避难，直到14岁才从小学毕业，升入真理中学就读初中。日军投降后，方昆豪得以前往汕头的礐光中学（今汕头金山中学），继续完成他高中的学业。

少年方昆豪学习勤奋认真、才思敏捷。在当时的时代背景下，社会动荡，大家都有毕业后难以谋生的忧虑，想继续升学的人不多。在家人的督促下，方昆豪报考了上海沪江大学工商管理系。考上之后，家里又接到中学通知，说他在毕业考试中取得了第一名，学校可以保送他读几所名牌大学，选来选去，他最终选了上海沪江大学化工系。

虽然到了上海读大学，但方昆豪自认为不擅长数学，对化学也不甚感兴趣。一年后，上海临近解放，学校停课，他顺势放弃学业回到了广东，决定自学重考。翌年，方昆豪和同学一起从汕头坐船到香港参加考试，想到英国上大学，同学都没考上，他也不想再考了，于是来到广州，同时考上了中山大学和岭南大学。他先选了岭南大学，学习了一个学期后，又转学到中山大学，就读于医学专业。1953年，岭南大学医学院与中山大学医学院、光华医学院合并成为华南医学院。医学生们毕业前除了临床专业，还要参加重点实习。当时，我国放射学的奠基人谢志光教授正在华南医学院任教，方昆豪自觉"手不太巧"，参与不了十分精细的医学工作，又仰慕谢志光教授的风采，于是选择了放射科专业的重点实习。

当时，放射科的条件并不好，设备十分落后，还要面临射线损害身体的危险，因此，选择到放射科实习的学生并不多。此外，当时X线诊断学的教材十分有限，不像今天有许多图文并茂的读本，方昆豪和同学们只能熟读谢教授编写的《X线诊断学讲义》，再结合临床实践，逐渐锻炼能力、积累经验。尽管存在诸多缺憾，但以谢志光教授为首的放射学专家们的风度修养和过硬的专业能力，都让医学生们折服。方昆豪跟随谢志光教授学习的时间只有短短数月，但谢教授的言传身教还是对他的医学生涯产生了深远的影响。

赴京工作，锋芒初露

1954年，方昆豪顺利从华南医学院毕业了，他骄傲地称自己这一批学生为"中华人民共和国成立后第一批完全由共产党培养出来的医学生"。毕业时，方昆豪被分配到卫生部工作。

怀揣着向往和激动，26岁的方昆豪踏上了前往北京的路。北京的历史底蕴和恢宏气势让他感受到了一种与故乡截然不同的文化气息，他也被北京人的单纯、老实、热情和乐于助人深深打动。到了北京后，方昆豪被分配到卫生部直属第三医院。刚到医院报到时，科主任梁铎亲切地接待了他，听说他是从谢志光教授所在医院来的，医生们纷纷表达了对谢教授的敬重。作为中国放射学的鼻祖，谢志光在全国同行中都有很高的声望。

当时，医学影像学在中国刚刚起步，即使在北京，放射科的医生也十分有限，设备也比较简单，仅有从国外引进的150毫安或者200毫安的X光仪器。方昆豪虽然是刚刚毕业的医学生，却也要独立解决很多问题，自然也会碰到难以诊断的病例。有一次，主任让方昆豪拿片子去北大请一位教授诊断，那位教授看到片子中患者的右下肺有一处空洞，便诊断为脓肿，但方昆豪敏锐地发现片子左侧锁骨下有小范围的斑片状病变，怀疑是病菌经过支气管扩散到左肺的锁骨，而不是简单的脓肿。他提出了自己的意见，但随即被那位教授否认了。回到医院后，方昆豪仍不放弃自己的想法，

青年时期的方昆豪

他将片子拿给了主任，将教授的判断和自己的看法都一并汇报。主任立刻为患者做了检查，最后诊断结果为结核菌感染——方昆豪的判断是正确的。

三次请缨援疆，一去 28 年

就在逐渐适应了北京的工作之后，中央政府开始号召机关人员支援新疆。听说新疆医学院在建设，怀着一颗热爱教学和奉献祖国的心，方昆豪也报名了。当时放射科医生十分稀缺，北京也不例外，方昆豪的初次援疆申请并没有通过。但他已经下定决心，新疆是非去不可的。他先后申请了三次，直到最后一次才获批准。

1955 年冬，方昆豪随中央支援边疆大队踏上西行的道路。冬季的西北寒冷而荒凉，大队人马一路向西，一路上没有人落泪，反而个个踌躇满志，激情澎湃——他们知道自己正在投身一场伟大而艰苦的建设运动，也都做好了心理准备。这群年轻人没有计较太多个人得失，只是抱着最单纯、最率直的想法：祖国边疆需要他们，他们就愿意将青春献给祖国边疆。同一批去支援新疆的放射科医生只有方昆豪和一位女医生，这位女医生后来成为他的妻子。

到卫生厅报到后，自治区领导让卫生厅给方昆豪下达了"接收中苏友好医院放射科"的指示。受当时中苏关系的影响，那里的苏联放射科医生要回国，需要有人顶替这个空缺，而他是最合适的人选。方昆豪没有犹豫就答应了，在本就陌生的新疆，一个人去接手中苏友好医院放射科。上级专门给他配了一个俄语翻译，但那人已经成家有子女了，于是方昆豪便让他回北京去照顾家庭，自己一个人接手医院工作。翻译离开后，方昆豪就凭着在母校业余时间学习的俄语、拉丁文和英文，几种语言结合在一起和苏联的医生、护士交流。渐渐地，他也能看懂很多俄文的专业词汇了。当时放射科没有多少人，除了要回莫斯科的放射科主任，就只有方昆豪和一个技术员。尽管他当时还是个不满 30 岁的年轻人，却已经需要独立处理很多工作，既要写 X 线诊断报告，也要轮值医院总值班。面对陌生的环境和不熟悉的语言，青年人敢拼敢闯的勇气与扎实的专业素养让他毫不畏惧，就这样挑起了中苏友好医院放射科的大梁，让它在苏联人走前的一年内平稳运行直到光荣完成使命。

1957 年年初，方昆豪被调入新疆医学院附属医院。新疆医学院是当时毛主席批准的 30 个国家重点建设项目之一，由苏联援建，来自全国各地的优秀医生聚集于此，来自广东的医生只有方昆豪一人。

新疆医学院图书馆的藏书完全以上海医学院为范本去订购，收藏了许多放射学论著和图谱，还有全套英、德、美、俄文的原版放射学杂志。以前，方昆豪在华南医学院学习主要靠谢教授自编的讲义，还没见过那么多图文并茂的教科书，而且还是原版。因此，当他走进新疆医学院图书馆的那一刻，就像走进了藏宝库，似乎所有图书都在架上熠熠生辉，他一扎进去就不愿出来。工作之外的时间，他几乎都在图书馆里，如饥似渴地翻阅着每一本杂志，学习最新的医学知识。他对书的痴迷甚至还招来了一些非议，但他从不在意流言，在知识面前他特别"轴"，有股文人的率真与执拗。这些图书伴随着他在新疆医学院工作的全部时光，他也从这些书中汲取放射学知识。

1959 年，方昆豪晋升为主治医生，科室还委派他担任科秘书负责教学工作，这是方昆豪第一次负责教学工作。他并没有教学经验，只好回忆起学生时代谢志光、郭广柏等老师上课的经历，努力从这些师长身上总结出一套行之有效的教学方法。他上课时用的是以谢教授的《X 线诊断学讲义》为蓝本进一步缩编的一本薄薄的讲义，再结合自己工作时遇到的病例和读书的收获来授课。除了放射学知识，他还将条理清晰的思维方法传授给学生。当时医院需要派人到成都学习同位素的相关内容以便学成后回来给同学们上课，他主动揽下了这个任务，很快便掌握了相关知识并传授给学生和同事。1963 年，到母校短期学习返回新疆后，他还建议科室学习中山医学院把大班上课改为小班上课，改革之后教学效果显著提高。

放射科的医生除了要学习医学影像知识外，对病症的临床特征还要有基本的了解，这样才能提高诊断的准确性。方昆豪经常与其他科室的医生会诊，共同分析病例。新疆医学院建成后面临的一个大问题是新疆地域辽阔，许多重症患者长途跋涉到医院就诊时都已成为危重和急重患者，特别是颅脑外伤和肿瘤患者。救治这些危重患者的重任就落在上海华山医院支援新疆医学院的神经内、外科医生的肩膀上。方昆豪的专业兴趣刚好也在神经放射学上，经常和临床神经科一起会诊。时间一长，方昆豪得到了华山医院医生们的认可，遇到急重颅脑患者常三更半夜请他到医院帮忙做造影检查和诊断。

方昆豪也乐于跟其他医院的医生交流，共同提高诊断技术。其中跟他关系很好的一位，是从北京人民医院短期下放到新疆的郑特医生。他是专长肿瘤放疗的放射科医师，到新疆后常来新疆医学院胸外科参观学习，带

X光片来与方昆豪一同商量。

学术上"斤斤计较",为人谦和温润

1978年后,科学的春天到来,新疆医学院重建了新的放射科楼并引进了多种先进仪器。继上海、北京和天津之后,新疆医学院于1982年引进CT并投入临床应用,是国内较早引进CT的单位之一。方昆豪因此得以接触到以前从未使用过的先进CT,也对科技创新提高诊断准确度的作用有了深刻的认识,这也成为后来他在广东积极引进CT的原因之一。

1978年,新疆成立了第一届自治区医学会放射学分会,方昆豪被选为放射学会主任委员。他主持新疆放射学会工作期间,在地方卫生部门的支持下,先后邀请了北京、天津等地许多著名的放射学专家来新疆讲学,活跃了新疆的学术气氛。在全国放射学会恢复之际,他只担任了《中华放射学杂志》编委一职,而把全国放射学会委员一职填写为科室主任袁昌炽医生;在全国放射学会恢复之后,各大地区也相继召开会议,他还担任了西北五省放射学会副主席。对学术,方昆豪可以说是"斤斤计较",但对于名誉、地位,他却看得很淡。

方昆豪的心态一直很平和,对物质生活也要求不高,谦和的性格使他与周围人相处融洽,深受同行敬佩和喜爱。在中苏友好医院的时候,因为业务往来,自治区政府每个礼拜都会组织晚会,但只邀请了方昆豪一位中国医生。新疆煤矿总医院(现新疆职业病总医院)有位叫刘培成的医生常带着遇到过的疑难病例和矽肺研究的文章请他提意见。很多年后,刘培成医生曾给方昆豪来信,他说:"你为人谦和,正直温和,脚踏实地做学问,给大家留下深刻印象。同行们喜欢听你讲课,解决工作中的实际问题;你对下级谆谆教导,至今铭刻在心。你在新疆时,我经常去科里、办公室、家里请教,在复杂疑难病例分析、论文写作上使我受益匪浅,学到书本上学不到的知识,从内心十分感谢,特向你致以深深敬意和诚挚感谢。"这段话也是对方昆豪治学、从医、为师、做人的高度概括。

克服困难引进CT,经验弥补设备不足

对方昆豪来说,工作了28年的新疆已是他生命里不可割舍的一部分,

是他第二个故乡。援疆的漫长岁月中，他从青涩的年轻人蜕变为独当一面的放射科专家，他在那片土地结婚生子，救死扶伤。然而，年迈的父母需要独子奉养，漂泊的游子亦久受思乡之苦，他渐渐萌生了叶落归根的想法。1981年，方昆豪申请调回广东工作。经过两年的漫长等待，1983年他终于如愿以偿地踏上返粤之路。

方昆豪被调往广州中山医学院附属第一医院放射科工作。刚回广东的方昆豪是踌躇满志的，他相信他在新疆较早开展CT诊断工作所积累的知识和经验，将是他带给家乡的最好见面礼。然而，他到中山一院的时候就愣住了——处在改革开放前沿城市的中山一院居然还没有CT设备。所幸，放射科医生对CT技术充满期待，放射科郭广柏主任请方昆豪在科室给大家普及CT知识，中山二院的黄尚武主任也常常带着科里的人来听课。遇到疑难病例，黄尚武常带着片子找方昆豪商量。有一次，外院根据CT照片诊断患者为肾癌，但方昆豪却根据影像中肾肿块内含低密度区，认为这提示其中含有脂肪成分，再结合肾动脉造影，最后给出"肾血管平滑肌瘤"的诊断结果。后来的手术证明方昆豪的诊断是正确的。自此，黄尚武更加信服方昆豪的眼力，常常让科里的医生带着CT片找方昆豪会诊。在方昆豪的热心分享和放射科医生们的认真学习下，CT诊断技术逐渐普及开来。

1984年，中山一院决定引进CT技术，放射科主任郭广柏与方昆豪一起前往香港考察。令人意外的是，作为亚洲四小龙之一的香港的CT技术应用还没有广州普遍，私人医院运用CT诊断的技术也并不常见。当时中山一院的设备科打听到香港有一部旧的头部CT机出售，且价格很便宜，院长便同意购买这台设备给医生们试手。方昆豪考察后觉得这台设备尚可，于是中山一院这才有了第一台CT机。这台头颅CT机的分辨率不高，但还是满足了放射科医生们的日常诊断需要。结合临床经验，

方昆豪（中）在国际放射学进展演讲会上致辞

方昆豪甚至利用这台落后的 CT 机诊断出了原本只有更先进的 MRI 才能清晰诊断出的疾病。

有一回，方昆豪接诊了一位头部鼓起大包的患者。在用 CT 扫描前，他先拿起听诊器一听，听到血管有杂音，再结合 CT 影片，他给出"血管外皮细胞瘤"的诊断意见。他的同事陈君录不相信，开玩笑说："你这个诊断太尖端了，我们凭什么诊断为血管外皮细胞瘤？"相对于落后的 CT 设备来说，这一诊断是超前的，因为 CT 诊断血管外皮细胞瘤缺乏特征性，只有 MRI 检查出的瘤周流空血管影像具有一定的特征性，可以辨别出这一疾病。然而，事实证明方昆豪的判断是正确的，他利用多年的经验，结合对临床病症的观察，努力弥补着设备落后带来的不便，做出令临床医生信服的诊断。

耐心鼓励年轻人，为影像学打下坚实的人才基础

在平时的教学中，方昆豪注重培养学生勤学多练的习惯，强调读片训练。只有勤学才能把图像印在脑子里，读片时敏锐地反应出来。他说："放射科是一个需要经验的学科。可能自己以前看过类似的病例，记下来，有一个印象，再见到时凭着潜意识就说对了。"他认为搞放射的基本功就是看图，假如不把疾病的影像图片印到脑子里面，就不能做出准确的诊断。因此，记忆图像对于医学影像科的学生而言是重要的基本功。

他经常劝诫年轻的放射科医生和学生们不要怕事情烦琐，要主动多跑临床，做到影像与病理结合。他认为临床实践是积累经验的重要途径，"你们应该经常跑临床到病房去。以前我就经常这样，看看病情，要了解临床医生的意见"。年轻医生面露犹豫，叹气说没时间。方昆豪坚持道："没时间你也要挤时间，这对于我们给出正确、恰当的诊断是必要的。"这也是他从医多年的经验总结。

在教导学生方面，生性宽厚的方昆豪甚少疾言厉色，谢志光教授的言传身教影响了他对学生的态度。他从不对学生们摆架子、给冷脸，而是耐心鼓励他们成长。但是，认为他"好惹"的人就错了，他在涉及专业知识的时候又是严格的。他深知，医生的诊断关乎人命，这不是可以马马虎虎、得过且过的。对待出众的学生，他反而更加严格。"为什么呢？因为假如你觉得他很棒，审核的时候就不会那么细心，就会造成疏漏。"他不

愿意因粗心而耽误患者的生命,也不愿意有天分的医生因骄傲自满而走向歧途。

方昆豪到中山医后为学校做的另一件事,是创办影像专业班。当时,全国对办专业班有不同意见,方昆豪支持并主持这项工作。这个班的教学大纲是方昆豪制定的,具体管理隶属于教务处。专业班的人才培养硕果累累,第一、第二届毕业生大多数今天已是副主任医师、副教授甚至主任医师、教授。后来,放射科的发展越来越好,拥有的设备和技术在全国都是先进的,这一切经历了漫长艰苦的努力。到了方昆豪的学生们那代人,已经能够培养许多年轻医生,还能帮助外院来进修的医生提升水平。

方昆豪与放射学研究生合影

丰富经验在手,他曾"一眼"辨出肿瘤

除了培养学生,方昆豪还结识了一批和他一样热心医学的医生,他们经常一起讨论病情,互相切磋,提升技术。与其他科室交流讨论的传统始自20世纪50年代的放射学鼻祖谢志光教授,这一传统被放射科骨骼组继承下来。中山一院有了自己的头颅CT机后,方昆豪所在的放射神经科形成了与脑外科讨论病例的例会。每周四,放射神经科和脑外科医生齐聚一

堂，由放射神经科的医生根据片子给出诊断意见，临床医生们则提供临床病征，医生们在临床和影像结合的基础上给出严谨的结论。中山医"三结合"的传统，就在这样的讨论中薪火相传、生生不息。

讨论时，气氛放松而活跃，大家各抒己见，自由地发表看法，方昆豪因过人的眼力和丰富的经验，往往能一语中的。一次，陈硕朗主任有意考验方昆豪，拿出一张刚刚出病理结果的脑肿瘤片子，问他这是什么肿瘤。方昆豪侃侃而谈："第一，肿瘤虽大部分显著强化且有钙化，又紧贴大脑镰，但它并不附着于大脑镰，所以不需要考虑脑膜瘤。第二，肿瘤这么大，但却没有相应大小的坏死囊变，且大部分为实性，也不像常见的胶质母细胞瘤。"最后，他认为这应该是胶质肉瘤。两句话的工夫，方昆豪就给出了正确的诊断结果。尤其是，胶质肉瘤是相当之罕见的病例，方昆豪却能一眼就诊断出来。这让陈硕朗主任非常意外，他甚至怀疑病理科的钟思陶教授提前把答案告诉方昆豪了。钟教授感到冤枉，他并没有那样做。这时，方昆豪才向大家解释，他之前曾看过这种病例，在脑中留下一个潜在的形象记忆，因此才一看到片子就联想到这个肿瘤。

从一个初出茅庐的年轻人到后来为众人称赞的专家，从广东到北京、新疆，再于知天命之年重返广东，历经考验，辗转多地，近30年的漂泊之旅让他一身风尘，也磨砺出一身本领。怀揣着对医学始终不变的热爱，他在重返家乡广东后开拓出了不平凡的新事业，回报了教育他的母校。

退而不休，他无私扶持年轻人成长

方昆豪几十年严谨勤恳，悬壶济世，为中国放射学做出了卓越贡献。到了可以退休颐养天年的年纪，他也没有停下在医学领域发光发热的步伐。65岁退休后，他在中山三院的邀约下，决定在中山三院和肿瘤医院工作。

在中山三院的工作依旧忙碌。老人稳重的脚步声回响在医院的走廊，踩着斑驳的阳光，早上迈向读片的办公室，下午迈向为年轻同事授课的会议室。在肿瘤医院时，同样是上午读片，中山一院神经科也常在上午让进修生或研究生带片来会诊。

晚年的方昆豪定居国外，不像以前常在医院了。然而，他对医学事业的热爱从未中断，仍十分关心放射学和其他学科的新进展，常花时间整理过去的案例，学习新的放射学知识，无偿帮助青年学者修改英语论文。每次回国，他还要抽点时间到中山一院、三院和肿瘤医院看片。尽管已经做了许多工作，方昆豪总是遗憾自己当时没能多做一点。这位闲不下来的老人，以不亚于年轻人的韧劲散发着光和热，晚辈们对此铭记在心。

方昆豪以热诚无私的精神扶持着年轻学者成长，作为前辈欣慰地期盼着他们的进步。年轻时勤奋好学，却因环境限制而不易取得图书资源的方昆豪，深知先进医学著作对教学科研进步的重要性，于是积极承担翻译国外优秀医学著作的工作，一心为后学发展开辟道路，先后帮助中山五院、六院审改和翻译出版了十几部书。最初是帮助肿瘤医院主审《螺旋CT诊断学》，之后又为中山五院《艾滋病临床影像诊断》作序。近年来，他又帮助审校以中山六院为主、联合其他医院共同翻译的译著10多部，其中已出版的有《直肠癌、临床、病理、MRI图谱》《软骨影像学》《磁共振周围神经成像学》《临床腹部磁共振诊断学》《磁共振小肠成像》《小肠结肠和直肠影像学》《胃肠道超声诊断学》和《CT结肠成像临床实用指南》等8部。

丰硕的成果背后，是夜晚灯下繁重辛苦、日复一日的努力，然而方昆豪却不以为苦。他笑道："一个普通的放射科教授，在自己耄耋之年，能对数十年影像学工作做一个回顾，能帮助年轻专家及时将国际先进的影像技术介绍给国内同道是一件快乐的事。"方昆豪给同事、晚辈们的指导犹如涓涓细流，滋养着一片片茂密的医学之林的根系。

对于这位亲切的师长，如今已经成为放射科新一代顶梁柱的学生们，都非常感念他的教诲。中山一院医学影像科李子平教授回忆，当时写毕业论文的时候，方昆豪教授给他逐字指点，怎么写幻灯片、怎么做出更好的报告，在生活上也给他温暖的关切。李子平说："方教授是非常好的老师，是铭记在执业晚辈心中的学习榜样。"

方昆豪在自传中谦虚地写道："从母校毕业后去北京、去新疆，然后又回到母校。感谢母校的包容，使我能在全国重点院校之一的中山医继续为患者服务和教学生，为发展我国影像学技术事业尽一份微薄的力量。"

（整理：邱秋、岳佳颖、李如真、刘嘉）

许达生：从医从教一甲子，他坚持"人命关天，细致为先"

【人物简介】许达生，男，中共党员，1937年3月出生，广东澄海人。1961年毕业于中山医学院医疗系，曾任中山大学附属第一医院放射科主任、放射学教研室主任、医学影像学部主任，中华医学会放射学分会常委兼腹部学组副组长，广东省放射学会主任委员。在消化系统及腹部影像诊断方面造诣较深，其中，结肠癌、小肠机械性梗阻和肝细胞癌的影像研究达到国内先进或领先水平。在《中华放射学杂志》等刊物上发表100多篇论文。1993年，被国务院授予有突出贡献医学专家证书并享受政府特殊津贴。2005年荣获柯麟医学奖、2017年荣获广东省医学会百年纪念突出贡献奖、2020年荣获广东省医师协会放射科分会终身成就奖。曾获广东省科委科技进步二等奖，广东省高等教育厅、卫生厅及中山医科大学科技成果二等奖各1项，中山医科大学医疗成果一、二、三等奖各1项。主编《临床CT诊断学》《盆腔疾病CT、MRI鉴别诊断学》《肿瘤及肿瘤样病变CT诊断系列》等7部专著，曾担任《中华放射学杂志》副总编辑、《影像诊断与介入放射学杂志》总编辑、《中国CT和MRI杂志》名誉总编辑等。

医者仁心，视患如亲

1952年，妹妹的一场大病，使许达生第一次萌生了学医的念头。当时年仅12岁的妹妹，在汕头的福音医院度过了漫长的住院治疗期，最终通过脊髓液穿刺，才确诊为全身扩散性的结核病。除了因长期不能确诊而导致的病情拖延和加重，昂贵的药物费用也逐渐拖垮了许达生并不富裕的家庭。当时，中国还无法自主生产治疗这种结核病的链霉素，只能依靠进口。链霉素价格高昂，要30多元一支。而许达生的父亲在印刷厂担任采购员，一个月的工资仅能购买一支链霉素。"为了医治我妹妹的病，倾家荡产，连棉被也卖了。"许达生回忆道。童年时期举全家之力为妹妹治病的经历，让他明白了学医的重要性，而这也促成了他踏上医学之路。

1956年，许达生高中毕业，考入华南医学院。在校期间，他学习成绩优异，大三时被选入钟世藩教授建立的中国科学院中南分院儿科研究所，培训了一年有余。钟世藩教授对许达生的影响很大，谈及钟教授，他说："他教导我学医做人都要有人字形的根基，就是广阔的根基。"钟世藩教授的"为人"之教，也成为此后许达生行医治病的准则之一。

1959年至1961年，国内进入经济困难时期。中国科学院中南分院儿科研究所被迫解散，许达生重返校园，直至毕业。由于学习成绩优异、工作认真细致，毕业以后神经科、内科、传染病科都想要许达生留科工作，最终他被分配到神经科。大三学习放射科相关课程时，他对这样一种能"预知病症"的学科产生了浓厚的兴趣。"肺结核必须通过放射科的X光机检查才能看到，我当时就觉得放射科的诊断非常重要，很多病通过放射科可以及早发现。"妹妹的病一直是萦绕于许达生心间的一大遗憾，他意识到，如果当初医院有放射诊断设备的话，妹妹的病是可以得到及早确诊和治疗的。正在犹豫之时，一位被分配到放射科工作的同届同学更想进入神经科工作，于是双方一拍即合，向领导申请交换。在当时放射科党支部书记肖官惠教授的帮助下，许达生得以进入放射科。

妹妹的患病经历令许达生对患者产生一种由心而生的同情感，他认真负责地对待每一位患者，这些都被科室领导看在眼里，有意将许达生作为接班人进行培养。肖官惠教授首先派许达生下乡，和贫苦农民在一起，接受一年的"三同"（同吃、同住、同劳动）锻炼。那段时间物资匮乏，生活艰难,伙食只有番薯和稀粥,由于同住农民的住房有限,晚上只能睡在绑牛的"厅"里。后来,肖官惠教授又让许达生每周到工厂做为期一年的"两同一做"(同吃、同劳动,做体检)。同工人、农民接触的经历,使许达生看到了工农的艰辛,理解了身为医者需要肩负起的责任——为人民服务。

1957年,许达生在中山一院原住院大楼工字楼前留影

1975年,肖官惠教授将许达生选派入中国医疗队前往非洲支援,1981年又安排他到美国学CT诊断技术。这种先到世界最穷的地方去,再到世界最富的地方去的经历,使许达生在国际医疗交流的过程中,深刻认识到"只有我们的国家、我们的党才是真正关心人民的",也进一步促使他以更加严格的标准要求自己。

在岗敬业奉献,从医细致为先

细致认真是许达生的特点。在放射科,他得到了谢志光教授、郭广柏教授、肖官惠教授等几位名师的教导。他回忆,中山医放射科的教学传统之一就是"细讲重点,指出难点"。"就放射科的影像课来讲,重点就是对疾病有定性价值的征象,难点就是对疾病的定性价值不大的征象。同样一个病,在病变发展的不同时段有它不同的定性征象,看片时必须用动态思维分析。"

让许达生印象特别深刻的,是谢志光教授讲解的一个颅骨内板增生病例。当时,谢志光教授带领大家看片并细心讲解如何诊断这种病症,许达生正好站在他旁边。谢教授大概是从许达生的眼神中看出他对这个病缺乏了解和认识,第二天想起这件事情,特意打电话叫许达生到他家里去。

"他从书柜里拿出一本英文书,这本书对这个病有描述,他翻到介绍这个病的英文内容页,里面还配有好多图片。"谢教授在家给许达生"开小灶"讲解病理,还鼓励他把书拿回去慢慢看,把这个病彻底了解清楚。正因如此,许达生在短短几年内迅速成长起来,从放射科的新人转变为熟手。

在中山医教学传统和精神传承的熏陶下,许达生做事认真细致的习惯得到进一步的发挥:初到放射科时,负责培训新人的梁耀成主治医生向他传授了不少宝贵经验,而这些经验后来被他总结归纳成"四看""两结合"和"一句话"。"四看"是指在看片子的训练中,第一要熟看正常的片子,要求每个部位首先要看 30 到 50 份正常情况下的片子,熟悉其状态。第二要掺杂着看,在 30 到 50 份的片子里,混入几份基本征象出现异常的片子,这些异常不像病灶那么明显,看是否能把它们挑出来。第三要重点看基本征象。例如,骨关节有骨质增生、骨质疏松等基本征象,每一个基本征象要看 10 到 20 份,直到深刻地把它们印在脑子里。第四要动态地看,每种病症都不能只看书上写的典型表现,还要看不同时段的不同形态表现。比如说肺癌,它最早发生的时候是什么样子、后来发展到不同阶段是什么样子,整个动态发展过程的片子都要仔细地研究。"两结合"是指在诊断时,首先必须结合患者临床的症状和过往病史,不能只看片子不结合临床;其次就是结合患者过去的资料,"假如说患者以前已经照过片子发现有这个问题了,你没有问、没有注意,以为是刚刚发病,但其实不然,有过去的片子来对比的话,你就可以对现在的病情做进一步的判断"。所谓"一句话",就是"人命关天,细致为先",八个字朴实却有力。在立志学医之初,他所敬爱的一位老师以这八个字鼓励他细致审慎、救死扶伤。在从少年成长为独当一面的医者的岁月中,这句话始终提醒着他担负起对每一位患者的责任,坚持从医从教的原则,并将这一精神传递给医学影像学部的每一位后辈。

这样一种强化基础、练就扎实基本功并始终保持认真态度的培训方法,如果没有细致的理解和思考,是很难将这些经验转化到理论层面的。尽管放射科的设备在不断更新,但人员的培训方法却还是老一辈传承下来的,"我们放射科的人看片子不是随随便便地看,而是从一毕业就接受了细致认真的训练"。

在放射科,许达生还将细致认真的精神贯彻到了具体工作中。不同于其他人的读片方式，许达生对疾病诊断有着自己独特的理解："我先是细致地分析这个片子，我提的这个细致分析包含两个方面：一是对病变进行定位；二是看病变有什么征象。然后细致分析病变位置与征象的对应关系，找出可能产生的几种疾病，并寻找有无每一种疾病相对应的定性价值征象。"多年的读片经验和临床实践使许达生逐渐摸清了判断疾病的规律："一个病有好几个征象，其中有的征象对疾病有定性价值，有这个征象就有这个病。有的征象这个病有，另外一个病也有，这就不是它的特征。"

一直以来，许达生认为中山医在国内的领先地位，不仅在于引入先进的设备，更是中山医诸多前辈敬业奉献的结果。许达生教授的学生郑可国教授曾讲述当年其导师"不拼设备拼科研"的故事：当时作为郑可国导师的许达生正在做肝细胞癌的研究。而最早关于肝细胞癌CT诊断的内容是来自上海的周康荣教授写的一本《腹部CT诊断学》，其中涉及肝细胞癌CT诊断的部分指出，肝细胞癌平扫是低密度，增强后动脉期强化而门脉期下降，由此提出了"低-高-低"的概念。许达生在此基础上进行量化并提出"动脉期强化程度"的概念：动脉期强化程度应与肝实质和主动脉进行比较，即肝细胞癌动脉期的强化密度高于正常肝但低于主动脉，两者之间有一个区间，这样就产生了强化程度与量的概念，对病变的诊断也更加精确。经过这件事，郑可国也从许达生身上认识到，在依赖设备之外，对细微的差别做出更踏实、更先进的量化在疾病的甄别上是非常重要的。

除了救死扶伤的医者形象之外，许达生教授还有一个身份，即言传身教的老师。在提及如何指导研究

1963年，放射科同事合影（前排右一为许达生，右三为谢志光，左一为肖官惠）

生时，许达生说："抓好他们的基础，要求每一个研究生搞一个课题，一定要把基础打扎实，这样他们今后的发展才能稳扎稳打，真正地搞出一些东西来"。正是在这种教学理念的支撑下，他带领学生仔细观察肝癌标本的几千张病理玻片，"我和一位高年资的病理科老师在病理教研室陪着研究生看每一张玻片，这几千张玻片，每一张都进行仔细分析，每天晚上从8点看到10点。这些都是义务做的，不像今天有什么夜班费、加班费"。此外，他还不辞辛苦，以手写的方式帮学生逐字修改论文，担心其难以理解甚至还将学生带到家中耳提面命，确保其最终完全掌握。中山医老一辈细致负责的精神在许达生教授身上得到了良好继承，而他不仅想方设法把自己掌握的知识传授给下一代，也在努力将这份教学传统继续交接下去，不断发扬。

勇乘时代浪潮，实现跨越发展

20世纪80年代中期，中山大学附属第一医院的张秀俊院长改革医院管理体制，经济管理方面实行奖金制度。医院给各个科室定工作指标，鼓励职工多劳多得，并在检验科、放射科、超声科这些检查科室率先试行。

在改革管理体制之前，医院的患者很多，其中相当一部分是从农村风尘仆仆来到城市里看病的。许达生回忆道："他们来一趟也不容易，那时一大早就坐公共交通来广州，如果当天不给他们做检查，那就很麻烦了。"在放射科，由于设备数量少，射线对医生身体健康有影响，再加上许多疾病的诊断和治疗都依赖放射检查，检查量有限和病患量渐增之间的矛盾难以消解。当时，放射科把胃肠票、X光票等各项检查票证发给各科室，以控制和分配检查量。以上消化道钡剂造影检查为例，患者都要约在上午空腹检查，科室一天只能为十名患者做检查，患者候诊时间非常长。对此，医院开展改革，充分利用上午上班前、中午和下午下班后的时间给患者做检查，解决了许多来自农村的患者的困难。

医院的这一改革尝试，也为放射科的发展带来了更多机遇。检查需求不断增加，推动科室不断改进和更新设备。正如许达生所言，放射科的发展同仪器是分不开的，先进的设备为学科发展奠定基础。1985年，放射科拥有了第一台头颅CT机。在此之前，科室里只有普通的X线机以及遥控的胃肠机，要检查颅内的病变必须通过血管造影，但血管造影是有创的检查，还可能会导致过敏反应。CT呈现的影像更加细致、清晰，提高了诊断的准确度。随后，科室又陆续添置了体部CT、磁共振等在当时领先的仪器。到了1993年，曾宪梓先生慷慨解囊，为放射科捐资建设影像大楼。放射科搬进更宽敞的环境中工作和做科研，并先后购买了更先进的磁共振、螺旋CT机等。在自身技术力量的支持下，许达生带领科室取得了许多具有进步意义的成果。1998年，许达生、李子平、杨智云等首次在国内报道CT仿真内窥镜成像技术的临床应用，引起轰动。

在他担任放射科副主任时，柯麟院长的谆谆教导字字刻在他的心头："你是年轻一代的党员，你们一定要继承我们党的好传统。"作为学科的带头人，许达生十分重视放射学知识技能和精神品质的培养。对于这一点，他的学生郑可国教授有着深刻的体会。在他眼中，许达生对学生的培养和对科室的发展有着很高的要求。"以前，许达生教授给我们上课是用胶片教学的，胶片能反映实际情况，便于学生仔细地看清征象。这需要讲师花很多精力筛选教学片。"在许达生的课堂上，气氛总是十分活跃，"许达生教授的教学十分生动，会用肢体语言进行解释，思路清晰，学生都里三层外三层地围在他的身边。同时，他十分注重学生基础知识的巩固和深入学习，会反复讲解重点，帮助学生深入认识每一个征象"。其从教之严谨细致，在学生心中留下深刻的印象。在一代又一代勤于科研、精于科研的学科带头人的指导和鼓励下，众人的汗水和智慧得以结出硕果。

许达生举办介入放射学新技术学习班

此时，国内学科发展的形势明朗，为中山医提供学科发展建设的新思路，同时也为放射科走向全国、沟通港澳搭建起桥梁。1996年，中山医科大学的校长黄洁夫找到时年59岁的许达生，希望凭借许达生的社会知名度和其带领的孟悛非、杨建勇等学科带头人梯队的实力，由许达生作为学科带头人向国家教委申报影像医学博士点。许达生一行人为此积极地进行筹备工作，一方面把国内外发表的论文、奖项、基金项目等成果进行总结整理，向国内各个高等院校的附属医院的放射科介绍自身的学科建设情况，同时积极参与学术会议，以充分展示师资、设备、成果等方面的优势条件。另外，在医院的牵头下，将放射科、核医学科、超声波科组合为医学影像学部，整合和壮大影像医学方面的力量，并由许达生担任首任主任。通过以上工作，中山一院医学影像学部于1999年获批设立了影像医学博士点。

成立医学影像学部，对放射科的发展有着重要的意义。许达生认为，影像是全面的，涵盖了超声、核医学等，各科的知识应该融会贯通。医学影像学部落成后，人才培养进一步走向多科化、规范化，其中最重要的是有条件进行比较影像学。所谓比较影像学，就是比较各种影像手段的特点，在临床、科研、教学等各个领域中应用最优选择，或者多种手段结合，以实现最佳的效果。2000年，医学影像学部在院内五个重点学科中率先晋升为省级重点学科。

随着港澳相继回归祖国，在改革开放潮流的推动下，珠三角的学术交流渐趋频繁，许达生在其间积极进行联系，将中山医和中山医放射科的影响力进一步扩大。1997年，他代表广东省医学会放射学会和香港放射科医学院联系组织了粤港放射科学术研讨会。会后，香港威尔士亲王医院的放射科主任前往中山一院参观，被医院丰富的病历资料和临床经验所吸引，向许达生提出双方互派医生进行交流和进修。由于当时中山一院经费较为紧张，威尔士医院更提出负担全部食、宿、交通费用，由此促成了双方的首次交流。从那之后，每年中山一院医学影像学部还应香港放射科医学院邀请派出两名医护人员，出席香港每年举办的放射科医学院学术年会（港方负责全部经费），吸收境外前沿学科成果的同时，也带去华南地区放射科的经验与智慧。

2003年，中华医学会放射科全国年会在广州召开，许达生担任广东省主委承办此次会议。当时这个会议突破了放射科全国年会的历史记录，以往与会人数有四五百人，这次接近两千人。在此之前，许达生在国际会议上结识了台湾放射科学会的主委，他在会前争取其支持，组织了台湾各个医院的30多位放射科主任和专家来参加本次放射科全国年会。

许达生与香港威尔士亲王医院放射科签订两院互派医生进修协议书

退而不休，无懈探求

退休后，许达生往返于澳洲和国内，依然没有停下继续学习和做科研的脚步，过着忙碌而充实的生活。与退休前相比，许达生有了更多空闲的时间，可以钻研放射科国内外的前沿知识。在国内时，许达生在受邀去各个医院讲课、会诊的过程中，时常能发现许多还未解决的问题。在澳洲时，许达生常在澳洲大学图书馆查阅资料，一旦发现了什么新问题，便拜托广州、深圳、汕头、佛山等地的学生发病例给他，再通过这些病例证实自己的想法。如果想法被证实正确，许达生便将它交给国内的学生们继续研究。

许达生从未停止过对医学影像学领域的钻研，除了一直擅长的消化系统及腹部影像诊断方面的研究，退休后的他在其他方面也有新进展，且从不吝于分享自己的新成果。比如关于最早期肺癌特点的新发现，他已在科室内和第二届中山医医学论坛上分享。又如，在乳腺癌的诊断上，许达生发现乳腺导管原位癌的高、中、低级别恶性度有差异，但放射科对乳腺导管原位癌只有笼统的诊断，在病理上缺少高、中、低级别的区分。没有分级别的诊断，就不能为患者的治疗措施提供细致的建议，但这一问题可通过磁共振解决。他认为，自己的观点只有通过更多病例的搜集统计与科研方法的验证，才能得出一份具有统计学意义上的材料和准确结论。

从医从教60年，如今他仍然活跃于临床一线，坚持从事医、教、研工作，参与研究生答辩，定期给大家介绍国外影像学新进展，深受大家欢迎，还前往佛山、深圳、东莞、汕头、珠海等地讲学，开展学术活动。每年，他都会回到故乡汕头，给当地医生举办"读片会"，几百人的会场座无虚席。许达生的讲座总是非常受欢迎，这与他对每一次授课机会的珍惜和为备课花费的大量时间、精力是分不开的。他认为，讲课要对人负责，备课也要因人而备。对什么样的人讲课，就备什么样的课。同一个主题，给初学者讲课、给研究生讲课和在高端论坛讲课都不一样。因此，许达生每讲一次课，都要花一周的时间准备，每次讲课的内容也要根据受众和场合有所变动。正是凭借认真负责的态度、丰富精彩的内容、深入浅出和重点突出的授课方式，以及在讲台上一讲就是几个小时的精力和毅力，许达生的课才深受听课同道的喜爱。

许达生说，坚持讲课、动脑思考、查阅资料是他保持头脑清醒的秘诀。但他还是承认自己"老"了。他说，他非常珍惜现在尚有的时光，只想赶快把自己学到的经验、积累的心得传授给他的几代学子。

这是许教授的故事，是身披白大褂奔忙在病房和诊室之间的普通医者的故事，也是在基层挥洒热汗的每一位党员的故事。"正因为广大党员在本职工作中都能忠于职守，中国梦一定会早日实现！"许达生说。

（整理：杨清妃、郭依宁、麦少泳、陈煜旻）

陈秉学：秉学立志，敢为人先，开创国内麻醉学多个"第一"

【人物简介】陈秉学，男，中共党员，1938年11月出生，广东惠州人。1962年毕业于中山医学院，毕业后在附属第一医院工作，担任外科医师。1973年调入外科麻醉组从事麻醉专业，1986年至1997年任中山一院麻醉科主任，1989年获中山医科大学硕士生导师资格，1990年建立疼痛专科诊疗门诊，1992年创建麻醉科重症监测病房（Intensive Care Unit，ICU）并兼任主任。1993年获国务院政府特殊津贴。1997年至2003年任主任导师，2006年退休。1989年至1999年任中华疼痛研究会委员；1994年至2004年任中华医学会麻醉学分会常委、麻醉与疼痛学组副组长；1993年至2005年任广东省麻醉学会主任委员；2002年至2006年任中华医学会医疗事故技术鉴定专家。曾发表70多篇学术论文，主编或参编专著书籍12本。1995年至今任《中华麻醉学杂志》编委、常务编委、栏目编委；1995年至2003年任《临床麻醉学杂志》编委、常务编委。2017年荣获广东省医师学会麻醉学分会终身成就奖；2017年荣获广东省医学会100周年纪念突出贡献专家奖；2018年荣获中国医师学会终身成就奖。

学医志向山间扎根,从医之路两经转向

陈秉学出生于广东惠州惠阳区良井镇。在这里,座座山丘阻挡了发展通路,也隔断了医疗资源。山区里没有专业医生,只有一位中医,村子里的人生病后得不到及时治疗和护理,哪怕是常见的病痛也会夺人性命。他目睹自己的父亲、叔叔和哥哥受病痛折磨,先后离开人世。在今天看来,当时认为"致命的重症"不过是高烧、感冒,都是可以医治的。在年幼的陈秉学眼中,因为家乡没有专业医生,这些亲人生病得不到有效治疗而死亡,如果自己能成为医生,治病救人,那一切都会变得不一样。从医的愿望,就在山里田间扎下了根。

1957年,陈秉学考上了中山医学院,开始走上学医之路。从中学到大学,陈秉学都在国家助学金的支持下完成学业,国家的关怀也一直激励着他勤勉刻苦地学习知识,回馈社会。

当时的院长柯麟经常教导学生要以学业为重,努力学习,掌握知识,不断向上。柯麟院长专注教育事业、重视培养人才,鼓舞着陈秉学的求知热情。

到了临近毕业,陈秉学所在的班级进入广州市工人医院(今广州医科大学附属第一医院)实习。当时的陈秉学还没有深入接触外科或者麻醉科,也不曾预想过自己未来在麻醉科领域会一展拳脚。因为广州市工人医院的心内科主任非常有名,陈秉学决心珍惜这一机会,跟随这位主任在临床实践中汲取新知,希望能在毕业后充分运用所学,在心内科有所作为。1962年毕业之际,同窗纷纷奔赴各个城市的医院,陈秉学被分到了中山一院外科任临床医生。没能进入心仪的心内科,陈秉学心里虽有失落,但依然全身心投入这个陌生领域,在指导老师的带领下接触、练习外科手术技术,轮流学习颅脑外科、腹部外科、肝胆外科、小儿外科等,打下了扎实的基础。这是新的起点,在一

大学时的陈秉学对心内科兴趣盎然

台接一台手术中,陈秉学逐渐蜕变为一名独当一面的外科医生。

在外科手术中,陈秉学已经接触到麻醉的相关知识与技能。此时的麻醉科还是从属于外科的一个小组,1973年,医院决定成立一个独立的麻醉学科,已经在外科工作十多年的陈秉学被列入麻醉科医生的人选。原本的麻醉组人员大部分是中专学历的护士和技术员,只有三到四名医生,有着一定麻醉经验又好学上进的陈秉学兼任麻醉科医生。在从医道路上,经过两次学习方向的转变,陈秉学将开始在麻醉科耕耘出一片天地。

制出医院首份心肌保护液

陈秉学虽然在外科工作期间有着一定的麻醉经验,但他深知自己的麻醉基础还是很薄弱,需要从头做起,进行长时间的积累。因此,他把握住每一个学习的机会,不断提升自己在麻醉方面的技能水平。

进入麻醉科两年后,适逢广东省人民医院和中山一院在周恩来总理指示下组队赴阿根廷学习心血管手术的团队返回,计划以当时省人民医院为基地和中山一院合作,继续以阿根廷的经验为基础,努力攻关复杂疑难的心血管手术,包括心脏瓣膜置换术、复杂性先天性心脏病、主动脉搭桥等。1974年,中山一院麻醉科安排陈秉学参加此团队负责麻醉,他跟随省人民医院麻醉科主任陈志明学习,掌握麻醉管理技术,并在这一基础上有所突破,应用到之后的麻醉临床实践中。

在攻关的过程中,陈秉学发现,心血管手术中要暂时停掉心脏跳动,同时用冷冻的盐水灌注心肌,并用冰块进行心脏外部降温以保护心肌,这是最早的保护心脏的方法。但手术时间一旦拉长,心肌保护不佳,术后开放主动脉之后,会出现术后心脏低排综合征,心脏供血量过少,无法满足身体机能恢复的需求,少数病人甚至

陈秉学参加赴中山坦洲医疗队,乘小艇巡回医疗

出现"石头心"的现象，即心脏像石头一样僵化。

合作组攻关一年结束，陈秉学回到医院继续开展心脏外科手术，针对心肌保护这一问题，他积极探索改进心肌保护方法。他一方面在科内协商，学习国外心肌保护的议题；另一方面在医院检验科、医学院生化制剂室的协助下，研制成"高钾心肌保护液"保护心肌。这是中山一院第一份心肌保护液，应用于临床，在100例病人中，术后都没有出现低排综合征及死亡。之后，陈秉学又参加中山一院心血管手术团队，应邀到省内外有关医院指导心血管手术麻醉管理，并与当地麻醉医生共同学习有关心脏手术心肌保护及麻醉处理的技术，"高钾心肌保护液"在国内得到一定程度的改进与推广。

在心脏手术期需连续中心静脉压（CVP）的监测方法也得到改进，从过去的切开腹股沟股静脉插管法改为颈内静脉穿刺插管法。陈秉学通过解剖实践掌握技术方法，这一经验技术也首先在省内外得到推广应用。他还应用心脏手术中血流动力学监测与管理技术、连续动脉测压及中心静脉压监测技术，解决了当时肾上腺嗜铬细胞瘤手术麻醉，术中出现循环不稳定、血流动力学波动激烈失控等问题，并采用压宁定（Urapidil）连续输注降压及处理技术，有效地减少了术期心、肾功能衰竭的发生，此后没有发生一例死亡病例，相关论文发表后在国内外引起关注。

在成为新兴的麻醉学科的一员后，陈秉学为切实提升自身的专业知识与技能，不仅学习国内外先进研究成

中山一院心血管手术团队在宁夏医学院

果，而且还借鉴身边优秀前辈的经验，力求创新与突破，跻身学科领头队伍。1986年，陈秉学正式担任麻醉科主任，他的目光从某项技术的更新、某项成果的引进投向整个学科的定位与发展，肩上又添新的责任。

打造独立强大的麻醉科

1986年，38岁的陈秉学在实践中积累了大量的临床经验，由他担任麻醉科主任承载着学科的期望。当时在广东大多数医院都将麻醉学科作为外科的辅助学科，中山一院的麻醉科如何以一个独立学科的姿态发展自身、树立标杆，是一个亟待解决的问题。

1987年，陈秉学通过国家教委的考试，带着这一问题前往美国斯坦福大学麻醉系学习。斯坦福大学的麻醉系之下发展出临床麻醉、疼痛诊疗、ICU等分支，构建起麻醉学科独立且强大的架构。来到斯坦福大学，陈秉学进入导师Mervyn Maze教授的实验室，合作进行α-2肾上腺素能受体激动剂（右旋美托咪啶）对大脑皮层作用的实验研究，这里是最早研究α-2肾上腺素能受体激动剂的国际研究基地之一。实验室里每天做五六个动物实验，这对陈秉学而言是非常新奇的，他在中山一院还不曾有过用大鼠等动物做实验的经历。但凭借丰富的外科手术经验，陈秉学处理大鼠的大脑、脊髓时完整利落，也在每天的观察和操作中掌握了动物实验研究的基本方法。1988年回国后，他在1990年的全国麻醉学术会议上首次报告了3篇有关α-2肾上腺素能受体激动剂的论文，赢得学界的关注与好评。

在斯坦福医学中心学习期间，除了在实验室里做研究，陈秉学还积极参与各类学术活动，了解国外麻醉学科的动态。每当麻醉科手术室要进行大型手术时，如肝移植、心脏移植等，陈秉学便会前往观摩，了解大概的情况。他发现，手术完成后，医生并不会将患者送回病房，而是送到专门的危重患者护理室，待患者恢复心肺功能、脱离危险后再送到病房去，因此术后生存率比较高，该护理室也称为重症监护室。

在美国，陈秉学还接触到了"疼痛诊疗"的概念，了解到国际疼痛协会这一组织，认识到"疼痛"的另一层含义。麻醉能让人感觉不到疼痛，但这只是急性痛，世界上还有许多受慢性疼痛折磨的人，他们也需要针对性的治疗。在国际疼痛研究协会（International Association for the Study of

Pain，IASP）主席、麻醉科疼痛专科的专家 Micheal J. Cusines 教授的介绍下，陈秉学加入国际疼痛研究会，定期参与病例讨论等活动。

赴美学习让陈秉学看到了麻醉学科发展的广阔前景，这些都是国内当时没有开辟的领域。在这一氛围影响下，他心里的学科发展计划渐渐明晰，拒绝了 Mervyn 的挽留，决心投身到祖国麻醉学科事业。"斯坦福大学的疼痛诊疗、ICU 等都是由麻醉科医生出诊的，专于临床。而在中国，麻醉只能作为一个附属的学科，这是不对的。"1988 年回国之后，陈秉学就开始做四件事，将麻醉科打造为独立的、强大的学科。

第一件事：与医学院生理教研室商议及合作继续研究，采用猫大脑皮层诱发电位（C-CEP）及脊髓背角诱发电位（C-SSP），再次证实大脑皮层及脊髓背角存在 $\alpha-2$ 肾上腺素能受体。研究论文发表于国内外杂志，其研究在国际会议上也得到认可。

第二件事：与科室副主任谭洁芳教授等人联合建立麻醉科的疼痛专科诊疗门诊，为许多患有慢性疼痛的患者解除痛苦。但他并不局限于在中山一院范围内建立门诊，希望将"疼痛诊疗"逐步普及。为了进一步推广疼痛诊疗，在广东省麻醉学会的支持下，1990、1991 年，陈秉学首先在国内举办了两期疼痛诊疗学习班，学员来自全国各地。1994 至 1995 年得到卫生厅的支持，以广东省麻醉学会名义分别在广州海珠广场和天河体育中心组织举办两次大型"疼痛义诊"活动，媒体以《有疼痛先找疼痛科医生》为专题向群众宣传疼痛诊疗概念。1995 年，陈秉学积极筹办广东省疼痛学会，并兼任疼痛学会顾问。在他的协助下，中华医学会疼痛学分会在广州医学院第二附属医院及深圳南山医院分别建立了疼痛中心，推动了全国疼痛诊疗学科的建设与发展。即使是退休后，陈秉学仍坚持每周在疼痛门诊坐诊。

第三件事：依托麻醉科建立 ICU。以往，医院里没有规范的 ICU，无论手术大小，术后都将患者送回病房进行观察，除此之外再没有其他的设备或制度。在建立 ICU 之前，陈秉学专门调查过国内术后患者的死亡率，发现死亡患者与术后没有很好的监护条件有很大关系。手术做得再好，术后的监测和护理不到位，生存率也难以提高，因此，建立 ICU 是当务之急。经请示院领导并获批准后，ICU 病房就设立在原心胸外科病房旧址，陈秉学等召集一批医护人员组建了一个专门的团队，并于 1991 年开始培训，ICU 于 1993 年正式投入使用。该病房专门用于接收术后危重患者，进行密切观察与生命体征等一系列监测，支持患者平稳过渡。ICU 运行之后，外科医生在紧张的手术之后可以将患者交给 ICU，不必匆忙观察患者情况，不仅减轻外科负担，更有利于患者的恢复，ICU 得到了越来越多人的认可。1995 年，国家卫生部巡视认可，批准中山一院麻醉科 ICU 为"卫生部临床麻醉管理、重症监测培训中心"，作为临床危重患者术后复苏培训基地，并先后举办培训班三期，吸引了来自全国各地的医务人员参加。

第四件事：参与肝胆外科肝脏移植实验与临床。在美国观摩的肝脏移植手术给陈秉学留下了深刻的印象，时任中山一院院长黄洁夫教授也从国外学习回来，同样也有着攻关肝脏移植的念头，两人一拍即合，陈秉学带领住院医生和研究生开始组建专项小组。经过一年多

陈秉学在麻醉科 ICU 培训基地举办的培训班上授课

对 100 多头猪进行的实验，及采用"无肝期体外静脉－静脉转流（V-V Bypass）"的方法，1994 年开始应用于临床进行肝脏移植并取得成功，并总结出一套围术期不同阶段的麻醉管理经验与方法，促进了我国肝移植术的提高与发展。

陈秉学将在国外的所学所思付诸实践，为国内的麻醉学科带来新气象。疼痛诊疗的推广、麻醉科 ICU 的建立、肝脏移植麻醉管理和方法的提升，正如陈秉学所期待的，麻醉科正在成长为一个更独立、更强大的学科。展望未来，学科发展是没有止境的，这一支火炬需要代代传递下去。

他的学生都成长为麻醉学科骨干

陈秉学是麻醉科的开拓者之一，当时他已注意到麻醉科的人才培养问题。麻醉科最早是辅助外科手术的一个小组，从事麻醉一线工作的超过半数是中专技术人员，高素质麻醉医师人员严重不足，这是国内早期普遍存在的现象。作为一个独立的学科，提高知识水平、培养高素质人才是迫切

要求。

因此，当时担任麻醉学教研室副主任的陈秉学拜访教研室主任、中山二院麻醉科主任高崇善教授，表达了建立麻醉学系、培养麻醉学本科生的意愿，得到了高教授的支持。陈秉学胸怀一腔热情和发展学科的赤诚，联系中山医学院与高教局相关部门，终于在1984年筹办了第一期医疗系本科六年制麻醉专业班，这是国内首届麻醉本科班，得到广东省教育厅的认可与批准。陈秉学任班主任，招收了43名学生。学生毕业后奔赴省内各地，有效地解决了中山医各附属医院及省内的麻醉医师紧缺问题，为麻醉学科的发展提供了新鲜的血液。因当时有不同意见，未能继续开办第二期。1988年后，本科麻醉专业班重新开班，吸引着对麻醉学科怀有憧憬和信心的年轻求学者。

1986年，中山医科大学麻醉学硕士研究生授权点由国家教委批准，陈秉学获得国家教委批准的硕士研究生导师资格，前后共培养了39名硕士研究生。他们如今大部分都成为麻醉学科的骨干及领头人，在医疗和科研方面做出很大成绩。看到麻醉科桃李满园，人才培养卓有成效，陈秉学曾写道："师生奋进20载，共叙师生情谊深。学子成就载史册，皆为学科之栋梁。"字句间充满喜悦和自豪。

对于早期各医院原有的中专技术人员队伍，陈秉学也在采取措施提高他们的业务知识水平，争取独立执业资格。在征得学校成人教育办同意后，陈秉学与校方一起到广东省成人教育办申请并获批准，1993年和1994年分别在广州市与惠州市举办业余培训班，在全省范围内共招收200余名学员，利用周末时间开展培训，历时两年。考试合格，毕业者可获得广东省成人教育办及卫生厅认证的大专学历，颁发医师执业资格证书。如今，这些学员中也有不少人成为科室主任及专业骨干。

陈秉学为广东省麻醉科人才职称晋升也做出了努力。1994年，作为广东省麻醉学会主任委员的陈秉学争取了广东省医师职称晋升的"麻醉学科高评委"，从此以后麻醉医师晋升由麻醉学科高评委评审，为麻醉人员职称晋升创造一个更宽阔的平台。

陈秉学心里秉持着培养人才的尺度和标杆，对学生有着严格且明确的要求。"第一，他们对具体的业务一定要熟悉，研究生第一年必须轮科，分别到心胸外科、骨科、心内科等进行学习，懂得基本临床知识，然后再集中学习麻醉专业。第二，学生必须勤勤恳恳，克服倦怠。第三，学生要写论文、出成果。我会告诉他可以做什么方向的课题,他一定要做出来。很多研究生的论文做得不错都发表了,有些还考了博士。"

提到成就与荣誉,陈秉学认为这些都是工作,自己和同道并不是在追求第一的头衔,而是在发展学科的初心驱使下,不断学习,不断提升。

正如其名"秉学",秉持学习之心,这是贯穿陈秉学整个职业生涯的关键词。求学问道者心怀远志、埋首登攀,偶尔回头一望,才发现自己的足迹已经高低深浅地绵延万里,直达高处与远方。

(整理:麦少泳)

沈彦民：三十年漫漫防龋路，守护人民口腔健康

【人物简介】沈彦民，男，中共党员，1933年出生于浙江安吉。1957年毕业于上海第二医学院口腔系。1957年起在中山医学院附属第一医院口腔科工作，1995年退休。曾任口腔科主任、口腔系副主任、口腔内科教研室主任，广东省口腔学会常委，《国外医学口腔医学分册》译校员，《新医学》《广东牙病防治》《口腔材料器械杂志》等杂志特邀编辑，广东省科普作协口腔科组组长，全国口腔健康流行病学调查指导组组员，全国牙防组氟防龋专业委员会副组长，全国本科教材《口腔预防医学》编委，国家自然科学基金青年课题评议员，等等。享受国务院政府特殊津贴。曾参加编写《广东省科技志》和《口腔预防医学》等书，1962年获卫生部"继承发扬祖国医药学"三等奖，1979年获"全国医药卫生科技大会奖"。

学习机会来之不易，他格外珍惜

1933 年，沈彦民出生在浙江安吉。在他的学习和职业生涯里，有两个人对他的影响很大。

一位是他的堂哥沈子球。沈子球是一名革命干部，他鼓励沈彦民认真学习政治、靠拢团组织，还借《辩证唯物论》《历史唯物论》《反杜林论》等书籍给沈彦民看。在当时的时代背景下，尽管沈彦民家庭成分不好，但因他思想上不断要求进步，成绩也十分优秀，得以申请人民助学金。感念于国家的资助和培养，沈彦民常怀感恩和谦让之心，他总是想着为国家和人民多做一些事情，也愿意把奖金和机会让给更需要的人。

另一位是他的姐夫王子惠。王子惠是当时相当有名气的内科医生，扎根基层多年，具有丰富的临床工作经验。考虑到口腔科是一门新兴学科，人民也需要，王子惠建议沈彦民大学读口腔科。在姐夫的建议下，沈彦民选择就读上海第二医学院口腔系，希望成为一名优秀的口腔科医生。

在上海第二医学院的时候，沈彦民珍惜来之不易的读书机会，刻苦学习，成绩优异。后来，他和同学们从图书馆的刊物上得知广东中山医学院要成立口腔系，新成立的口腔科也需要毕业生，于是他和几个同学自愿来到广东。

两院奔波，曾被挤下公交车

1957 年，沈彦民大学毕业，被分配到中山医学院附属第一医院口腔科。他来时，口腔科创立仅两年，同事也仅有几人。除沈彦民之外，口腔科的其他医生来自五湖四海，有来自华西口腔医学院的，有来自香港的，还有来自北京医学院口腔系的，中山医学院自己也创办了口腔班培养人才。他们带着各个院校口腔系的专业特色，彼此交流，发挥各自的特长，兼容并包是当时中山一院口腔科的一大特点。最初，沈彦民并不适应广东的风土人情，而口腔科的同事非常热心，给了他很多帮助。初来乍到的沈彦民水土不服，得了急性肠胃炎，上吐下泻，口腔科同事悉心照顾，让他倍感温暖，也铭记在心。

同事们相处融洽，工作也渐渐上手，与患者多沟通后粤语也渐渐能听能说，沈彦民很快便在广州安定了下来。但令他感到苦恼的是，他常年都要往返于中山一院和中山二院之间换班工作。1972年以前，一院的口腔科与儿科、眼科、皮肤科等小科室一样，受一院和二院双重领导，口腔科医生的排班和调配统一由二院的口腔科教研组负责。一院医生在二院参加政治学习和业务讲座，有时轮到在二院门诊或病房上班，往往是下午刚刚从一院下班，就要匆匆赶往公交站，随着汹涌的人潮挤上公交车，经过半个多小时的车程抵达二院。被安排到二院值急诊班时，还要提前结束在一院的工作，提前到二院与同事们交接工作，当天晚上留宿医院。这种局面，一直持续到1972年一院和二院的口腔科分开才结束。回忆起这段往返于两个医院的经历，沈彦民感慨："那个班车挤得不

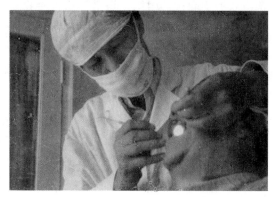

沈彦民在中山一院口腔科诊室工作

得了，有一次我挤在车门口，不料被一个着急下车的人推出门外，跌倒在地，现在对这件事仍记忆犹新。"尽管辛劳，但这段时间为患者的付出和服务，沈彦民仍觉无怨无悔。

除了日常工作外，沈彦民还为中山医学院口腔系的成立做出了贡献。他与同事曾到国内各个口腔系取经，也曾到全省多个农村调查牙病情况。在东莞调查时，他发现当地人得龋齿的很多，原因是当地人喜欢吃饭时把糖当作菜。调查结果显示，广东的牙病患者很多，口腔疾病发病有自己的特点，因此，成立中山医学院口腔系十分有必要。

"哪怕每人减少一个龋齿，广州就减少几百万个龋齿"

1963年，中山医学院口腔科教研组开始进行防龋研究，希望能采取有效措施以减少群众患龋齿的概率。沈彦民和同事一起，与市教育局、市卫生局、市防疫站、省口腔医院等单位开展广泛合作，在广州进行了一些防龋实践。沈彦民和同事们经常到处跑，检查和记录一些学生在采取防龋

措施前后的牙齿情况，调查防龋措施的效果。后来，沈彦民担任中山一院口腔科主任，延续了实地调研的优良传统，继续派年轻医生进行调研，40多年里，中山一院口腔科有三代人参与到防龋工作中。

结合防龋实践的调查和研究，沈彦民与同事合作发表了多篇防龋的调查分析报告、文章，出版了防龋方面的专著，留下了当时随机选择的一批儿童牙齿色泽彩色照片作为资料，为我国防龋事业做出很大贡献。沈彦民认为，预防龋齿比龋坏后治疗更为重要。他说："做好预防工作，可以减少很多需要修补的牙齿，哪怕每人减少一个龋齿，广州就减少几百万个龋齿。几百万个龋齿的修补，这需要多少牙科医生才能完成这项任务？实际上，无论培养多少人，都很难达到这个要求。"

1979年，沈彦民参与筹备的中华医学会第一届龋齿防治讨论会在广州召开

常见病、多发病，更值得花力气研究

深耕防龋30年，沈彦民取得很多成果，在国内外都享有名气，多次参加国内外学术会议。1989年，他参加了第二届世界预防口腔医学大会，报告东莞莞城氟化的问题；1994年，他在日本参加首届亚洲预防牙科会议，作为特邀专家做报告；1995年，他受邀参加国际水氟化研讨会；1999

年，因在氟防龋方面的突出贡献，他的名字被收录进《剑桥世界医学名人录》；2000年，他的名字又被《世界名人字典》收录。

尽管享有盛名，这位老人却宠辱不惊，淡泊名利。他只希望认认真真把工作做好，确确实实解决人民的牙病问题。他对年轻的口腔科医生说，希望他们花更多精力在多发病的防治上。"希望年轻医生们热爱口腔医学，巩固专业知识，要看到口腔疾病的普遍性和人民群众对口腔科的需求，为大众服务。要加大对口腔多发病的研究、治疗和预防，青年医生不能因为看到常见病、多发病太过普通，就误认为没有什么可研究的。"

三十年漫漫防龋路，沈彦民走得辛苦，又走得坚定。他捍卫的是民众的口腔健康，减少的是龋病患者的痛苦，坚守的是学术理想与信念。

（整理：刘嘉）